Weber · Selbstbild und Täuschung

Soziologische Studien
Band 18

Selbstbild und Täuschung

Politisches Werben zwischen Beeinflussung und Manipulation

Karl-Georg Weber

Centaurus Verlag & Media UG 1996

Die Deutsche Bibliothek – CIP-Einheitsaufnahme

Weber, Karl-Georg.:
Selbstbild und Täuschung : politisches Werben zwischen
Beeinflussung und Manipulation / Karl-Georg Weber. –
Pfaffenweiler : Centaurus Verl.-Ges., 1996
　　(Soziologische Studien ; Bd. 18)
　　Zugl.: Freiburg (Breisgau), Univ., Diss., 1994

　　ISBN 978-3-8255-0042-9　　ISBN 978-3-86226-462-9 (eBook)
　　DOI 10.1007/978-3-86226-462-9
NE: GT

ISSN 0937-664X

Alle Rechte, insbesondere das Recht der Vervielfältigung und Verbreitung sowie der Übersetzung, vorbehalten. Kein Teil des Werkes darf in irgendeiner Form (durch Fotokopie, Mikrofilm oder ein anderes Verfahren) ohne schriftliche Genehmigung des Verlages reproduziert oder unter Verwendung elektronischer Systeme verarbeitet, vervielfältigt oder verbreitet werden.

© *CENTAURUS-Verlagsgesellschaft mit beschränkter Haftung, Pfaffenweiler 1996*
© *Ernst und Hans Barlach Lizensverwaltung Ratzeburg*

Umschlagabbildung: »Der Mann im Stock« 1918, Holz von Ernst Barlach
Abbildung S. 5: Arno Breuers
Satz: Monika Schneider-Weber

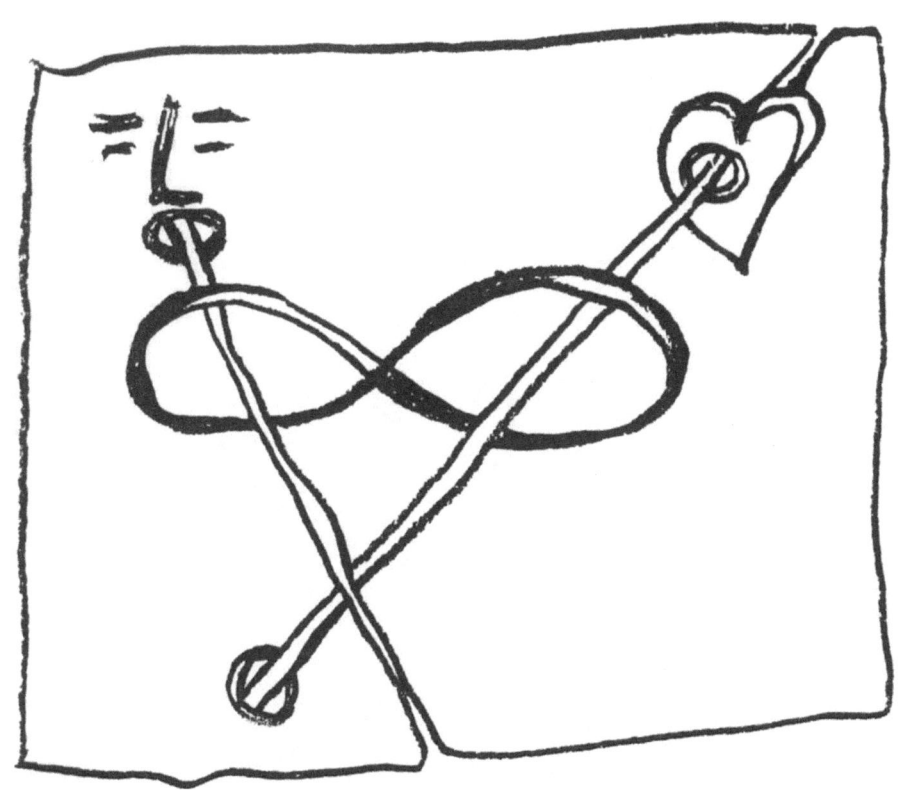

Einleitung	1
Teil I: Politisches Werben zwischen Beeinflussung und Manipulation	8
1. Bedingungen einer Wertbegrifflichkeit	8
2. Erscheinungsbild und Selbstbehauptung	13
3. Wertsprache und Eindruckswert	17
a) Der Eindruckswert als Exklusivanspruch	17
b) Vom Eindruckswert zur Selbstermächtigung	21
4. Politisches Werben	25
a) Einige Charakteristika	25
b) Der Eindruckswert als Grundmuster politischer Inszenierung	30
c) Eindruckswert und personales Erscheinungsbild	36
5. Beeinflussung und Manipulation	42
6. Beispiele politischen Werbens	48
a) SDI-Spots als 1. Beispiel	48
b) Ein Kommissionsbericht als 2. Beispiel	49
c) Texte der RAF als 3. Beispiel	50
Teil II: Das Selbstbild	53
1. Zur Ontogenese des Selbstbewußtseins	53
2. Das Selbstbild	60
a) Der Aufbau des Selbstbildes	60
b) Die Funktion des Selbstbildes	65
c) Selbstbild und Eindruckswert	70
d) Methodologische Anmerkungen zum Selbstbild	76
3. Erstes Anwendungsbeispiel: SDI-Werbung	82
a) Der Realitätstypus der Fraglosigkeit	82
b) Die Hierarchisierung von Wirklichkeit	84
c) Zivilreligion als Normsystem	86
d) Reagans Erscheinungsbild und amerikanisches Selbstverständnis	88
4. Zweites Anwendungsbeispiel: Der Kommissionsbericht	91
a) Der Wissenschaftler als Marketing-Beauftragter	91
b) Pessimismus als negativer Eindruckswert	93

c) Realismus als eindruckswertige Inszenierung	100
1. Gefällige Realitätsfragmente als Faktenbasis	100
2. Das Menschenbild des zukunftsfähigen Ja-Sagers	103
3. Das Glück wachsender individueller Entscheidungsfreiräume	106
d) Beeinflussende und manipulative Vertrauensbildung	111
5. Drittes Anwendungsbeispiel: Texte der RAF	117
a) Der werbliche Aspekt politischer Kampfpraxis	117
b) Ausgrenzungen	121
c) Eingrenzungen	127
d) Binnenhierarchisierungen	134
Teil III: Wenn ein Philosoph politisch wirbt	**143**
Heidegger: Ein Führer im Aufbruch - vom Selbstbild zur Täuschung	143
1. Werk und Person als Problemzusammenhang	143
2. Ideologische Setzungen zwischen Selbstbild und Autoritätsbild	148
a) Der existentielle Pfahl	148
b) Aufbrüche und Setzungen	154
c) Der geistige als politischer Führer	163
d) Selbstinszenierungen im völkischen Geist	172
3. Letzte Aufbrüche in die Kommunikationslosigkeit	182
Schlußgedanken und eine Skizze	**191**
Literatur	**198**

Einleitung

Gemeinsam ist fast allen privaten wie öffentlichen Stigmatisierungen von Lüge, Täuschung und Manipulation, daß deren Negativität evident scheint. Als bedürfe die Verwendung von Negativbegriffen für Negativphänomene keiner weiteren Rechtfertigung, als erübrige es sich, konkrete und differenzierte Schadensbilanzen zu eröffnen und zu begründen.

Diese Perspektive der, scheinbar oder tatsächlich, negativ Betroffenen trübt leicht den Blick für eine andere Evidenz, daß nämlich praktizierte Beeinflussung ebenso alltäglich wie überlebensnotwendig ist. Schon das Kleinkind würde bei der Herausbildung von Selbstbewußtsein scheitern, ohne seinen interaktiven Wert im, zunächst rein familialen, sozialen Machtspiel 'strategisch' zur existentiellen Selbstbehauptung einzusetzen, ohne mit dem Gefühl für das Wechselspiel von Druck und Gegendruck zu agieren, ohne die Fähigkeit auszubilden, ein auf Außenwirkung angelegtes Bild abzugeben. Ansonsten wäre Kindheit nur das, was es im schlimmsten Fall ist: unausweichlich und ausschließlich gelebter Elternwille.

Aber auch für das sich selbstbehauptende erwachsene Individuum sind Täuschungen unverzichtbare Überlebensmittel. Das gilt zum einen für Selbstverhältnisse in Form von Selbsttäuschungen, wenn, zum Beispiel bei existentiellen Krisen, Wirklichkeit nur noch in einer bestimmten Sichtweise - wie die RAF- und Heidegger-Kapitel zeigen werden - erträglich zu sein scheint. Noch alltäglicher sind Täuschungen als wesentliches Element sozialer Diplomatie:

> "Befolgten die Menschen die Aufforderung, die Lüge zu lassen und die Wahrheit zu reden, wären die Folgen entsetzlich. Das ganze soziale Gefüge bräche zusammen, die Menschen sagten sich nicht nur gnadenlos ins Gesicht, was sie dächten, sondern auch, was sie von einander hielten. Dies wäre das Ende aller Beziehungen, der privaten, der beruflichen und der öffentlichen."[1]

Doch obwohl diese ernüchternde Erkenntnis realistisch ist, kann sie nicht die Generalabsolution für jeden Täuschungsversuch aus Eigeninteresse bedeuten. Es gilt zu unterscheiden zwischen der Unmöglichkeit, in allen privat-alltäglichen Interaktionen alle Wahrheitsmaßstäbe geltend zu machen bzw. sich diesen gemäß zu verhalten, und dem auf öffentliche Wirkung angelegten Verschweigen von Wahrheiten und Sachverhalten, die das Gemeinwohl betreffen. Für Machteliten, die an massenhaften politischen Legitimitätsgewinnen interessiert sind, mögen Täuschungen zweckdienlich sein, doch sind diese legitimierbar, wenn sie im Namen und zu Lasten des Gemeinwohls stattfinden?

---

1 Broder, Henryk M.: Lob der Lüge. Süddeutsche Zeitung Magazin 14 (12.10.90), S. 32f. Zitiert bei Sommer, Volker: Lob der Lüge. München 1992, S. 11

Eine solche Fragwürdigkeit besitzen auch Täuschungen im Kontext politischen Werbens als eines der Hauptmedien politischer Legitimationsgewinnung. Denn der Konkurrenzdruck, dem politische Symbole ausgesetzt sind, bringt es mit sich, daß politisches Werben je nach Bedürfnislage und Perspektive schwankt zwischen politischer Orientierung und Desorientierung, zwischen Transparenz und Verschleierung von Sachverhalten und Handlungsrationalitäten. Dabei sollte aber nicht übersehen werden, daß werbliche Vereinnahmungsversuche interessegeleitet und damit einseitige Gewichtungen in Werbewirklichkeiten unvermeidlich sind. Kritisierbar sind nur die nachzuweisenden Grenzüberschreitungen zwischen Verantwortungspflicht und Verantwortungslosigkeit gegenüber dem Gemeinwohl durch die politisch Legitimierten und zu Legitimierenden. Der Vorwurf der Grenzüberschreitung gilt allerdings und nicht erst im Zeitalter der Risikogesellschaft auch für die andere Seite, für die Adressaten politischen Werbens, für die Desorientierung einen subjektiven Nutzen haben kann. Dann besteht der subjektive Gebrauchswert eines politischen Sinnangebots darin, daß die symbolisch-werbliche Selbstdarstellung von Machteliten zum entscheidenden Anlaß genommen wird, sich in ihrem Machtbereich optimal aufgehoben zu fühlen. Das unreflektierte Abgeben individueller Verantwortung für ein Gemeinwesen wird so als subjektiver Bequemlichkeitsgewinn verbucht auf Kosten der Möglichkeit und Notwendigkeit, politische Zusammenhänge zu bedenken.

Der Versuch, die Legitimität und Plausibilität von subjektiven Gebrauchswertperspektiven, von Partikularinteressen zu rekonstruieren, ist analytisch nur möglich aus dem Blickwinkel objektiver Gebrauchswerte, auf der Basis der Definition *des* grundlegenden Gebrauchswertes politischen Handelns:

> "Kollektives Handeln ist dann politisch, wenn es seinen Gebrauchswert gewinnt aus der Bildung von Gemeinwesen, wenn es dem Schutz dieses Gemeinwesens dient und dessen Entwicklungsmöglichkeiten befördert. Ein Gemeinwesen darf nicht einzelne Bevölkerungsteile, einzelne Menschen, einzelne Realitätszusammenhänge, einzelne Rechtsansprüche ausgrenzen; *es ist so reich, wie es Zusammenhang herzustellen vermag.*"[2]

Und es ist so arm, wie Zusammenhänge überlagert oder verhindert werden, indem Machteliten über Symbolproduktionen Pseudozusammenhänge stiften. Dann besteht die Legitimitätsproblematik darin, daß Rezipienten von politischen Botschaften durch von ihnen nicht durchschaute Vereinnahmungsstrategien sich auf die Perspektive von Einzelinteressen verpflichten lassen.

Natürlich läßt sich das Problem politischer Legitimität mit einem Gesellschaftsbild erledigen, das auf der anthropologischen Grundannahme basiert, nach der das Massenindividuum getäuscht sein *will*. Wer so argumentiert, kann auch auf historische Beispiele verweisen, bei denen die wie auch immer zustandegekommene pauschale

---

2 Negt,O./Kluge, A.: Maßverhältnisse des Politischen. Frankfurt 1992, S. 16

Delegierung von individueller politischer Verantwortung dem Gemeinwohl zumindest nicht geschadet hat. Doch bleibt, ungeachtet der Frage, ob diese laisser-faire-Haltung je vertretbar war, festzuhalten, daß ein politisches Subjekt, das nicht nur im Zeitalter von Risikogemeinschaften seine Verantwortung an eine Machtelite delegiert, erst einmal von Symbolen der Macht und Kompetenz beeindruckt sein oder werden muß. Auch eine pauschal legitimierte Machtelite kann auf Symbolproduktion und symbolische Politik nicht verzichten, so daß sich aus beiden Perspektiven der Machtzuweisung, der legitimatorischen und der delegatorischen, ein technisches Interesse für die Mechanismen von politischer Vereinnahmung ableiten läßt. Ein solches Interesse kann sich freilich nicht auf die symbolische Oberfläche der Botschaft, auf den Nennwert der Symbolik, beschränken.

> "Eine rein objektivistisch-politikwissenschaftliche Sichtweise, die politische Ereignisse oder Prozesse lediglich unter ihrem 'Nennwert' sieht und analysiert, ohne deren 'Dramaturgie', also deren Symbolwert aufzudecken, verkennt einen wesentlichen Aspekt politischen Handelns."[3]

Zwischen einem Sachverhalt und seiner symbolischen Darstellung liegt ein Freiraum, den ein politischer Akteur strategisch-instrumentell für seine Überzeugungsarbeit nutzt. Es ist der Raum für Repräsentationssymbole, wo 'eigentliche' Bedeutungen durch Erscheinungsformen generiert werden. Es liegt auf der Hand, daß sich diese Ebene latenter Bedeutungen nicht schon durch die Anwendung der Figurenlehre der klassischen Rhetorik analytisch erfassen läßt. Die Bedeutung der unterschiedlichen Darstellungsweisen desselben Sachverhaltes, z.B. 'grausam gefoltert' vs. 'unfein behandelt', offenbart sich erst mit dem Wissen um den historischen Kontext. In ihrer Bedeutung verstanden ist eine ideologische Botschaft erst dann, wenn das interaktive Moment ideologischer Appelle, wenn die Komplementarität der Bedürfnislage auf Sender- und Empfängerseite herausgearbeitet ist. Die nur im Idealfall vollständig zu beantwortende Frage nach der Bedeutung lautet: Wer verwendet welche Symbole, wann und wo, wem gegenüber und zu welchem Zweck? Auf eine werbliche Eindrucksästhetik gerichtet verkürzt sich die Frage: Wer will warum welches Bild abgeben?

Mit dem technischen Interesse für Vereinnahmungsmechanismen stellt sich also die Frage nach dem Erscheinungsbild, nach der Art, wie der oder das einzelne vom anderen wahrgenommen wird oder werden soll, wie es um das Komplementaritätsverhältnis von Sender und Empfänger bestellt ist. Die Unausweichlichkeit der kommunikativen Wechselwirkung reicht weit vor den Menschen zurück. Das Vermögen zu täuschen, Erscheinungsbilder strategisch einzusetzen, hat einen existenti-

---

3 Sarcinelli, Ulrich: Symbolische Politik. Opladen 1987, S. 5; in Anlehnung an Offe, in Edelman, Murray: Politik als Ritual. Frankfurt 1976, S. VIIff

ellen Urgrund, es gehört zur Grundausstattung von allen in Sozietäten sich selbstbehauptenden Primaten.

> "Zum eigenen Vorteil größere als die tatsächlich vorhandene Menge vorzutäuschen oder eine höherwertige Qualität - das macht bereits jeder Schimpanse, der durch Fellsträuben seinen Körperumriß vergrößert: Die Welt der Kultur ist der Welt der Natur in mannigfaltiger Weise ähnlich, weil (...) sie aus ein und demselben Ursprung zu begreifen sind."[4]

Der Zusammenhang von Selbstbehauptung und Erscheinungsbild ist das Grundmuster jeder normativen Kommunikation, so daß er zwingend einfließen muß in eine Begrifflichkeit zu Phänomenen von Beeinflussung und Manipulation. Auch im ideologisch werblichen Kontext dient das Weglassen von Teilen der Wahrheit und das Hinzufügen von Wahrheitsattrappen der Modellierung von möglichst suggestiven Erscheinungsbildern. Grob gesehen drückt sich im erscheinungsbildlichen Vortäuschen höherer Quantität und Qualität eine Analogie aus zwischen normativ-werblichen Sinnangeboten und den Imponier- und Drohgebärden bei nicht-menschlichen Primaten. Auf beiden Ebenen dienen Erscheinungsbilder dazu, Bedeutungen zu schaffen, Ansprüche zu unterstreichen, und bis hin zur geistigen bzw. optischen Täuschung, Größe zu demonstrieren. Zweckendlich geht es den Primaten als Erscheinungsbildnern darum, sich in ihrer Hierarchisierungsmächtigkeit zu präsentieren und optisch wie auch symbolsprachlich ihre soziale Potenz zu markieren.

Aus der Perspektive der demonstrativen wie rezeptiven Selbstbehauptung sind Symbole Orientierungsmittel, weil sie die Kluft zwischen sozialen Ordnungen und Individuen gleichzeitig kennzeichnen und überbrücken. Erfolgreich sind beide Formen der Selbstbehauptung nur dann, wenn die Zeichen richtig (ein-)gesetzt bzw. gedeutet werden. Doch während Tierprimaten in ihrem taktischen Demonstrations- und Täuschungsverhalten meist dem begrenzten Horizont des Reiz-Reaktionsbereichs verhaftet bleiben, kann der Mensch Abstand gewinnen und als ideologisches Wesen Sinn abstrakt, um des Sinnes willen, verhandeln. Er ruft und wird zu ideologischen Ordnungen gerufen. Er richtet sich an ihnen auf, wenn sie, auch unabhängig von den herrschenden Sozialstrukturen, soziale Potenz entfalten und als eigene Form von Energieverhältnissen imaginativ gelebt werden, manchmal bis zu dem Punkt, an dem im subjektiven existentiellen Bewußtsein ideologische Ordnungsvorstellungen den realen sozialen Ordnungssystemen übergeordnet sind. Aber auch unterhalb dieses Punktes gehören Sinnangebote, jenseits des Vereinnahmungsinteresses der Anbieter, zur existentiellen Grundversorgung des sinnsuchenden Menschen. Sie dienen als Orientierungsimpulse im problemträchtigen Zusammenhang von Hierarchieerfahrungen und Möglichkeiten individueller Existenzbewältigung. Dabei ist er stets der Ambivalenz von Erscheinungsbildern ausgesetzt. Einerseits können diese

---

4 Sommer 1992, S. 8

die individuelle Relevanz von Bedeutungen veranschaulichen, andererseits die Einseitigkeiten von Wirklichkeitsdarstellungen und Ordnungsansprüchen als fraglos erscheinen lassen. Die Ambivalenz von Erscheinungsbildern besteht also darin, Fraglosigkeit so herstellen zu können, daß die oft entgegengesetzten Interessen sowohl der Orientierung Suchenden als auch Bietenden erfüllt sind. Diese ambivalente Dimension der Erscheinungsbilder provoziert die Frage nach den Bedingungen ihrer Wirkungsmöglichkeit. Welche Strukturen sind im Rezipientenbewußtsein aktiviert, wenn Erscheinungsbilder ideologischen Sinn in Szene setzen und ihm die Exklusivität 'eigentlicher' Bedeutung so plausibel verleihen, daß beim Empfänger komplementäre Vorstellungsbilder von existentieller Wichtigkeit ausgelöst werden?

Es liegt nahe, davon auszugehen, daß jedes Umgehen mit Hierarchieerfahrungen und Ordnungsansprüchen seine individuelle Geschichte hat. Sie nimmt ihren Anfang mit der prägenden Erfahrung von Elternautorität oder deren Substitut als primärer Ordnungsinstanz, die den einzelnen zur ersten Auseinandersetzung mit autoritativen Ordnungsvorgaben zwingt. Unter dem massiven Eindruck ihrer Reichweite entsteht der frühkindliche Maßstab für Wirklichkeit und Wahrheit. Diese Urform der belohnenden wie bestrafenden, in jedem Fall dominierenden Autorität hat in der Retrospektive einen besonderen Nachhall. Dieser resultiert aus der Struktur der familialen als einer 'natürlichen' Ordnung, zu deren Exklusivität es im kindlichen Horizont lange keine Alternative gibt. Die frühkindliche Erfahrung elterlicher Autorität ist die Erfahrung einer unumstößlichen Hierarchie, aus der sich alles umfassende Wertungen ableiten. Elternautorität ist die ursprüngliche Instanz, die darüber entscheidet, wie der Mensch erstmalig Wert und Werte erlangt.

Deshalb bedienen sich diejenigen, die politisch werbend an eine existentielle Orientierung glauben machen wollen, oft einer autoritativen Repräsentationssymbolik, die auf einen ähnlich umfassenden Geltungsanspruch zielt.Diese muß genauso überzeugen wie der Nennwert eines Sinnangebots. Glaubwürdig kann nicht nur der Wahrheitsgehalt einer Behauptung sein, sondern auch ihr appellatives Erscheinungsbild, zu dem wesentlich der autoritative Hintergrund ihrer Vermittlung gehört. Mit der autoritativen Auflading einer ideologischen Symbolik soll deren existentielle Bedeutung als so berückend empfunden werden, daß sie beim Rezipienten in nachhaltige Selbstbezüge mündet. Ausgelöst werden Selbstbezüge durch symbolische Inszenierungen, die eine hierarchisch geordnete Wirklichkeit so beeindruckend in Erscheinung treten lassen, daß den offenen oder versteckten Wertungen vom Rezipienten eine existentiell richtungsweisende Bedeutung beigemessen wird. In der Zweckperspektive ideologischer Vereinnahmung definiert sich Erscheinungsbild ganz allgemein als die wertsprachliche Inszenierung von existentiellen Bedeutungen. Das Modellieren von Erscheinungsbildern geht also weit über die Ebene visueller Darstellungsästhetik hinaus.

Die Rahmenbedingungen des Marktes, wie Konkurrenz und Anonymität, bedingen, daß auch die in der besten Absicht unternommene Selbstlegitimation, zumindest latent, appellativ aufgeladen wird. Die Unausweichlichkeit, zu jedem Nennwert eine Dramaturgie mitkalkulieren zu müssen, begründet die potentielle Ambivalenz einer selbstlegitimatorischen Symbolverwendung. Als Sinnangebot und im Dienste der Wirklichkeitsgestaltung einer Machtelite will und muß sie von ihrer Dramaturgie her wie als Interpretationsvorgabe für den Rezipienten einen Legitimierungsimpuls bedeuten. Angesichts dieser Ambivalenz stellt sich jeweils die zentrale Frage, wie Nenn- und Symbolwert instrumentalisiert sind. Aus der Sicht des Rezipienten ergibt sich daraus die Notwendigkeit einer Symbolanalyse, die in der alltäglichen Rezeption meist rudimentär und habitualisiert vollzogen wird.

Daß nun die Analyse von vier Beispielen politischer Sinnstiftung hier wesentlich gründlicher betrieben wird, rechtfertigen u.a. deren teilweise enorme Legitimationsansprüche, zu deren Analyse ästhetische oder rein inhaltsanalytische Kriterien nicht weit genug führen. Das gilt schon für den Fall, wo die politische Symbolik einer Machtelite als Medium eines Bewertungsappells dient mit dem Minimalziel, Fraglosigkeit bzw. Passivität gegenüber ihrem Alleinvertretungsanspruch zu erreichen. Und das gilt erst recht, wenn durch diese Symbolik explizit oder implizit Handlungsanleitungen mit dem Versprechen eines besseren Lebens verkörpert sind.

In beiderlei Hinsicht hat eine Symbolanalyse angesichts der Ambivalenz von Nenn- und Symbolwert als klassifikatorische Wertanalyse zu verfahren, die die Organisationsstrukturen politischer Wirklichkeitsdarstellung aufdeckt und das Steuerungspotential ihrer Wertsprache erfaßt. Dabei muß sie die politökonomische Perspektive einer Machtelite ebenso ins Auge fassen wie die orientierungs- und handlungspraktische Perspektive des Rezipienten. Beide Perspektiven werden über Schlüsselsymbole abgedeckt, die möglichst viel eindrucksvoll repräsentieren, um für möglichst viele eindrucksvolle Orientierungswirkung entfalten zu können. In dieser Sichtweise dienen Symbole als repräsentative Bezugspunkte mit Versprechenscharakter; als Machtversprechen für die symbolsetzende Machtelite und als Versprechen eines besseren Lebens für den Symbolrezipienten. Entsprechend muß eine Symbolanalyse auch ermitteln, inwieweit eine Realitätskontrolle durch die Suggestivität und Plausibilität des Sinnangebots hinfällig scheint bzw. Realität und Versprechen divergieren.

Welche Formen von Beeinflussung und Manipulation die Symbolanalyse auch freilegt, stets gilt ihr zentrales Interesse den Mechanismen symbolischer Repräsentanz, der Montage von Erscheinungsbildern in ideologischen Botschaften, in denen eine besondere und noch zu diskutierende Klasse von latenten Sinnstrukturen ein Rezipientenbewußtsein so anspricht, daß es Wertungen übernimmt und auf seine Existenz bezieht. Am Schluß soll ein durchgängiges Vermittlungsprinzip politischer Wirklichkeitsgestaltung herausgearbeitet sein, in das nicht nur die subjektiven und objektiven Bedingungen des Ankommens, also von Bewußtseinsmacht, einfließen, sondern, als zwei Seiten derselben Medaille, sowohl die symbolischen Versprechens- bzw. Gratifikationsanteile als auch ihre Sanktionspotentiale gegenüber möglichen Nein-Haltungen zu Wert- und Sinnangeboten.

Diese einheitliche Struktur ideologischer Wertsprache leitet sich ab aus einer Grundbedingung von Sozialisation, nämlich der autoritätsgeprägten Genese von Selbstbewußtsein. Sie ist theoretisch und praktisch v.a. in Teil II und III behandelt. In vorbereitender Absicht soll in Teil I die Marktorientiertheit politischer Symbolik und ihre wertsprachliche Organisation in Begriffe gefaßt werden. Als Ausgangspunkt dienen der Stellenwert und die Hierarchiemächtigkeit der Erscheinungsbilder im Herrschaftsgefüge der höfischen Gesellschaft. Denn Gesellschaft, wenn auch nicht als höfische, ist überall und damit die Notwendigkeit von Eindrucksmanagement.

Teil I

Politisches Werben zwischen Beeinflussung und Manipulation

1. Bedingungen einer Wertbegrifflichkeit

Mit Norbert Elias haben soziologische Begriffsbildungen eher soziale Prozesse als Zustände zu erfassen. Eine diesem Verständnis entsprechende Begrifflichkeit hat er in seinen Hauptwerken über Formen und Strukturen historischer Machtverhältnisse entwickelt und in ihrer theoretischen und praktischen Tragweite veranschaulicht.

Wenn nun einzelne seiner Begriffe als Ausgangspunkt der Herleitung einer auf das Thema politisch-werblicher Vereinnahmung zugeschnittenen Wertbegrifflichkeit dienen, dann hat das seinen Grund darin, daß auch für die Eliassche Konzeption zivilisatorischer Prozesse der Zusammenhang von Macht und Symbol, von Machtausübung und symbolischer Form der entscheidende ist. Die normative Dynamik zivilisatorischer Entwicklung resultiert aus der Wechselwirkung zwischen sozialer Interdependenz und notwendiger sozialer Kontrolle, zwischen Fremd- als sozialer Verhaltenskontrolle und Selbst- als Triebkontrolle. Symbolische Formen, als Medium dieses Wechselspiels, implizieren Wertmaßstäbe, von denen normativer Druck ausgeht. Daß soziale Ansprüche ihre je eigenen, bedeutungstragenden Formen besitzen und daß hoher normativer Druck in einer geschlossenen Ordnung Konformität und Differenz erzeugt, läßt sich mit Elias am Beispiel der höfischen Gesellschaft nachvollziehen, anhand der Logik des höfischen Formdenkens.

> "Die höfische Etikette, die entsprechend den Wertmaßstäben bürgerlich-industrieller Gesellschaften als etwas recht Unwichtiges, bloß 'Äußerliches' und vielleicht als etwas Lächerliches erscheinen mag, erweist sich, wenn man dem Aufbau der höfischen Gesellschaft seine Autonomie läßt, als ein höchst sensitiver Anzeiger und als ein höchst zuverlässiges Meßinstrument für den Prestigewert des Einzelnen im Netzwerk seines Beziehungsgeflechtes."[1]

Wie jedes normative Regelsystem fungiert die höfische Etikette gleichzeitig als Maß- und Meßsystem, als Ordnungsvorgabe und Medium sozialer Wertung. Da es in ihrem Wirkungsbereich keine wertfreie soziale Realität gibt, ist sie nur über eine Wertbegrifflichkeit analysierbar. So deckt aus soziologischer Sicht der Begriff Pre-

---

[1] Elias, Norbert: Die höfische Gesellschaft. Frankfurt 1992, S. 19

stigewert den Zusammenhang von sozialem Verhalten und sozialer Wertigkeit ab. Prestigewert zielt auf den Prozeßcharakter sozialer Realität als dynamischer Ordnung hierarchisierter und hierarchisierender Wertigkeiten. Als Gradmesser von Lebenschancen bildet die höfische Etikette die existentielle Rahmenbedingung für rangbewußte Höflinge, deren Selbstwert vom Grad ihres sozialen Prestiges abhängt. Für sie bedeutet höfisches Leben die Teilhabe am permanenten Verteilungskampf um Prestige, so daß der einzelne Höfling zu symbolisch und materiell aufwendigen Investitionen in die Formen seiner sozialen Erscheinung gezwungen ist.

> "Die intensive Aufmerksamkeit, mit der man jeden Lebensausdruck eines Menschen, also auch sein Haus, daraufhin überprüft, ob er die seinem Stand, seiner Stellung innerhalb der sozialen Hierarchie gesetzten traditionellen Grenzen einhält oder nicht, und die Bewußtheit, mit der man alles, was zu einem Menschen gehört, auf seine soziale Valenz, auf seinen Prestigewert hin beobachtet, entspricht ganz der höfisch-absolutistischen Herrschaftsapparatur und dem hierarchischen Aufbau der um König und Hof zentrierten Gesellschaft. Diese Aufmerksamkeit und diese Bewußtheit bilden sich in der herrschenden Schicht heraus als Instrumente der Selbstbehauptung und der Abwehr gegenüber dem Druck der jeweils niedriger Rangierenden nach oben."[2]

Wenn 'jeder Lebensausdruck' sozial auf den Prüfstand gestellt wird, bedeutet dies für den einzelnen, daß jedes Detail seiner Lebensführung auf seine Prestigewertigkeit hin zu kalkulieren ist, auf seine Zweckdienlichkeit als Element des Gesamtbildes, das der Höfling in der Öffentlichkeit abzugeben hat bzw. abgeben will. So sind Fragen der Mode oder der Architektur als wesentliche Bestandteile der sozialen Repräsentation nicht in die Beliebigkeit eines inidviduellen Geschmacks gestellt. Vielmehr gehorchen sie der höfischen Norm und damit dem Zwang zum Eindrucksmanagement.

Auch wenn der Weg vom oben erwähnten Fellsträuben des Schimpansen bis zur höfischen Etikette unter zivilisatorischen Aspekten ein ziemlich weiter ist, bleibt der Zweck, nämlich soziale Selbstbehauptung, ebenso identisch wie die Methode: durch Aufbesserung des Erscheinungsbildes soll die Notwendigkeit sozialer Selbstbehauptung gelingen. Obwohl Elias den für den Bereich politischen Werbens zentralen Begriff Erscheinungsbild nicht verwendet, trifft dieser den von ihm beschriebenen Sachverhalt. Denn das höfische Leben ist zu sehen als Wettkampf der Erscheinungsbilder, die auf ihren Prestigewert sozial be- und vom einzelnen verwertet werden. Der Höfling agiert wie ein Unternehmer, wenn er in Erscheinungsbilder investiert und Sozialprestige gewinnt. Die materielle Basis für die Erlangung und Taxierung von Prestige ist also das Erscheinungsbild. Einzelne Prestigesymbole signalisieren Standeszugehörigkeit bzw. Aufstiegsambitionen und fügen sich zu repräsentati-

---

2 Elias 1992, S. 88

ven Gesamtbildern, mit denen sich Rangunterschiede entweder festigen oder in Frage stellen lassen.

> "Die untersten sozialen Schichten brauchen nicht zu repräsentieren, sie haben keine eigentliche Standesverpflichtung. So treten als bestimmend für ihre Behausung Charakterzüge in den Vordergrund, die bei den anderen nicht zu fehlen brauchen, aber doch hinter der Repräsentations- und Prestigefunktion entscheidend zurücktreten. Gebrauchswerte, wie Bequemlichkeit und Solidität, werden so beim Bau der Häuser für die bezeichneten Berufsschichten nackt und unverbrämt zur Hauptsache. (...) Bei allen anderen Gruppen dagegen tritt - und zwar um so stärker, je höher sie rangieren - die Verpflichtung entsprechend ihrem Stand aufzutreten und schon durch ihr Haus auszudrücken, wes Standes sie sind, mehr und mehr in den Vordergrund. Bei ihren Behausungen überdeckt der Prestigewert den reinen Gebrauchswert. Hier hat vor dem Wirtschaftsethos, dem Instrument der Selbstbehauptung zunächst in den unteren Schichten, das Standesethos, Instrument der Selbstbehauptung in den oberen Schichten, den Vorrang."[3]

Die Totalität der höfischen Repräsentationspflicht erfaßt Elias wertbegrifflich durch die Unterscheidung zwischen Prestige- und Gebrauchswert. Reine Gebrauchswerte, wie Bequemlichkeit und Solidität, betreffen die Sphäre direkter privater Nutznießung als deren Hauptsache, während der soziale Aspekt der Nutznießung, die architektonische Außenwirkung, Nebensache bleibt. Jedoch ändert sich mit der Aufhebung der Trennung zwischen Berufs- und Privatleben der Schwerpunkt der Nutznießung: Gebrauchsgegenstände haben hauptsächlich Prestigefunktion, die Unmittelbarkeit der reinen wird überlagert von der Mittelbarkeit der sozialen Gebrauchswertigkeit. Diese Akzentverschiebung von der privaten zur sozialen Natur einer Gebrauchswertigkeit deckt der Begriff Prestigewert ab. Unter dem Diktat einer permanenten höfischen Repräsentationspflicht haben also alle die Werte einen sozialen Gebrauchswertaspekt, die Prestigebedürfnisse befriedigen.

Diese wertbegriffliche Sichtweise, in der der soziale den reinen Gebrauchswert von Gegenständen, Symbolen und symbolischen Handlungen überragt, relativiert aber die strenge Opposition von Prestige- und Gebrauchswert, auf die sich Elias bei seiner Analyse der höfischen Realität durchgängig stützt.

> "(...) jeder Aktus im Gang der Zeremonie hatte einen genau abgestuften Prestigewert, der sich den an ihm Beteiligten mitteilte und der Prestigewert jenes Aktus, des Hemdanziehens, des ersten, zweiten oder dritten Eintrittes usf., verselbständigte sich gewissermaßen. Er wurde ähnlich, wie das oben von dem Schloßhof oder dem Schmuck eines Adelshauses angedeutet wurde, zu einem *Prestigefetisch*. Er diente als Anzeiger für die Position des Einzelnen innerhalb der Machtbalance zwischen den vielen Höflingen, die vom König gesteuert und äußerst labil war. Der Ge-

---

3 Elias 1992, S. 89f

brauchswert, der unmittelbare Nutzen, der in allen diesen Handlungen steckte, trat mehr oder weniger zurück oder war ziemlich unbedeutend."[4]

Der Gebrauchswert von Zeremonien und Symbolen liegt in seiner Außenwirkung und bedeutet einen unmittelbaren Nutzen für die prestigeabhängigen Höflinge. Deren Geltung hängt davon ab, ob und inwieweit sie sich höfische Prestigefetische, deren soziale Geltung ihren Wert bestimmt, öffentlich zunutze machen können. Prestigesymbole haben dann einen sozialen Gebrauchswert, wenn sie den Höflingen dazu dienen, deren tatsächliche oder beanspruchte Position innerhalb einer gesellschaftlichen Hierarchie auszudrücken. Oder allgemeiner: Gegenstände und Symbole haben dann einen unmittelbaren sozialen Gebrauchswert, wenn sie zur Gestaltung von Erscheinungsbildern nützlich sind.

Das gilt aber nicht nur für die hermetische höfische Gesellschaft, für die der Begriff Prestigewert deshalb der geeignete ist, weil in der strengen höfischen Etikette-Ordnung Prestige das dominierende Strukturmodell ist. Für die Realität moderner Industriegesellschaften und auch für den Bereich politischen Werbens ist der Begriff Gebrauchswert als der allgemeine Wertmaßstäbe betreffende angemessener. Denn es liegt auf der Hand, daß ideologische Vereinnahmungen nicht allein über visuelle Vermittlungen initiiert werden, also mittels Prestigesymbolen wie z.B. politische Zeremonien, Rituale oder kirchenarchitektonische Elemente. Anders als bei höfischen Prestigesymbolen, die unmittelbar und zwingend aus der einheitlich gültigen höfischen Etikette resultieren, fehlt der modernen ideologischen Eindruckskonkurrenz die einheitliche Ordnung. Die nach vielen Seiten offene Verarbeitungsphantasie der Rezipienten kann theoretisch auf so viele alternative Weltbilder zurückgreifen, wie es Angebote gibt. Um diese zu be- und verwerten, werden komplexe kognitive Zusammenhänge aktiviert, so daß bei der Analyse ideologischer Vereinnahmungen weniger die visuelle als die imaginative Wirklichkeitsebene im Mittelpunkt steht. Auch auf dieser dominieren die Erscheinungsbilder, deren Zweck in der höfischen wie modernen Gesellschaft derselbe ist, nämlich der, ein Eindrucksmanagement und das Markieren von Positionalitäten erfolgreich zu gestalten.

Den bisher diskutierten Wertbegriffen Prestige- und Gebrauchswert gemeinsam ist die existentielle Dimension ihrer Untersuchungsobjekte. Ähnlich wie Gegenstände oder symbolische Handlungen, deren soziale Gebrauchswertigkeit darin liegt, daß sie prestigeträchtig sind, können auch Ideologien für Sinnanbieter und -rezipienten nützlich sein, indem sie ideologisch eindrucksvoll sind und der existentiellen Selbstbehauptung dienen. Analog zum repräsentativen und reinen Gebrauchswert einer Architektur läßt sich dies auf die Gebrauchswertigkeit eines Gedankengebäudes übertragen, dessen sozialer Gebrauchswert z.B. darin besteht, daß es positiv auf seinen Urheber verweist, dessen soziale Reichweite dokumentiert und festigt. Doch

---

4   Elias 1992, S. 130

hat auch der Rezipient seine Gebrauchswertperspektive. Wer sich angreifbar fühlt, kann sich in Ideologie zurückziehen wie in eine Trutzburg und sich hinter hohen Mauern sicher fühlen. Auch geistige Trutzburgen sind erst dann für Zufluchtsuchende vielversprechend, wenn sie über Formen von Eindrucksmanagement soziale Stärke manifestieren.

Noch eine weitere Eliassche Sichtweise kann auf die ideologieanalytische Ebene übertragen werden: Einzelphänomene stehen in komplexen Zusammenhängen. Auch Gedankengebäude stehen und sprechen genausowenig nur für sich wie die Wohnsitze von Eliteformationen. Soziologisch entscheidend ist, daß sie gesellschaftliche Strukturen spiegeln. So stehen in der höfischen Gesellschaft hinter architektonischen Entwürfen die alles dominierenden Hierarchieverhältnisse. Diese erzeugen architektonische *Erscheinungsbilder, an denen soziale Wertverhältnisse ablesbar sind*, wie die für die höfische Gesellschaft eigentümliche Beziehung zwischen Mann und Frau oder das Verhältnis von Herr und Diener. So ist

> "die Anordnung der Räume, welche vor jedem herrschaftlichen Raum mindestens ein Antichambre vorsieht (...) ein Ausdruck dieser *Gleichzeitigkeit von ständiger räumlicher Nähe und ständiger sozialer Ferne, von innigem Kontakt in der einen Schicht und strengster Distanz in der anderen.*"[5]

Hierarchisierte Wirklichkeiten, deren intendierte Ordnung, Ansprüche und Reichweite wertsprachlich augenfällig gemacht sind, finden sich auch in ideologischen Gedankengebäuden. Im Mittelpunkt ideologischer Vereinnahmung stehen existentielle Schlüsselwerte, deren argumentative Architektur als Wertausdruck in Erscheinung tritt, um Bedeutung und Plausibilität eines Sinnangebots vor Augen zu halten. Aus zunächst subjektiven Ansichten und Überzeugungen sollen allgemein verbreitete Anschauungen, d.h. soziale Gebrauchswerte werden. Wenn diese soziale Bedürfnisse befriedigen oder gar neue wecken, dann sind sie Vehikel sozialer Aufwertung für die vorgeblichen Besitzer oder Verwalter von Gedankengebäuden und für den zur Anschauung und Zustimmung, also zur Nutznießung angehaltenen Rezipienten. In der ideologischen Vermittlung spielt das personale Erscheinungsbild des Verkünders eine mitentscheidende Rolle. Denn schon das 'Vorzimmer' zu hohen und höchsten Werten betreten zu wollen, erscheint manchen als Privileg, anderen als Anmaßung. Für besondere Zimmer glauben nur Auserwählte den Schlüssel zu besitzen und künden bedeutungsvoll von ihren Zutritten. Am Ende der meisten Vermittlungsprozesse muß aber auch das Gedankengebäude vor dem einzelnen Rezipienten bestehen, das er in seiner Verarbeitungsphantasie probeweise oder auf Dauer betritt.

Vereinnahmende Wertsprache, die die Welt in gut und schlecht teilt, lädt nicht nur ein, sie muß auch ausschließen. Normative Freund-Feind-Schemata zeigen an,

---

5 Elias 1992, S. 78

wer dazugehört, und scheinen den zu adeln, der an erhabenen Gedanken teilhat. Der entscheidende Maßstab für ideologische Affinitäten ist in modernen Industriegesellschaften nicht schon mit einer jeweiligen Schichtzugehörigkeit gegeben. Für die Konkurrenzvielfalt der Moderne charakteristisch ist vielmehr die Gleichzeitigkeit von sozialer Ferne und ideologischer Nähe, und umgekehrt.

Diese Art sozialer Transparenz und Mobilität geht einher mit der Akzentverschiebung von visuellen zu imaginativen Erscheinungsbildern. Zugehörigkeiten sind sozial nicht mehr ohne weiteres ablesbar, sondern werden, je nach Markt- und Bedürfnislage, im Kopf neu eingegangen oder aufgekündigt. Eine solch unübersichtlich strukturierte Massenkommunikation scheint denn auch die analytische Trennschärfe eines soziologischen Begriffs wie die Eliassche Figuration zu überfordern. Doch lassen sich bei den Analysen ideologischer Einzelschicksale, hier die der RAF und Heideggers, Strukturen herausarbeiten, deren Signifikanzen sich zu denen der anonymen Masse verhalten wie die Spitze zum Eisberg.

2. Erscheinungsbild und Selbstbehauptung

Die Einzelfälle sind nur besonders markante Beispiele für den jede Biographie konstituierenden Zusammenhang von Erscheinungsbild und Selbstbehauptung, für den Zusammenhang zwischen der Verarbeitung einer spezifischen Klasse von Erscheinungsbildern und den individuellen Versuchen von Selbstbehauptung.

Die Antwort auf die Frage nach der besonderen Natur dieser Erscheinungsbilder liefert implizit das Menschenbild bei Elias. Er vertritt das Menschenbild der offenen, durch Interdependenzen geprägten Persönlichkeit, die mit anderen in Figurationen lebt. Persönlichkeits- und Gesellschaftsstrukturen hängen unlösbar miteinander zusammen. Die Strukturen, die sich bei dem Zusammenleben von Menschen herausbilden, sind die Basis, auf der individuelle Selbstbehauptung stattfindet. Mit der Verinnerlichung von Normen verwandeln sich - in der Terminologie von Elias - zwischenmenschliche Fremdzwänge in einzelmenschliche Selbstzwänge. Am Ende der Umwandlung von Fremd- in Selbstzwänge steht eine mehr oder weniger ausgeprägte Habituskontrolle des einzelnen, das bewußte und unbewußte Modellieren von Formen sozialer Selbstdarstellung.

Konstitutiv für soziale Selbstbehauptung ist also die Arbeit an Erscheinungsbildern, in die das Bild, das jeder von sich hat, ebenso einfließt wie das Bild, das andere von jemandem haben sollen. Damit trägt die Kategorie Erscheinungsbild sowohl den sozio- als auch psychogenen Strukturen Rechnung. Sie zielt ab auf die normative Grundlegung des Zusammenlebens, auf die Hierarchisierungsdynamik in Sozietäten, in der unabdingbar die Balancen zwischen der Empfindung von Zwängen und

Ängsten und der Ausübung von Zwängen und Macht gefunden und durchgehalten werden müssen. Mit Elias ist

> "(...) der Aufbau der Ängste nichts anderes als der psychische Widerpart der Zwänge, die die Menschen kraft ihrer gesellschaftlichen Verflechtung aufeinander ausüben."[6]

Angsterfahrungen im Wechselspiel von Über- und Unterlegenheit prägen die Bilanzen des Seelenhaushalts, und dies von Beginn jeder Persönlichkeitsentwicklung an. Elias will

> "eines bei alledem nicht übersehen: Daß heute wie ehemals, alle Formen der inneren Ängste eines Erwachsenen mit Ängsten des Kindes in Beziehung zu Anderen, mit Ängsten vor äußeren Mächten zusammenhängen."[7]

Die Innenansicht der Ängste von Erwachsenen weisen, bis in ihre mögliche Irrationalität hinein, Analogien zu kindlichen Ängsten auf. Das gilt v.a. für die Ambivalenzerfahrung von Autorität. Denn Kinder sind nicht nur angstgeprägt, sondern auch geformt durch die Erfahrungen mit den Schutzangeboten von Überlegenen. Wie die Bedrohung scheint auch die Rettung stets von außen zu kommen. Die Unausweichlichkeit derartiger Ambivalenzerfahrung liegt jeder Biographie zugrunde, und Individualität ist nicht zuletzt als Erfahrungsschicksal des Zusammenhangs von autoritativen Erscheinungsbildern und Selbstbehauptung zu verstehen. Die Verinnerlichung von überlegenen Autoritäten ist gleichzusetzen mit dem verinnerlichten Zwang, sich gegenüber Überlegenheitsgesten angemessen zu verhalten, womit die Arbeit an eigenen Erscheinungsbildern eingeschlossen ist. Die Arbeit an und die Verarbeitung von Erscheinungsbildern hat als Voraussetzung und als Ziel eine relative Selbstkontrolle, zu der v.a. die Habituskontrolle mit Affekten, Gefühlen und Weltbildern gehört.

Das Wechselspiel zwischen Unter- und Überlegenheit signalisierenden Erscheinungsbildern hat ein festes autoritatives Rahmenwerk. Denn in jede Interaktion, die unter sozialem Hierarchisierungsdruck steht, fließen latent oder manifest die jede Biographie charakterisierenden Autoritätserfahrungen der Beteiligten ein. Dabei sind Ängste virulent, die mit Empfindungen von Wehrlosigkeit einhergehen.

> "Diese Wehrlosigkeit vor der Überlegenheit Anderer, dieses völlige Ausgeliefertsein an sie stammt nicht unmittelbar aus der Bedrohung durch die physische Überlegenheit Anderer, die hier und jetzt gegenwärtig sind, obwohl sie ganz gewiß auf physische Zwänge, auf die körperliche Unterlegenheit des Kindes gegenüber seinen Modelleuren zurückgeht. Beim Erwachsenen aber kommt diese Wehrlosigkeit daher, daß die Menschen, deren Überlegenheitsgesten man fürchtet, sich in Einklang mit dem eigenen Über-Ich des Wehrlosen und Geängstigten befinden, mit der

---

6 Elias, Norbert: Über den Prozeß der Zivilisation. II.Bd. Frankfurt 1977, S. 446
7 Elias 1977, S. 409

Selbstzwangapparatur, die in dem Individuum durch Andere, von denen er abhängig war und die ihm gegenüber daher ein gewisses Maß von Macht und Überlegenheit hatten, herangezüchtet worden ist."[8]

Die Konsequenzen des Aufeinandertreffens von Überlegenheitsgesten der anderen und der Selbstzwangapparatur des Individuums aktivieren dessen existentielles Bewußtsein, mögliche Risiken und angemessene Reaktionen werden imaginativ antizipiert. Welche symbolischen Investitionen sind nötig, um soziale Degradierungen zu vermeiden? Die Frage stellt und beantwortet sich nur zum Teil bewußt. Eher manifestiert sich ein unterschwelliges Angst- und Konfliktpotential in korrespondierenden Vorstellungsbildern, in denen das Drama der Unterlegenheit durchgespielt wird.

"(...) Der Konflikt, der sich in Scham-Angst äußert, ist nicht ein Konflikt des Individuums mit der herrschenden gesellschaftlichen Meinung, sondern ein Konflikt, in den sein Verhalten das Individuum mit dem Teil seines Selbst gebracht hat, der diese gesellschaftliche Meinung repräsentiert; es ist ein Konflikt seines eigenen Seelenhaushalts, er selbst erkennt sich als unterlegen an. Er fürchtet den Verlust der Liebe oder Achtung von Anderen, an deren Liebe oder Achtung ihm liegt oder gelegen *war* (Hervorhebung v. mir, KGW). Deren Haltung hat sich in ihm zu einer Haltung verfestigt, die er automatisch sich selbst gegenüber einnimmt. Das ist es, was ihn gegenüber den Überlegenheitsgesten Anderer, die in irgendeiner Hinsicht diesen Automatismus in ihm selbst aktualisieren, so wehrlos macht."[9]

Es entfaltet sich die kumulative Wirkung von Überlegenheitsgesten, die aktualisierend an die Erfahrung früherer Überlegenheitsgesten knüpfen, als der Wandel von Fremd- zu Selbstzwängen initiiert und vorangetrieben wurde. Sich gegen andere zu behaupten ist dann am schwersten, wenn sie Teil des eigenen Selbst, des Selbstzwangapparates geworden sind. Daß die Selbstkontrolle automatisch verläuft, zeigt, in welch starken Zusammenhang sie mit der sozialen Wirklichkeit, v.a. mit Autoritätserfahrungen steht. An dieser grundlegenden und durchgängigen Verzahnung wird deutlich, daß Selbstkontrolle als Wert- und Bewertungszusammenhang zu verstehen ist, dessen soziale Ablesbarkeit sich im Wechselspiel der Erscheinungsbilder vollzieht. Überlegenheitsgesten lösen Unterlegenheitsgefühle mit entsprechendem Verhalten aus.

Aus diesem Wechselspiel leiten sich, auch auf oberster Hierarchieebene, Selbstbezüge ab, die, an soziale Werte gebunden, nicht in der Beliebigkeit des Individuums stehen. Auch ein Sonnenkönig muß sein eigenes Verhalten so kontrollieren, daß sein Absolutheitsanspruch an den Formen seiner sozialen Erscheinung ablesbar wird.

"Schon bei Ludwig XIV findet man, daß ihm die öffentliche Bekundung und Symbolisierung der Macht ihrerseits zum Selbstwert werden. Machtsymbole gewinnen derart ein Eigenleben und nehmen den Charakter von Prestigefetischen an. Der Pre-

---

8 ebd., S. 397f
9 ebd., S. 398

stigefetisch, der den Selbstwertcharakter des Königsdaseins am besten zum Ausdruck bringt, ist die Idee der 'Gloire'. (...) Ludwigs XIV Außenpolitik wie seine Innenpolitik bleiben unverständlich, wenn man diesen Zusammenhang zwischen Struktur seines Selbstbildes - des Bildes seiner selbst und seiner 'gloire' als eines Endwertes - mit der Struktur seiner gesellschaftlichen Position als Herrscher und mit der seines Herrschaftsfeldes nicht vor Augen hat."[10]

Auch für den Menschen der Moderne konstituieren sich Selbstbezüge aus Wertzusammenhängen. Nicht erst auf der Ebene von Prestigefetischen, Endwerten und anderen gloriosen Machtsymbolen bestimmen existentielle Werte Selbstbezüge und Selbstwertempfindungen. Auf der Basis von existentiellen Werten, zunächst von Bezugspersonen vermittelt, behauptet das Individuum seine Existenz.

Aus dem Zusammenspiel von Überlegenheitsgesten und dem individuellen Wissen um die eigene Existenz bilden sich Bewußtseinsstrukturen heraus, von denen die grundlegendste das Selbstbild ist. Diese Bewußtseinsstruktur ist die geistig-seelische Schaltstelle, die die Normativität sozialer Wirklichkeit verarbeitet. Das Selbstbild besteht zu einen nicht geringen Teil aus der verinnerlichten Haltung der Autoritäten, die das Subjekt erfahren hat und deren Wertmaßstäbe es automatisch auf sich bezieht. Daß es dies automatisch macht, zeigt nur, wie tief und untrennbar diese Haltung mit der eigenen Identität verknüpft ist. Insofern ist im Kontext der vorliegenden Analyse normativer Symbole die Kategorie Selbstbild nicht im Sinne eines Spiegel- oder Idealbildes ('So bin ich' oder 'So will ich sein') verwendet, also nicht im Sinne des Bildes, das jemand bewußt-voluntativ von sich hat. Selbstbild ist eine Kategorie des Unterschwelligen und weniger eine, die bewußte Akte der Selbsteinschätzung betrifft. Im Mittelpunkt steht vielmehr das unbewußte existentielle Wissen um die eigene Existenz, mit dem ein Selbstverhältnis habituell aufrechterhalten und gemanagt wird. Mit der Analyse von Selbstbildern soll die Tiefendimension einer Komplementarität erfaßt werden zwischen latenten Selbstbezügen und den normativen Ansprüchen werblicher Sinnangebote. Bei diesen Sinnangeboten handelt es sich um ideologische Wertzusammenhänge, die Orientierungs- und Ordnungsbedürfnisse abdecken. Symbole, Werthaltungen und Überzeugungen dienen dem Individuum zur Selbstbehauptung, diese permanente Nachfragesituation läßt sich vereinnahmungstechnisch ausnutzen. Dazu sind für Ideologieanbieter Investitionen in Erscheinungsbilder unabdingbar, die den existentiellen Gebrauchswert ihrer Angebote augenfällig machen sollen. Entscheidend für den Gewinn von Bewußtseinsmacht ist die Komplementarität von Werthaltung und Selbstbehauptung, wenn ideologische Sinnangebote das entweder bestätigen oder bedrohen, was einer Existenz Sinn und Wert gibt oder zu geben scheint.

Sozialpsychologisch kalkulierte Erscheinungsbilder sollen Sinnangeboten eine existentielle Dramaturgie verleihen, ein wertsprachliches Profil, das beim Rezipien-

---

10 Elias 1992, S. 203f

ten Phantasiebilder auslöst, die eine Auf- oder Abwertung seiner Existenz in Aussicht stellen. *Die so virulenten Erscheinungsbilder und die existentielle Gebrauchswertdimension machen den werblichen Eindruckswert eines Sinnangebots aus.* Eindrucksmanagement ist oft nichts anderes als das Veranschaulichen von Zwängen, die aus sozialen Interdependenzen resultieren. Das soll Sinnangeboten jene Existentialität verleihen, die Indifferenz zu verbieten scheint. In ideologischer Wertsprache, in der sich soziale Zwänge manifestieren, bilden Eindruckswerte die Impulse, die die seelische Selbstzwangapparatur in Gang setzen. Sinnangebote wollen suggerieren, daß wer hier nicht zustimmt, sich selbst schadet und sozial ins Abseits stellt. Die sich nur aus analytischer Sicht für den Rezipienten so stellende Gebrauchswertfrage lautet: Welche Werte und Welt sind mit dem Sinnangebot so aktualisiert und (be-)greifbar gemacht, daß der Druck der Selbstzwänge anfällig macht für fraglose Zustimmung und imaginative Ausweichbewegungen, z.B. in Form von Utopien? Jede Beantwortung hat stets die Ambivalenz der Erscheinungsbilder zu erfassen. Denn im Reich der Phantasie transportieren sie zwar einerseits Zwänge, andererseits veranschaulichen sie den existentiellen Gebrauchswert von Sinnangeboten.

3. Wertsprache und Eindruckswert

a) Der Eindruckswert als Exklusivanspruch

Sowenig eine auf Akzeptanz angelegte Symbolproduktion gänzlich die qualitative Beschaffenheit, den Gebrauchswertaspekt von Sinnangeboten übergehen kann, kann der nutznießende Rezipient gänzlich von der sozialen Resonanz, von der Art der Erscheinung und Vermittlung der von ihm rezipierten ideologischen Gebrauchswerte absehen. Denn diese sind an ihre Vermittlung, die mitproduziert und -rezipiert wird, gebunden. Entsprechend bleiben die angebotenen Gebrauchswerte ihren symbolischen Darstellungen, den jeweiligen Erscheinungsformen von Wertsprache, verhaftet, ohne daß die Symbolik lediglich das wertneutrale Vehikel von Ideen ist. Vor allem aus Konkurrenzgründen stellen die Formen der Vermittlung, ihre Eindrucksmächtigkeit, einen Wert an und für sich dar.

Der Eindruckswert einer Wertsprache, der häufig auch einen Erlebniswert bedeutet, erschwert reine Gebrauchswertkalkulationen, so daß das Erscheinungsbild mit seinem eigenen Wert aus der Perspektive des Anbieters schon da profitabel ist, wo es zu einer unkritischen, bequemen Fraglosigkeit führt angesichts eines umstrittenen Themas. Für den ideologischen Konkurrenzkampf zentral ist nicht der Gebrauchswert allein, sondern der Eindruckswert. Zwar ist es denkbar, daß ein Gebrauchswert unvermittelt erfahren wird, z.B. als reine Idee in der religiösen Kontemplation, im alltäglichen Ideologiewettstreit aber gilt: alle Wertsymbole, alle Ideen müssen sich zunächst als Eindruckswerte realisieren. Am Eindruckswert orientieren sich gleichermaßen Angebot wie Nachfrage. Ideologische Symbolproduktion wie -rezeption vollziehen sich also eindrucksorientiert, nach den Erscheinungsformen einer Wertperspektive sowohl seitens des Anbietenden wie des Nachfragenden. Gebrauchswerte lassen sich demnach nur schwer und aufwendig von den Umständen und Formen ihrer Vermittlung trennen. Denn diese steht im Dienst des Ankommens. Das hat zwar eine gebrauchswertrelativierende Abhängigkeit vom Erscheinungsbild zur Folge, nicht aber eine totale qualitative Einebnung unterschiedlicher Gebrauchswerte.

Akzeptanzauslösend sind beide, der Gebrauchswert und dessen Vermittlung über ein äußeres Erscheinungsbild, die damit erst als Wertkombination den Eindruckswert eines Sinnangebots ausmachen. Ein nur leeres Versprechen kann kaum nachhaltig die Rezipientenphantasie okkupieren. Ausgangspunkt ist ein greifbarer, wie auch immer inszenierter Gebrauchswert. Somit ist die Produktion neuer ideologischer Bedürfnisse nichts anderes als die Produktion neuer Eindruckswerte, Kombinationen aus Gebrauchswerten und Erscheinungsbildern.

Verglichen mit der Produktion von Waren, mit ihrer werbeästhetisch festgeschriebenen starren Abfolge von Gebrauchswertversprechen und Konsum, ist die Gebrauchswertrealisierung auf der Ebene von Meinungsgegenständen, auf der Ebene verbaler oder bildlicher Wertsprache, eine andere. Denn die Meinungen und Ideen repräsentierende Symbolik ist als angeeignete und verstandene stets schon realisierter Gebrauchswert, und erst als solcher bedeutet sie u.a. auch ein Versprechen für nützlichen Gebrauch und künftige Gültigkeit. Doch das Versprechen des Gebrauchswerts einer Symbolik bleibt vage, weil ihre Bedeutung immer erst und wieder neu durch den jeweiligen Kontext festgelegt und erfahrbar ist. Damit ist nicht gesagt, daß die sinnliche Erscheinung und die ästhetische Organisation einer Symbolik in jedem Fall ohne Bedeutung seien. Aber der Versprechenscharakter eines ideologischen Gebrauchswerts ist ein anderer als der von Waren und macht nur einen Teil des Eindruckswerts aus, der nur in wenigen Fällen und begrenzt an einem Symbol *als ästhetischer Erscheinung* haftet, vielmehr sich v.a. aus seinem Kontextbezug und seiner gesellschaftlichen Funktion ergibt.

Die Doppelschichtigkeit des Eindruckswerts zeigt das Phänomen der Mode: zum einen als visuelle Erscheinung in symbolästhetischer, zum anderen als zentrales Thema in verbalsprachlicher Verwendung. Die Symbolfunktion von Mode in herrschaftsästhetischer Bedeutung und Absicht, auf die sich Haug am Beispiel der höfischen Gesellschaft bezieht[11], zeigt einen jeweiligen Eindruckswert, als opti-

---

11 Haug, Wolfgang Fritz: Warenästhetik und kapitalistische Massenkultur. Berlin 1980, S. 143ff

schen Ausdruck und Versprechen, zu dieser Gesellschaft zu gehören. Dem unterliegt ein wesentlicherer Eindruckswert, den die gültigen Herrschaftsnormen selbst bilden. Deren Vertreter und Nutznießer machen aus Mode ein "ideologisches System"[12], dessen normativer Zwang nicht nur zu der Konsequenz modischer Innovationen, sondern zur totalen Vergesellschaftung des - hier höfischen - Subjekts führt.

Jenseits der Haugschen Darstellung und Terminologie wird die Ideologie Mode zum existentiellen, bewußtseins- und phantasieüberformenden Thema, das auch in seiner sprachsymbolischen Manifestation Eindruckswert hat und ist. Ideologische Sprache wird als Repräsentation gesellschaftlich fundierter Normen zum symbolischen Bezug- und Orientierungspunkt, der vielschichtiger als eine ästhetische Suggestivität vergesellschaftet. Damit ist der Eindruckswert seiner symbolischen Natur entsprechend eine Größe der subjektiven und sozialen Repräsentation - subjektiv im Sinne einer Okkupation der Phantasie, eines Stellenwerts im Gesamt individueller Vorstellungen, der nicht immer nur Versprechenscharakter haben muß. Als soziale hat sie vergesellschaftende Funktion, die am konkurrenzumkämpften Markt basiert auf dem In-Szene-Gesetzten der Nützlichkeit und Verbindlichkeit von Eindruckswerten. Damit ist gleichzeitig eine Grenze zu konkurrierenden gezogen, welche über die Höhe von Verwertungschancen entscheidet. Denn aus der Marktposition eines Eindruckswerts ergibt sich sein Vereinnahmungsdruck auf den Adressaten. So steht der Eindruckswert in einer doppelten Verwertungsperspektive.

Aus der subjektiven Verwertungsperspektive bedeutet Zustimmung die potentielle Teilhabe an einem Sinnangebot, die sich aus der Nähe des Eindruckswerts zur Bedürfnisstruktur des Verwertenden ergibt. Dieser kann daraus eine sozial definierte Selbstaufwertung beziehen. Die subjektive Perspektive ist der objektiven, nämlich der auf Zustimmungsgewinn der Symbolinvestoren angelegten, nachgeordnet. Massenhafte Zustimmung ist das Ergebnis einer merkantilen Verwertung von Eindruckswerten. Merkantil stellen Erscheinungsbild und Gebrauchswert einen Funktionszusammenhang dar.

Der Eindruckswert indiziert die Distanzierungsmächtigkeit einer Symbolik, deren okkupative Dynamik symbolisch markierten Landgewinn im merkantilen Raum bedeutet. Somit spiegelt der Eindruckswert die hierarchisierende und klassifizierende Potenz einer Begrifflichkeit. Seine Höhe bemißt sich am merkantil notwendigen Aufwand zu ihrer Depotenzierung. Diese ist und setzt mehr voraus als die Widerlegung einer Argumentation, weil der Eindruckswert mehr umfaßt als die reine Idee. Denn erst wenn sie in die merkantil gängige Symbolik übersetzt ist, wird ihre Exklusivität begreifbar. Erst ihr merkantiler Zuschnitt macht ihren Eindruckswert und ihre Konkurrenzfähigkeit aus. Das Erscheinungsbild manifestiert ihren merkantilen Bedeutungsanspruch. Dessen begriffliche oder unbegriffliche Manifestation ist der

---

12 ebd., S. 151ff

Versuch einer wegweisenden Ausrichtung auf diese Perspektive und Benennung von Wirklichkeit. Die zu dieser Ansicht gebrachte Wirklichkeit ist mittels Elementen einer Eindruckssymbolik gegenüber konkurrierenden als die vorgeblich richtige markiert.

Das merkantil zugeschnittene Erscheinungsbild zielt mithin ab auf die Markierung und symbolische Vereinnahmung von Wirklichkeit. So wie das Markenzeichen eine Ware zum Markenartikel macht[13] und sich jeweiligen Bedürfnissen zur exklusiven Erfüllung anbietet, so empfehlen sich eine als einzig richtige markierte, unverwechselbare Wertperspektive und ihre Begrifflichkeit zur Annäherung und Übernahme durch den Adressaten. Damit ist zugleich Hierarchie markiert und reklamiert.

Die Exklusivität eines Eindruckswerts ergibt sich also nicht nur aus dem Erscheinungsbild eines Versprechens, sondern auch aus der Exklusivität der Ansprüche, die er so zwingend repräsentieren soll, daß nur aus dieser Wertperspektive die angemessene Wegweisung möglich scheint. Folglich kann Bedürfnisbefriedigung nie nur einen Versprechensaspekt abdecken. Die Tendenz zur Nähe und Konformität gegenüber einem Eindruckswert vollzieht sich oft aus einer Verpflichtungshaltung. Denn der merkantile Zuschnitt eines Eindruckswerts relativiert als Hierarchisierungsversuch nicht nur konkurrierende Sinnangebote, sondern kann als merkantil dominierender - 'dieser Idee muß man sich unterordnen' - den Adressaten selbst in die Pflicht nehmen. Gerade wenn die zunehmende Nähe zur Idee verbunden ist mit der Erfahrung hohen normativen Drucks, der bis zur nicht nur ideologischen Unterwerfung führen kann, ergibt sich für den Rezipienten ein subjektiv-existentieller Zusatznutzen, der über das Maß bloßer Zustimmung hinausgeht. Je weiter der Eindruckswert reicht, desto unwahrscheinlicher ist eine ausweichende oder gleichgültige Reaktion. Man steht unter dem Druck einer Ja-oder-Nein-Alternative.

Das Maß der merkantilen Tragweite eines Erscheinungsbilds trägt wesentlich zu der Höhe ihres Eindruckswerts bei. Genauer: Die Chancen und der Nachweis von Erfolg lassen sich ablesen an der Dichte konkurrierender Symbolik im Umfeld eines jeweiligen Eindruckswerts. Eine geringe Dichte auf demselben Hierarchieniveau eines Angebots kann ebenso für einen hohen Eindruckswert sprechen wie eine hohe Intensität konformer eindruckswertzentrierter Assoziationen auf seiten der Adressaten.

Damit ist die Frage nicht nur nach der Abstrahlqualität im merkantilen Raum, sondern nach der Beschaffenheit des imaginären Raumes um einen Eindruckswert selbst gestellt.

Zunächst ergibt sich aus der eingeschränkten Funktionsanalogie zwischen ideologischer Sprache und ästhetischem Gebrauchswertversprechen - beide stehen unter Konkurrenzdruck und im Dienste von Wertrealisierungen -, daß sich ein Bedeu-

---

13 vgl. Haug 1980, S. 116

tungshof auch um die Symbolware bildet. Denn auch für diese gibt es den Kampf um Marktraum und -zeit, müssen Eindruckswerte analog zu den Warenkörpern aufgeladen sein mit "Bedeutungen, in denen sprachliche und bildnerische Mittel sich verbinden und um den (...) Warenkörper den *imaginären Raum* einer um die Ware sich organisierenden Schönen Welt hinzuziehen."[14]

Jedoch konstituiert sich der imaginäre Raum beim ideologischen Eindruckswert nicht ausschließlich über die Symbolik einer 'Schönen Welt'. Eindruckswertstrategisch, d.h. zugunsten der persuasiven Effektivität und der Glaubwürdigkeit einer Verpflichtungsperspektive, kann es genauso nützlich sein, die Welt häßlich und bedrohlich darzustellen.[15] Der imaginäre Raum von Eindruckswerten trägt erheblich zum Aktivierungsgrad einer Botschaft bei, wenn in ihm merkantile Exklusivität dargestellt und beansprucht sein soll. Eindruckswerte sind dann ihrer Natur nach, was für Haug die werbende Aufmachung der Waren und deren psychische Konsequenzen sind, nämlich "Unterordnungen" von "Abstraktionen der Ideologie",

> "für die es nur eine Vorbedingung (...) gibt, daß sie ideologisch 'mächtig' sein müssen. Solche ideologisch mächtigen 'Werte' vermitteln den sozialen Zusammenhalt. Sie vermitteln die Zugehörigkeit der Individuen zu Gruppen, indem sie nicht nur ihre Sprache und ihre Handlungsweisen orientieren, sondern dadurch auch die Struktur der Persönlichkeit."[16]

'Ideologisch mächtig' heißt merkantil: mit magischer Anziehungskraft, so daß es zu Zentrierungen um Erscheinungsbilder von Ideen kommt. Ihr Eindruckswert wirkt als Fokus, auf den die Adressaten sich ausrichten. Massenmedial geht es dabei nicht primär um die Frage einer Gruppenzugehörigkeit, sondern um die anonyme Nähe zu marktdominanten Eindruckswerten, die in der atomisierten Gesellschaft über das Wichtigste entscheiden: über die Qualitäten des subjektiven Selbsterlebnisses. Nicht nur im merkantilen Konkurrenzkampf, auch für das Subjekt ist der Eindruckswert ein sozialer Distanzierungswert und Medium der Selbstaufwertung.

b) Vom Eindruckswert zur Selbstermächtigung

Als merkantile und subjektive Distanzierungswerte, als Mittel sozialer Stigmatisierung, als Orientierungs- und Markierungspunkte bieten Eindruckswerte die Impulse und Vorgaben für eine Interaktion zwischen Angebot und Nachfragenden, für ein

---

14 Haug 1980, S. 87
 Zu möglichen weiteren Analogien, z.B. zu Haugs Verständnis des Begriffs "Superzeichen", s. ebd., S. 171ff
15 vgl. dazu die (Selbst-)Darstellungssemantik der amerikanischen Fernsehprediger, deren Eindruckswert mit dem Verkommenheitsgrad der von ihnen dargestellten Wirklichkeit steigen soll.
16 Haug 1980, S. 182f

stummes Werbegespräch, das sich an die Wunsch- und Pflichtphantasien der Angesprochenen koppelt.

Der Eindruckswert knüpft im Kontext politischen Werbens für Verwertungsinteressen an existentielle Bedürfnisse an in der Absicht, für diesen Meinungsgegenstand, für diese Hinsicht ein Monopol für Angebot *und Nachfrage* zu installieren und mit seiner Sprachregelung eine Art existentielle Gebrauchsanweisung zu liefern. Anders als bei der Warenkonkurrenz, bei der zumeist mit dem Eindruck des Neuen und Allerneuesten geworben wird, unterliegen die einmal etablierten Erscheinungsbilder politischer oder religiöser Ideologien keiner vergleichbar dynamischen Fluktuation, sondern versuchen den Eindruck und Anspruch einer zeitlosen, natürlichen Notwendigkeit zu vermitteln.[17] Die Eindruckswertigkeit ideologischer Sprache hängt ab von dem historischen Hintergrund einer Begrifflichkeit, deren Marktgängigkeit Aufschluß über die Positionalität im Hinblick auf konkurrierende Begriffe und Ansichten gibt. In weit höherem Maße als der Markenname eines Konsumartikels kann eine ideologische Begrifflichkeit von ihrer Vergangenheit, von ihrer geschichtlich verankerten Tauglichkeit und einer daraus erwachsenen Autorität profitieren. Darin verstärkt sich auch der Nachweis ihrer aktuellen Angemessenheit, so daß Sachverhalte durch Symbole und Begrifflichkeiten und deren imaginäre Räume verläßlich auf den Punkt gebracht, fraglos scheinen.

Anvisiert ist damit eine ideologische Monopolstellung von meist größerer Stabilität als die eines erfolgreichen ästhetischen Gebrauchswertversprechens, das ausschließlich auf ein besseres künftiges Konsumieren setzt. Den Eindruckswert einer Idee macht gerade sein Verweis auf seine historische Bedeutung aus. Sein Prestige ergibt sich akkumulativ mit dem Anschein von Zeitlosigkeit. Der ideologische Eindruckswert scheint als erfolgreicher alterslos, muß, anders als der warenästhetische, seine hierarchisierende Potenz nicht permanent gegen Konkurrenzdruck neu in Szene setzen. Die mangelnde geschichtliche Fundierung eines Markennamens von Konsumartikeln läßt sich demgegenüber durch hohen Werbe- und Geldaufwand, z.B. zum Erwerb von Marktraum und -zeit, kurzfristig ausgleichen. Und es kann schon ein Marketingerfolg sein, deutlich seine Marktanteile zu steigern, ohne zum Marktführer zu avancieren.

Ein ideologischer Markierungsvorgang ist dagegen der Versuch, einen Wirklichkeitsausschnitt monopolistisch nur in *einer* Wertperspektive darzustellen. Hier geht es um Meinungsführerschaft, die über Begriffsokkupierungen kompromißlos und unangefochten ein thematisches Feld abdecken will.

Für beide Ausprägungen von Wertsprache gilt: Alle Eindruckswerte demonstrieren ihre Eindruckskapazität entweder dadurch, daß sich ihr Wert als Geldwert ver-

---

17 So zeigt das Fernsehpredigertum in den USA, daß neben dem Prinzip des schnellen, oberflächenreizbetonten Warenkonsums eine große Bandbreite massenhafter, weit- und tiefgreifender, oft selbstkasteiender Ideologieangebote nicht nur finanziell profitabel Platz hat.

gegenständlichen läßt[18], und/oder dadurch, daß sich ihre normativ-ideologische Potenz als Hierarchisierung erfahren läßt. Die Eindruckswerte einer Symbolik sind stets rückführbar auf mindestens eine dieser beiden Grundlegungen. Und obwohl bei ihm fälschlicherweise Geld und Hierarchie Gegensätze zu sein scheinen - auch die Geldverteilung muß als Ausdruck von Hierarchie verstanden werden -, ist mit Erckenbrecht festzuhalten:

> "Geld, das Zaubermittel, das in jedes gewünschte Ding verwandelt werden kann, scheint das Allerheiligste zu sein, aber es gibt in der Gesellschaft noch etwas Vergötzteres: 'Hierarchie' heißt wörtlich übersetzt, heilige Herrschaft."[19]

Unterhalb der Objektebene seiner Erscheinung ergibt sich das Zwingende des Eindruckswerts aus dem Verweis auf die "heilige Herrschaft", die er repräsentiert.[20] Die Bedeutung des Eindruckswerts als Statthaltung von Herrschaft nimmt in dem Maße zu, wie sich eine Idee zu einem die menschliche Existenz möglichst umfassend begreifenden Ideengebäude auswächst, mit dem ein ideologischer Monopolanspruch abgedeckt ist. Sinnimmanent kann sich eine Begrifflichkeit unter dem Aspekt und Anspruch von Krisenvorsorge und/oder Ordnungshütung selbst heiligsprechen; ihr Hegemonieanspruch ist damit legitimiert und repräsentiert. So wie der Patriarch bar jeden Eigeninteresses nur dem Gemeinwohl verpflichtet scheint[21], erlangen seine Direktiven dadurch die Legitimität eines höheren Segens.

Aus dieser Perspektive der Fürsorge kann es zur Ausarbeitung von hierarchisierenden Eindruckswerten kommen, die, obwohl es sich um Herrschaftsgesten handelt, nun als existentielle Gebrauchswertfiktionen (be-)greifbar sind, die aus solchem Anschein Herrschaftsinteressen mystifizieren. Erst aus dem Eindruckswert einer Herrschaftssymbolik ergibt sich für den Adressaten die Illusion einer Interessenkongruenz und ein existentieller Gebrauchswertschein zum Beispiel patriarchaler Fürsorge. So kann sich der Rezipient, seinem Interesse an Lebensbewältigung und Aufrechterhaltung des Selbstwertgefühls folgend, in die Perspektive verordneten Lebenssinns stellen.

In den jeweiligen 'Nur so und nicht anders'-Perspektiven haben Symbole einen existentiellen Gebrauchswert, der, den von Konsumgütern und bloße Konsumtion übersteigend, eine grundlegende Verpflichtungsdimension erlangt und als Erweite-

---

18 Zum magischen Wert des Geldes s. Erckenbrecht, Ulrich: Das Geheimnis des Fetischismus, Frankfurt 1976, S. 92ff
19 Erckenbrecht 1976, S. 93f
20 Das zeigt sich am Autoritären des Begriffs Sachzwang, der als Synonym für den geballten und unbestechlichen Sachverstand *der* Experten daherkommt. Massenmedial soll bei seiner Verwendung keine Begrifflichkeit zum Beispiel zu Alternativen, Bedürfnissen oder Technikfeindlichkeiten des Menschen sich aufbauen können. Eine Argumentation wird überflüssig, die bloße Begriffsnennung soll genügen, sein akkumuliertes Eindrucksvermögen soll mundtot machen.
21 Exemplarisch in der Person des Unternehmers, der 'Brot und Arbeit gibt'.

rung und Projektion von Einzelegoismen auf einen Gesamtegoismus der um Eindruckswerte zentrierten Massen die Reihen sich schließen läßt. Was und wieviel in diesem Zusammenhang Eindruckswert hat und bedeutet, entscheidet sich geschichtlich, d.h. außerästhetisch unter den historischen Bedingungen von Herrschaftsperspektiven. Merkantil ablesbar ist der Wert an dem Grad der Geschichtsmächtigkeit ihrer Symbolik, der geschichtlich aufgeladenen Gestik von Herrschaft, die als scheinbar magische Kraft die Menschen in ihren Bann schlägt:

> "Zwar gibt es nur wenige Menschen, die dem Wahn erliegen, Fahne und Hakenkreuz seien tatsächlich die bestimmenden Mächte. Aber das Bewußtsein vieler ist in diesem Punkt wieder einmal gespalten: obwohl sie mehr oder weniger unterstellen, daß die Menschen ihre Geschichte selber machen, können sie nicht ganz die magische Vorstellung entbehren, ein kollektives, bildlich-zeichenhaftes Ding verbürge den Sieg."[22]

Dennoch sind nicht Subjektivierung und Verdinglichung die ursächlichen Mechanismen von Bewußtseinsmacht, die die magische Potenz von Herrschaftssymbolen ausmachen, vielmehr liefert der darin geronnene reale politische Machthintergrund das Erfolgsversprechen, den Erfolgsdruck und die eminente Sinnperspektive, in deren Dienst man glaubt sich stellen zu müssen. Es hängt von der psychischen Nähe zum Eindruckswert, von der sozialen Raumgreiflichkeit einer politischen Macht- und Erfolgssymbolik ab, inwieweit aus diesem Schub ideologische Selbstermächtigungen resultieren. Genauer: inwieweit es zunächst zu imaginativen Ausbildungen von konstanten Selbstermächtigungen in einer Pflichtperspektive kommt.[23]

Es liegt auf der Hand, daß nicht derart alltägliche Wertversprechen wie Freude, Leichtigkeit oder Lebenslust die Möglichkeit der Selbstvernichtung als zweitrangig oder unwahrscheinlich erscheinen lassen. Vielmehr dominiert tiefgreifend und vielversprechend eine eindruckswertgetragene Ideologie das eigene Handeln, erzwingt die Ausrichtung auf ihre Symbolik und ihre Übernahme zu einer nach vorne gerichteten Selbstermächtigung. Das ideologische Bedürftigsein bestimmt das politisch handelnde Bewußtsein.

---

22 Erckenbrecht 1976, S., 124
23 Später ausführlich behandelte Beispiele von Selbstermächtigungen sind die RAF und Martin Heidegger im Jahre 1933.

4. Politisches Werben

a) Einige Charakteristika

Werbung ist nur eine, wenn auch, gerade als kommerzielle, alltägliche Form des Werbens, das sich im weitesten Sinne als Vereinnahmungsversuch verstehen läßt. Politische Werbung, die sich fast ausschließlich auf die Zeit von Wahlkämpfen beschränkt und eher die Ausnahme ist[24], hat mit der kommerziellen gemeinsam, sich an ein unfreiwilliges Publikum zu wenden[25], das seinen Preis hat. Ständig expandierende Märkte erfordern immer größere Verstärkerleistungen, so daß Raum- und Zeitkapazitäten der Werbung scheinbar unbegrenzt zur Verfügung stehen. Dennoch sind sowohl durch die potentielle Zugänglichkeit des Marktes für jeden Wettbewerber, durch das Konkurrenzprinzip also, die Ressourcen Raum und Zeit ebenso verknappt wie durch unterschiedliche Grade der Unfreiwilligkeit des Publikums und der Qualität des Angebots. Vor diesem Hintergrund werden beste Werbezeiten und -flächen in der Unterstellung ihrer hohen Effektivität hoch bezahlt. Sie kommen als geballte Werbeeinheiten zunehmend unausweichlich und getragen von medientechnischen Innovationen zum Bewußtsein.

Ohne an massenmediale Bedingungen gänzlich ungebunden zu sein, kann dagegen politisches Werben von einer deutlich erhöhten Freiwilligkeit des Publikums profitieren.[26] Der Leser eines politisch werbenden Zeitungsartikels, erst recht der

---

24 Das gilt weniger für außereuropäische Länder; so wurde der unten skizzierte SDI-Spot zur Akzeptanzsteuerung in der Anlaufphase des SDI-Projekts in amerikanischen Fernsehanstalten ausgestrahlt.
25 Heller, Eva: Wie Werbung wirkt. Theorien und Tatsachen. Frankfurt 1984, S. 232: "Das Publikum der Werbung unterscheidet sich vom Publikum aller anderen Genres grundsätzlich durch eine Eigenschaft oder Emotion: Das Publikum der Werbung ist immer ein unfreiwilliges Publikum."
26 Unter 'politisches Werben' fällt nicht die Plakatierung der Bundesrepublik oder eines ihrer Länder anläßlich von Bundes- oder Landtagswahlen; geht es doch v.a. um den materiellen Raum- und Zeiterwerb. Wahlen sind im allgemeinen schon vorher und aufgrund anderer Faktoren entschieden.
vgl. Sarcinelli 1987, S. 71: "Die bisher vorliegenden Zwischenergebnisse (der Wahlkampfforschung, KGW) dürften nicht nur für die Dramaturgen ebenso kostspieliger wie publizitätsträchtiger Wahlkampagnen aufschlußreich sein. Sie sind auch aus demokratietheoretischer Perspektive bemerkenswert, wenn (...) festgestellt wird, daß trotz steigender Aktivitätsdichte die von Parteien und Akteuren produzierte 'Politiker-Politik' wohl kaum in den Alltag der Menschen tiefer einzudringen vermag, und daß eine verstärkte Zuwendung zum Wahlkampf lediglich bei einer kleinen Minderheit, nämlich einerseits allgemein politisch interessierten und andererseits noch nicht auf eine Partei festgelegten Bürgern, nachgewiesen werden kann."
Auch wenn die Landtagswahl 1986 in Niedersachsen erst in den beiden letzten Wochen entschieden wurde, geschah dies nicht aufgrund von gelungenen Plakatgestaltungen, sondern

eines ideologischen Manifests, trifft auf Sinnangebote, die im Dienste eines Verwertungsinteresses auf die Bedürfnisstruktur von Verbrauchergruppen in einer existentielleren Ausprägung abgestimmt sind als bei kommerzieller Werbung. Politisches Werben wälzt dabei einen großen Teil der Kosten von Raum und Zeit, die symbolisch zu besetzen sind, auf den Rezipienten ab. Bei ihm soll eine Erfolgsstrategie greifen, die eine Kostenrechnung unterschwellig so präsentiert, daß der lebensbewältigende Ertrag einer ideologischen Thematisierung die Raum-Zeit-Kosten nicht als unangemessen zu Bewußtsein kommen läßt. Güterabwägungen unternimmt der Rezipient in seinem eigenen Interesse, denn Fragen von Gedeih und Verderb, die im Kontext kommerziellen Werbens nur selten thematisiert werden, erreichen im ideologischen Bereich das hohe Durchdringungsniveau von Ja-Nein-Zuspitzungen. Ihre Begriffssetzungen sollen unter die Haut gehen.

Das heißt: der Mittelknappheit von Raum und Zeit der kommerziellen Werbung entspricht beim politischen Werben die Exklusivität des richtigen Weges. In dieser Wettbewerbssituation geht es um die Raum-Zeit-Frage nur als inhaltliche Okkupierung, als Verknappung von Sinnperspektiven[27]. Aus dem Angebot einer absoluten Wahrheitsperspektive, aus der Inszenierung ihrer vermeintlich alleinigen Angemessenheit kann ein konkurrenzfreier Raum entstehen, der, von materiellen Rahmenbedingungen eher unabhängig, ein weitreichendes Meinungs- und Interpretationsmonopol zur Entfaltung kommen läßt.

Anders als bei kommerzieller Werbung, bei der Raum-Zeit-Erwerb die Voraussetzung für die Möglichkeit der Selbstdarstellung ist, kann bei politischem Werben leicht auch eine Umkehrung erfolgen: Wer die Meinungsführerschaft, das Sinnmonopol hat, gewinnt Raum und Zeit dazu. Aus dieser Exklusivposition kann es zur Generalisierung von Eindruckswerten kommen, zum Symboltransfer in weitere Themenbereiche.[28] Der raumzeitliche Definitionsvorsprung wird zum Definitionsvorteil:

---

durch Heiner Geißlers Polarisierungs- und Emotionalisierungskampagne ("rot-grünes Chaos") trotz *und wegen* des Unfalls von Tschernobyl.

27 Insofern ist die Auffassung von Sarcinelli (1987) zu ergänzen, der, Etzioni folgend, von der Unbegrenztheit von Symbolkombinationen spricht ("Beziehungen zwischen Symbolen sind also frei von Knappheit", S. 51). Dagegen ist das Symbol durch die Konkurrenzsituation sehr wohl an die Zwänge von Marktraum und -zeit gebunden, stellt die massenhaft erfolgreiche Symbolik ein knappes Gut dar.

28 vgl. Pross, Harry: Politische Symbolik. Theorie und Praxis der öffentlichen Kommunikation. Stuttgart 1974, S. 58: "Die Besetzung des markierten Feldes mit Zeichen hat sich als dessen symbolische Aneignung erwiesen. Das so angeeignete Feld wiederum als Symbol für größere Räume; das erlaubt, dort getroffene *Entscheidungen* auf andere soziale Relationen zu übertragen (Spielfeld, Schlachtfeld).

Aus dieser symbolischen Steigerung der Feldbeherrschung wird das kunstvoll und auf Dauer angelegte Netz, das ein Feld mit Symbolen überzieht, die Anwesenheit eines Mythos, einer Religion, eines politischen und ökonomischen Systems bezeichnen."

"In einem gewissen Umfang konkurrieren alternative Metaphern bei der Definition bestimmter politischer Gegebenheiten, doch verzeichnet diejenige metaphorische Ausdrucksweise, die offiziell in Umlauf gesetzt wird, für gewöhnlich einen bedeutsamen Vorteil. Es ist meistens die *erste* Definition eines Problems, die die Menschen akzeptieren."[29]

'Definition' bedeutet hier den (Beeinflussungs-)Versuch, eine Wirklichkeitsbeschaffenheit an eine Wirklichkeitsdarstellung anzupassen bzw. jene durch diese zu überlagern. Mit der Anbindung einer Sachaussage an eine metaphorische Symbolik wird die Kennzeichnung zum darstellungsorientierten Kennzeichen, zum Kompetenz- und Legitimationssymbol. Die inszenierte Funktionalität dieser Führungs- und Trendsymbolik verspricht das Eigentliche: die entlastende Konstruktion von Wirklichkeit durch symbolisch-abstrakte Idealisierungen, die 'menschlich' sind insofern, als sie möglichst zur Dauervereinnahmung kreiert werden. Dabei ist festzuhalten,

"(...) daß der Versuch, die 'Medienrealität' etwa durch Vergleich mit einer vermeintlich 'faktischen Realität' falsifizieren zu wollen, sowohl ungerechtfertigt wie auch unmöglich ist; denn tatsächlich ist es, folgt man Schulz, niemandem möglich, eine intersubjektiv verbindliche Auskunft darüber zu geben, welches *die* Realität ist. Allenfalls läßt sich untersuchen, ob die von den Medien vermittelte Realität den eigenen oder von der Gesellschaft aufgestellten normativen Standards entspricht."[30]

Das spricht für die Valenz des durch inhaltliche Raum-Zeit-Okkupierungen dem Rezipienten Nahegelegten und Naheliegenden und gegen die Überbetonung der Frage, inwieweit die vermittelten Legitimationssymbole tatsächlich Lösungen objektiver Probleme bedeuten. Problemschaffung und -lösung sind vielmehr als "Inszenierungsleistung" zu verstehen[31] und als solche zumindest allgegenwärtig und unverzichtbar für die Strategien politischer Vermittlungsprozesse.[32] Es ist die primäre Funktion einer (Problem-)Darstellung im Kontext politischen Werbens, die Schlüssigkeit der Argumentation mit der in Aussicht gestellten, besseren 'Realität' in

---

29 Edelmann, Murray: Politik als Ritual. Frankfurt 1976, S. 153
   Im Wahlkampf erfährt die Darstellungsorientierung der Politmanager eine Zuspitzung: "Die funktionale Trennung zwischen der Herstellung von Politik (Entscheidungsebene) auf der einen und der Darstellung und Begründung von Politik (Vermittlungsebene) auf der anderen Seite wird (...) aufgrund des erhöhten Legitimationsbedarfs im Wahlkampf eher dadurch fundamentiert, daß (...) entweder tendenziell nur 'hergestellt' wird, was auch 'dargestellt' werden kann oder die 'hergestellte' Politik (...) so dargestellt wird, daß sie zustimmungsfähig ist." (Sarcinelli, Ulrich: Symbolische Politik und Wahlkampf. Koblenz 1983, S. 47)
30 Schulz 1976, referiert nach Sarcinelli 1987, S. 203f
31 vgl. Sarcinelli 1983, S. 63ff
32 Aus diesem Grund wird die Dreiteilung, die Sarcinelli für seine Analyse des Bundestagswahlkampfes 1980 vornimmt, in problemlösende, sinnorientierende und personalisierende Legitimationsakte (vgl. 1983, S. 60) im weiteren nicht übernommen. Das Augenmerk gilt den Legitimationssymbolen von Sinnorientierung und personaler Autorität, die auf eine Problemlösungsdimension als notwendigen Hintergrund verweisen, der in erster Linie als Inszenierung zu verstehen ist.

Übereinstimmung zu bringen und vorzubereiten. Das Eigentliche ist dann das Angebot einer ideologischen Botschaft, die auf die vorbereitende Darstellung ihrer Notwendigkeit folgt.[33] Beide Schritte vollziehen sich über die Kalkulation der merkantilen Reichweite ideologischer Schlüsselsymbole. Ihr Aktivierungspotential zielt auf historisch bedingte ideologische Bedürftigkeiten, die symbolisch über Eindruckswerte gebunden und befriedigt werden können. Aus der Fragilität - nämlich einer aus dem Konkurrenzdruck resultierenden potentiellen Infragestellung - der damit verbundenen existentiellen Versprechensdimension erklären sich symbolischer Monopolanspruch und symbolische Monopolbedürftigkeit, d.h. Stärke und Schwäche von Herrschaft.[34]

Die dieser zuarbeitende, sie kontrollierende und motivierende Potenz ideologischer (Kampf-)Sprache, das Kreativitätspotential ihrer Versprechensperspektive beweisen sich in ihrem Nachhall, in den initiierten und begründeten Tagträumen, deren Realität die historische relativieren kann. Hierin offenbart sich ihre strategische Verwendungsfähigkeit, nicht nur in bezug auf eine intendierte Meinungsführerschaft im Wahlkampf.[35]

---

33 Insofern ist die "Komplexitätsreduktion politischer Realität", die "Vermittlung von Politik erst ermöglicht" (Sarcinelli 1983, S. 60 mit Luhmann), nur *eine* Voraussetzung, nicht aber die - im Luhmannschen Sinne - entscheidende Bedingung von Macht und Einflußnahme, die so im wesentlichen als Fähigkeit zur "Übertragung von Reduktionsleistung" zu verstehen wäre (vgl. Sarcinelli 1987, S. 46).
Ebensowenig geht es vor allem darum, Ideologien nur als Ersatz für Informationen zu sehen bzw. Ideologie als "rationale Informationsbeschränkung" (Downs, Anthony: Ökonomische Theorie der Demokratie. Tübingen 1968) zu verstehen, als ob "der kostenscheuende Stimmbürger schon aus Gründen begrenzter Verarbeitungskapazität seine Informationsaufnahme beschränkt (..)" (Sarcinelli 1987, S. 62f).
In den Beispielen dieser Arbeit ist die Mühelosigkeit des Informationserwerbs ebensowenig das Entscheidende wie der Komplexitätsgrad der Objektebene. Fraglich ist, ob ideologische Sinnangebote dauerhaft greifen, wenn sie kosten- und schwerelos erlebt werden. Die Mühe des Zugangs zur Ideologie und vor allem diejenige, die sich als Handlungskonsequenz aus Ideologie ableitet, wird eher als ihr Qualitätsausweis betrachtet; vgl. dazu die Analyse der Texte der RAF und Heideggers.
34 vgl. Pross 1974, S. 51: "Die leichtere Verletzlichkeit der politischen Gewalt durch symbolische Handlungen, sei es verbale Beleidigung, sei es durch integrale präsentative Symbolismen, bliebe unverständlich, wenn Herrschaft nicht zu einem so großen Teil auf Symbolik gründete."
35 vgl. Sarcinelli 1987, S. 154f: "Wenn Aussagen über die politisch-symbolische Qualität und somit auch über die legitimationsspezifische Bedeutung wertorientierender Sprachsymbole in der politischen Kommunikation gemacht werden sollen, dann erscheint es zwingend, auf die *semantische* und damit auch *logische Struktur* der (...) Sprachsymbole ebenso einzugehen, wie auf deren *politisch-strategischen Verwendungszweck*."
Die parteilichen Steuerungsstrategien erstrecken sich über die Inhaltsebene hinaus auch auf die Metaebene quasi-journalistischer (Selbst-)Kommentierung. "D.h. massenmediale Aufmerksamkeits- und damit Selektionskriterien werden bereits in der Öffentlichkeitsarbeit, z.B. in Parteipressemitteilungen, berücksichtigt, ja bereits bei der Ereignisvorbereitung antizipiert.

Im Hinblick auf die Labilität einer Meinungsführerschaft bleibt jede ideologische Offerte aktualisierungsbedürftig, zumal sie sich klassifizierend und andere Sinnperspektiven ausgrenzend an ihr Publikum wendet. Auch dieses wird, wenn nicht legitimatorisch in die Pflicht genommen, so doch eingebunden dadurch, als es sich bei den Handlungsanleitungen ideologischer Offerten um Realitätsentwürfe handelt, die zumindest latent abgefaßt sind in bezug auf ein Gemeinwohl von Adressaten, die dadurch als ideologische Interessengemeinschaft definiert werden. Mit dem Pfund ihrer Zustimmung läßt sich so wuchern bzw. nichts anderes als das notwendige Gute tun. Wenn "Symbolisierung ein unerläßliches Instrument des kommunikativen Loyalitätsmanagements" (Sarcinelli 1987, S. 240) ist[36], dann legitimieren sich aus obiger Perspektive, nämlich für die richtige Sache zu stehen, auch symbolische Vereinnahmungstechniken, in deren Mittelpunkt das "einheitsstiftende Symbol" (Dieckmann)[37] steht; einheitsstiftend sowohl was die Rezeption politischer Sinnkonstruktion auf der Darstellungsebene anbetrifft[38] als auch - daraus resultierend - auf massenanonymer oder gruppendynamischer Ebene.

Die Bindung an eine Ideologie definiert das Selbstverständnis von Individuen und Gruppen, aus dem sich die Stereotypisierung der Wirklichkeit ableitet. Damit ist das Durchspielen von Alternativen zu dem vermeintlich unverrückbar einzigartigen Gang künftiger Entwicklungen verhindert. Die Gegner dieses Zukunftsentwurfs werden als Objekt wahrgenommen,

"(...) das irgendein abstraktes Symbol verkörpert: Aggressivität, das Böse, Machtstreben, Unterdrückung. (...) Festgelegte Erwartungen mobilisieren Emotionen, die mit *Feindseligkeiten* und *Angst* einhergehen: Furcht, Wut, Haß, Triumph, Hinnahme, Fügsamkeit. (...) Sie hemmen das Suchen und die Flexibilität und zentrieren die

---

Die 'agenturfähig' abgefaßten Presseverlautbarungen treten also in direkte Konkurrenz zur journalistischen Verarbeitung politischer Informationen." (Sarcinelli 1987, S. 217)
36 Nicht nur im Wahlkampf entscheiden "(...) Sprachsymbole, die in ihrem Bedeutungsanspruch ebenso umfassend wie in ihrer begrifflichen Präzision vage sind. So ist die Berufung auf den 'Konsens der Demokraten', auf das nicht näher definierte 'Gemeinwohl' sowie auf die 'Politische Kultur' oder 'politische Hygiene unseres Landes' schlechterdings nicht falsifizierbar. Sie erlaubte (im Bundestagswahlkampf 1980, KGW) dagegen, ohne eine Begründung im Detail geben zu müssen, die pauschale Verurteilung des politischen Gegners, der aufgrund seines Verhaltens gleichsam aus dem kommunikativen Kontext konkurrierender Demokraten ausgegrenzt wird." (Sarcinelli 1987, S. 191)
37 Dieckmann, Walther: Sprache in der Politik. Einführung in die Pragmatik und Semantik der politischen Sprache. Heidelberg 1975, S. 32
38 Zwar "soll hier nicht ein weiteres Mal ein 'Massenmedien-Mythos' beschworen werden, der den Massenkommunikationsmitteln eine allumfassende Wirkungskraft hinsichtlich politischer *Realitätserzeugung und Realitätswahrnehmung* zuspricht." (Sarcinelli 1987, S. 227)
Aber: "Die quasi-hoheitlichen Institutionen des Massenkommunikationssystems üben durch spezifische Präsentationsstrategien eine 'Definitionsmacht' aus, durch die dem Bürger eine *überschaubare politische 'Topologie'* vermittelt wird, die um so 'realer' wirkt, je ärmer die Symbolwelten unmittelbarer politischer Alltagserfahrungen sind." (ebd., S. 228)

Aufmerksamkeit auf eine *bestimmte* Auffassung von der Welt und auf die *bestimmten* Rollen, die vom Mythos für die einzelnen Akteure vorgesehen sind."[39]

Allerdings hat *moderne* politische Kommunikation weniger eine akteurzentrierte Aufforderung zum Rollenhandeln als vielmehr Loyalitätssicherung, einen "generalized support" (Edelman)[40] zum Ziel. Die massenkommunikative Inszenierung und Rezeption politischer Sinnangebote *ist* bereits politisches Handeln. Ein Handeln jedoch, das nicht als schematische Handlungssequenz zu verstehen ist, wie sie Edelman[41] zu verteten scheint, wenn er einen ideologischen Mythos als voraussetzungslosen Anfang und quasi-absoluten politischen Geltungsanspruch sieht, aus dem sich die Positionsfestlegung und das Handeln der anbietenden Symbolkapitalisten ableiten.

b) Der Eindruckswert als Grundmuster politischer Inszenierung

Unabhängig von Fragen nach Ursache-Wirkungs-Sequenzen läßt sich als Grundstruktur politischen Werbens die Tendenz erkennen, über die Dramaturgie politischer Realitätsdeutung ein Bedeutungsmonopol aufzubauen, aus dem sich das Wahrheitsmonopol eines ins Prinzipielle gesteigerten Standpunktes ableitet. Mittels symbolischer (Revier-)Markierungen um einen Standpunkt, den nach Dieckmann (1964)[42] "Fahnenwörter" kennzeichnen, wird politische Wirklichkeit in Form von "dichotomisierenden Prinzipienkonflikten" inszeniert, in denen "die politische Kontroverse einen hermetischen, d.h. gegen Widerspruch immunisierten Charakter annimmt" und "die eigene Position durch den impliziten Anspruch auf 'Wahrheit' gleichsam verobjektiviert und damit verabsolutiert wird." (Sarcinelli 1983, S. 153)

Über "Wertladungen" (Nedelmann)[43] im Sinne einer wertorientierenden Symbolik wird eine Freund-Feind-Klassifikation begründet,

"(...) indem die empirisch-pragmatischen, also falsifizierbaren Erfahrungsdaten wenn nicht ersetzt, so doch überlagert werden von ethisch-politischen oder politisch-normativen, also nicht falsifizierbaren, Elementen."[44]

Appellativ aufgeladen und eindrucksmächtig werden Schlüsselsymbole vor allem in bezug auf zu erwartende Handlungsfolgen. Über die "Antizipation von Wirkungen"

---

39 Edelman 1976, S. 116
40 vgl. Sarcinelli 1983, S. 39
41 Edelman 1976, S. 115f
42 Dieckmann, Walther: Information oder Überredung. Zum Wortgebrauch der politischen Werbung in Deutschland seit der Französischen Revolution. Marburg 1964
43 Nedelmann, Brigitta: Darstellungszwänge und Blockierungseffekte in politischen Auseinandersetzungen - Zur Analyse von Konflikttransformationsprozessen. in: Matthes, Joachim (Hrsg.): Sozialer Wandel in Westeuropa. Verhandlungen des 19. Deutschen Soziologentages Berlin 1979. Frankfurt 1979, S. 137-162
44 Sarcinelli 1987, S. 161

läßt sich jede Beweisnot ausgleichen[45]. Denn politische Schlüsselsymbole wie 'Rasse', 'Klasse', 'Vaterland' sind nicht falsifizierbar. "Sie sind verbale Setzungen unmittelbar zum Subjekt, wie integrale simultane Präsentationen."[46] Damit werden sie zu Interpretationsschlüsseln, an die sich mythische Vorstellungen koppeln, die "gegenüber widersprüchlichen oder das Realitätsbild komplizierenden Informationen resistent" machen:

> "Die bloße Distanz solcher Vorstellungen von der Möglichkeit empirischer Bestätigung verleiht ihnen eine Wirkungskraft, mit der überprüfbare Erkenntnisse nicht mithalten können".[47]

Eindruckswerte werden als meist verbal gesetzte Symbole für Hierarchie und Ordnung zu ideologischen Abzeichen, die im Dienste einer zu ermöglichenden politischen Realität höheren Wertes den Weg weisen. An die Stelle der Solidität empirischer Bestätigung tritt zum einen der normative Druck einer Verpflichtungsperspektive mit dem Verweis auf die zu bessernde Realität, tritt die aufzulösende Diskrepanz von historischer Realität und idealem Entwurf. Zum anderen verweisen und gründen Eindruckswerte[48] als Wertkombination von Gebrauchswert und Erscheinungsbild auf eine historisch verifizierbare, in der Vergangenheit bewährte und demnach scheinbar immer angemessene politische Begrifflichkeit. Denn

> "Ebenso wie etwa Wappen, Staatsfarben oder Hymnen gehören politische Begriffe zum 'politischen Symbolstand', dessen sich jede demokratisch zu legitimierende Machtelite bedienen muß, um Zustimmung zu erreichen; denn die Sprache der Politik ist eine 'Sprache der Begriffe'."[49]

Eine politisch werbende Begrifflichkeit muß Flagge zeigen, die Dinge ins rechte Licht setzen und glaubwürdig verkünden, daß und wie sie ins Lot zu bringen sind. In diesem Zusammenhang kann mit Erscheinungsbild nicht die ästhetische Aufmachung einer Symbolik bezeichnet werden, etwa ein bestimmter Farb- oder Schrifttyp, sondern vielmehr die begriffliche Markierung einer ideologischen Positionalität, die Begründung und Darstellung von Über- und Unterordnungen innerhalb eines daraufhin angelegten und aufbereiteten Sinnangebots. Genausowenig ist im Kontext politischen Werbens mit Erscheinungsbild die bloße Verwendung von Schlüsselsymbolen gemeint. Um als Eindruckswerte zu greifen und begründet zu sein, bedürfen Erscheinungsbilder einer inszenatorischen Zuspitzung bei der Darstellung einer

---

45 vgl. ebd., S. 193
46 Pross 1974, S. 102
47 ebd.
48 Eindruckswerte sollen ausschließlich in ihrer sozialen Funktion, unter sozialem Gebrauchswertaspekt, gesehen werden. Vernachlässigt sein soll der Wert von Symbolen, der als individuell-hermetischer Gebrauchswert, z.B. von Devotionalien, Souvenirs u.ä., "gerade in der 'Unersetzlichkeit' des 'Zeichens *von*' für die Inhaber liegt". (Pross 1974, S. 56)
49 Sarcinelli 1987, S. 69

politischen Wirklichkeit um und über Schlüsselsymbole. Begründet und verstärkt werden Erscheinungsbilder in mindestens dreierlei Hinsicht:

1. Durch den direkten oder indirekten Verweis auf die politischen Gewaltverhältnisse, in deren Dienst eine Symbolik steht.

> "Die politische Symbolik verwandelt brachiale Energieverhältnisse in die 'Idee der Ordnung' und diese in ein Bild, das durch hell und dunkel, innen und außen, oben und unten vorbestimmt ist."[50]

Damit scheint die Rede von der politischen Symbolik als einer grundsätzlich werbenden in die Irre zu führen. Da jedoch selbst totalitäre Gewalt weder alles durchdringen und omnipräsent sein noch im Falle des Ungehorsams einer prinzipiell notwendigen, potentiellen Gefolgschaft diese total vernichten kann, muß ihre Symbolik nicht nur statthaltende, sondern ein gutes Stück auch werbende und Gefolgschaft heischende bleiben.

2. Durch die soziale Übermächtigkeit einer Symbolik, deren Tausch- und Gebrauchswert aufgrund ihrer merkantilen Potenz unübersehbar ist.

Diese Symbolik, die nicht nur aus vergangenen oder aktuell verifizierbaren Energieverhältnissen ihr Prestige bezieht, überzeugt, ohne daß diese Gewalt sich nach innen richten muß. Ein damit verbundenes Machtversprechen kann auch durch eine Begrifflichkeit gegeben sein, in der die scheinbar einzig angemessene Sichtweise und Interpretation einer politischen Vergangenheit sich niedergeschlagen hat. Wer in der Tradition dieser Begrifflichkeit redet, die für Bewährtes und Bewährung steht, nutzt den 'Schein von Gründlichkeit' einer als Muster transferierbaren 'Idee der Ordnung', die ein oft unterschwelliges 'So und nicht anders' suggeriert. Mittels der Betonung und Instrumentalisierung der Geschichtsmächtigkeit und -trächtigkeit einzelner Begriffe wie Vaterland, Überlebenskampf, Heldentod u.ä. können diese Ideologieabzeichen die Funktion präsentativer Symbole ausüben, nämlich "emblematisches Verhalten" (Pross) auslösen.[51] Dabei bedeuten Abzeichen für den

---

50 Pross 1974, S. 33
  vgl. auch S. 47: "Das Zeichen, das für etwas anderes steht, ohne einen unmittelbaren Objektbezug zu haben, ermöglicht dem Interpreten die Vorstellung, *zugleich* da und dort zu sein, also die Möglichkeit des Unmöglichen. Zwar ist er selber nicht leiblich dort, wo das Symbol steht, aber bezieht er das Symbol auf seine Anwesenheit, so ist er doch *symbolisch* dort, wo er *nicht* ist. (...) Die Energie, die das Zeichen gesetzt hat, tritt selber in Erscheinung, wird das symbolische Paradox nicht anerkannt."
  Pross spricht an anderer Stelle (S. 114) von der "anschaulichen Geschlossenheit der militärischen Hierarchie" als entscheidendem Machtfaktor, "dank der Identität von Sanktion und Symbolsystem, die sie charakterisiert. Ihr gehört sprachlich eine mit dem Schein von Gründlichkeit auftretende Redeweise zu, welche jederzeit als überzeugenden Grund die Waffe zur Hand hat."
51 Pross (1974, S. 116) beschränkt "emblematisch" auf ein Verhalten gegenüber militärischen oder paramilitärischen Abzeichen: "Er (der nationalsozialistische Funktionärstyp, KGW) war dermaßen auf seine Zeichen bezogen, daß sein Verhalten eine Umkehr des 'symbolischen

Anbieter Möglichkeiten von Tauschwertrealisierungen als Quantitäten des Ankommens und für den Rezipienten, als andere Seite desselben Wertangebots, Möglichkeiten von existentiellen Gebrauchswertrealisierungen. Der Rezipient braucht und gebraucht, zuweilen nur nachvollziehend, Eindruckswerte, um sich mit der aktuellen oder vergangenen politischen Wirklichkeit zu versöhnen und sich selbstaufwertend in dieser einzurichten und zu verankern.[52] Dann repräsentieren Eindruckswerte teilhaberisch den Vereinnahmten selbst.

3. Durch ihre Einbettung in eine suggestiv inszenierte politische Wirklichkeit, die als bedrohte oder herzustellende skizziert ist.

Jeweils aus der Perspektive einer politischen Mehrheit oder Minderheit sollen sie deren Appell plausibel machen, die Energieverhältnisse zu bewahren oder zu verändern. Die Gründlichkeit von Appell und Erscheinungsbild, das Berückende ihrer Komplementarität, hängen ab von ihrer hierarchisierenden Potenz, die in Frage stellt und auf sich verweist und so versucht, Alternativen auszuschließen bzw. diese als negative Eindruckswerte, als Unterordnungen darzustellen.[53]

Eine so vermittelte Topologie politischer Wirklichkeit lebt von der semantischen Setzung von Höhen und Tiefen, von positiven und negativen Eindruckswerten. Das Relief aus symbolisch hergestellten und verteilten Eindruckswerten, von Über- und Unterordnungen, soll eine bestimmte Ansicht reflektieren, aus der sich Überzeugungen ableiten lassen. Die daraus gewonnene Loyalität läßt sich bisweilen auch schon dadurch erreichen, daß mit diesem Relief (künftige) Energieverhältnisse in Aussicht gestellt sind. Die für dieses In-Aussicht-Stellen und für die Gewichtung von Wirklichkeit notwendige Verdrängungsleistung auf der Darstellungsebene erbringt am unverdächtigsten die politische Metapher, deren Wesen darin liegt,

> "(...) durch einen Teil ein neues Ganzes zu evozieren. Politische Metaphern können auf überzeugende und umfassende Weise veränderte Welten herbeizaubern, in denen

---

Verhaltens' genannt werden darf, das aus dem Verstehen des Objektbezugs von Zeichen sich ergibt. Man könnte es in seinem radikalen Fundamentalismus 'emblematisches Verhalten' nennen: Das Subjekt ist dem Medium des Abzeichens ausgeliefert, als dessen Objekt es sich interpretiert: 'Die Fahne ist mehr als der Tod' etc. (...)."

52 "Es waren die Uniformen und Abzeichen, die den Volksgenossen in eine direkte Beziehung zur Infaillibilität des Führers setzten (ebd., S. 115). Und: "Es ist damit zu rechnen, daß die Durchdringungsfähigkeit des politischen Symbolismus auf allen hierarchischen Stufen und außerhalb der Hierarchien *magisch denkende Subjekte* (Herv. v. mir, KGW) aufsaugt und sie zur Geißel ihrer Mitmenschen werden läßt." (ebd., S. 117)

53 "Das Symbol hat nicht nur einen Wert an sich, weil es versichert, daß etwas ist, das für etwas anderes steht, sondern weil es die Frage nach dem Wert einschließt. Sie will eine Antwort nach der Überordnung der Überordnung bis zu einer letzten Instanz und umgekehrt leitet sie von einer letzten Instanz die Unterordnungen ab als Zuordnungen zu dieser letzten Instanz." (ebd., S. 68)

die Rezepte gegen die Ängste klar ersichtlich sind und eigennützige Handlungsstrategien die höheren Weihen erhalten."[54]

Metaphern können mithin als Bausteine für das Erscheinungsbild eines Sinnangebots betrachtet werden. Eine Metapherngläubigkeit erleichtert nicht nur dessen Wahrnehmung und Akzeptanz, sondern radikalisiert Bedeutsamkeiten zu Weltanschauungen.[55]

Metaphorische Verbrämungen inszenieren Orientierungswerte, deren dadurch verstärkte Eindruckswertigkeit die Brücke zum Rezipienten schlagen soll. Die inszenatorisch implizierte existentielle Gebrauchswertkalkulation bleibt nur scheinbar vollständig der Phantasiearbeit des Rezipienten überlassen.[56] Denn Eindruckswerte müssen eo ipso antizipierte Wertkalkulationen repräsentieren, sind demnach keine statischen Fixpunkte, sondern appellative Bezugspunkte, die in ihrer organisatorischen Dynamik Prozesse von Bewußtseinsmacht und damit Machtbeziehungen zwischen Menschen strukturieren. Entsprechend inszenieren und reflektieren Kontextgestaltungen als Erscheinungsbilder von existentiellen Gebrauchswerten die Plausibilität des Ankommens als gesellschaftlichen Machtprozess.

Mit der Rede vom Niederschlag der Erscheinungsbilder im Sinne einer Bewußtseinslenkung ist die Komplementarität von Eindruckswert und Image angesprochen. Denn der individuelle Aspekt, nämlich der individuelle Niederschlag von symbolischen Vorgaben, gehört ebenso zu den Charakteristika des Konstrukts 'Image' wie der soziale, seine massenhaft uniforme Verarbeitung; wobei auch

> "(...) Parteiimages kollektiven Charakter haben, d.h. vom Grossteil der Wähler einheitlich erlebt werden. (...) Parteiimages sind die 'geistigen' Bilder oder Assoziationen, die der einzelne über die verschiedenen Parteien hat. Sie bestehen aus richtigen und eventuell auch falschen Vorstellungen, Überzeugungen und Erfahrungen der Wähler oder Wählergruppen über diese Parteien. (...) Parteiimages sind ganz-

---

54 Edelman 1976, S. 153
55 vgl. ebd., S. 148: "Das Denken ist metaphorisch, und Metaphern durchsetzen die Sprache; denn man erfaßt das Unbekannte, Neue, Unklare und Entfernte durch die Wahrnehmung von Identität mit bereits Vertrautem (...). Spricht man von Abschreckung und Schlagkraft, so bedeutet dies, daß der Krieg als Wettkampf wahrgenommen wird; spricht man von legalisiertem Mord, so bedeutet dies, daß der Krieg als Menschenschlächterei wahrgenommen wird; spricht man von einem Kampf für die Demokratie, so bedeutet das, daß der Krieg als vage definiertes Mittel zur Erreichung eines erwünschten Zieles wahrgenommen wird. Jede dieser Metaphern intensiviert selektive Wahrnehmungen und ignoriert andere."
Zu ergänzen wäre die Auflistung durch die tödliche Metaphorik des 'Heiligen Krieges', die den Krieg als göttlichen Auftrag darstellt.
56 vgl. Edelman 1976, S. 153: "Einmal akzeptiert, wird eine metaphorische Auffassung zum begrifflichen Kristallisationspunkt, um den herum die Öffentlichkeit in der Folge passende Informationen organisiert und in dessen Licht sie die Informationen interpretiert. Auf diese Weise wird eine bestimmte Auffassung verstärkt und scheint sich für diejenigen, deren Einstellungen sie formuliert, immer wieder neu zu bewahrheiten. Sie beginnt, sich selbst zu perpetuieren."

heitliche Gebilde, die mehr als die Summe ihrer Teile sind. Sie setzen sich zusammen aus einer kognitiven, einer affektiven und einer konativen (verhaltenssteuernden, KGW) Komponente. Zwischen diesen Komponenten besteht ein wechselseitiges Abhängigkeitsverhältnis."[57]

Demnach umfaßt der Image-Begriff im wesentlichen die Assoziationsleistungen zu Auslösereizen - hier die Erscheinungsbilder von existentiellen Gebrauchswerten -, wobei letztere zur Objektebene gehören, die nur *eine*, wenn auch wesentliche Komponente der Imagebildung ist.[58]

Dennoch soll die Hervorhebung von Eindruckswert und Erscheinungsbild der Tatsache gerecht werden, daß den Determinanten Persönlichkeit und soziales Umfeld im Hinblick auf die Verarbeitung mit existentieller Bedeutung aufgeladener Informationen ebenso Grenzen gesetzt sind wie dem häufig zitierten Phänomen der selektiven Wahrnehmung. Die Normativität ideologisch hoch verdichteter Sinnangebote engt den Spielraum für subjektiv-hermetisches Sinnverständnis ein. Denn selektiv ist nicht erst die Wahrnehmung, selektiv wird bereits bei der Wirklichkeitsgestaltung verfahren, so daß es analog zu Wettstein - "*Durch selektives Wahrnehmen schützt sich der Wähler unbewußt vor Informationen, die ihn zwingen würden, seine Images zu revidieren*" (1980, S. 9) - heißen kann: Durch bewußtes selektives Gestalten einer dadurch exklusiven Wirklichkeit schränkt der Verkünder seiner Wahrheiten die Assoziationsmöglichkeiten des Rezipienten ein und schützt sich vor konkurrierenden Perspektiven, die ihn zwingen würden, seine Gewichtungen zu revidieren.[59] Gerade wenn bei dem Druck konkurrierender Perspektiven eine Raum- und Zeitmächtigkeit gewahrt werden soll, sind auf der Ebene der objektiven Determinanten des Images der Gebrauchswert und das Erscheinungsbild als wesentliche Bausteine des Images anzusehen. Mit der konkurrenzbedingten Flexibilität von Images sind diese weniger als statische Größe, sondern eher als Prozeß zu verstehen, für den die Flexibilität der Erscheinungsbilder existentieller Gebrauchswertangebote die Voraussetzung ist.

---

57 Wettstein, Hannes: Der Einfluß politischer Images auf das Wahlverhalten. Bern/Stuttgart 1980, S. 47
58 In der Tat kann von einer bedingungslosen Übernahme politischer Vorgaben nicht die Rede sein. Denn "Parteiimages werden geprägt von der Persönlichkeit des Wählers und seinen Erfahrungen, von seiner sozialen Umwelt und von den objektiven Eigenschaften der verschiedenen Parteien." (Wettstein 1980, S. 7)
59 Das heißt auch, daß ein (Partei-)Image nicht immer die (politische) Information dominieren muß und kann. Bei Wettstein scheint der Absolutheitsanspruch der selektiven Potenz von Parteiimage bzw. Perzeptionsfilter überzeichnet: "Das Parteiimage beeinflußt den Perzeptionsfilter, und der Perzeptionsfilter tätigt eine entsprechende selektive Auswahl von Informationen über die Kandidaten und die Streitfragen." (1980, S. 38)
vgl. dazu den Aufbau des SDI-Spots, der weder parteiimage-gebunden noch marktsegmentiv angelegt ist.

c) Eindruckswert und personales Erscheinungsbild

Ideologische Wertsprache konstituiert ihre Angebotsnatur und das heißt ihren Prozeßcharakter durch die Diskrepanz zur realen Gegenwart. Indem Wertsprache versucht, den abwesenden, aber zu realisierenden Wert als zeit- und raummächtigen und damit greifbar nahen darzustellen, kann sie zum Vehikel von egozentrischen Vorstellungsbildern werden, die als positive oder negative Resonanzen auf die Erscheinungsbilder von Wertsprache zurückwirken.

Bei ideologischer Wertsprache geht es aber nie um ein Wertverhältnis nur zum Individuum, sondern stets auch um die Machtperspektiven, die sich aus der Marktresonanz ergeben. Erst aus diesem Dreiecksverhältnis gewinnt Ideologie ihre Faszination, die vor allem darin liegt, daß Ideologie ihren Fürsprecher und Konsumenten seiner Alltagsrealität enthebt. Für die im Kontext der Fürsprache Stehenden, bis hin zur massenhaften Fürsprache einer damit angekommenen Ideologie, ist Fürsprache in ihrer sozialen Dimension nicht nur das Angebot von Wegweisung, sondern auch von sozial fundierter Selbstaufwertung aus der Perspektive des Über-den-Dingen-Stehens.

Fürsprache und Manifestierung dieser Perspektive gelingen am eindrucksvollsten über personale Erscheinungsbilder, die mit der Tendenz zur Überbewertung ideologischen Austausch dynamisieren. Überbewertet kann ein Sinnangebot sein, indem es als an ein personales Erscheinungsbild gekoppeltes beispielhaft verkörpert scheint. Anschaulich und für den Konsumenten greifbar nahe ist es mit dem Zusatznutzen versehen, der mit der massenmedial vermittelten Pseudointimität zwischen Leitfigur und Anhänger gegeben ist und die dem Angebot eine zusätzliche existentielle Bedeutung verleiht. Denn wenn mit der massenmedial arrangierten Personifizierung einerseits Pseudointimität vorliegt, die faktisch nichts anderes als Distanz und Unverbindlichkeit bedeutet, ist andererseits gerade so die Bedingung eines Freiraums erfüllt, den der Konsument als Vertrautheit in Form seiner Projektionen und Vorstellungsbilder erlebt.[60] Dabei mündet die Phantasiearbeit des Rezipienten nicht nur darin, so zu sein wie die jeweils 'einmalige' Leitfigur, sondern ist schon da am Ziel, wenn sie sich in dessen Gefolgschaft und Nähe fühlt, um so am Prestige des besseren Handelns und der Perspektive des besseren Lebens teilhaben zu können.

Personenorientierung und parteiisches Engagement vollziehen sich vor allem aus dem Bedürfnis, auf der richtigen Seite zu stehen. Individuelles koppelt sich an soziales, oft immaterielles Wohlfahrtsstreben. Daraus leitet sich die gemeinsame Aus-

---

60 Darin liegt die Tendenz, personale Inszenierung als Politiksurrogat zu vermitteln: "Wo aber primär Persönlichkeitsmerkmale und private Lebensumstände und Verhaltensweisen ebenso gezielt wie subtil als Legitimationsgrund präsentiert werden, gerinnen Wahlen zu einem Akt, in dem gestützt auf privatistische Loyalitätsgründe vorwiegend affektive Handlungsmotive mobilisiert werden, bei denen die Sympathie zum Akteur als Privatmann dann von der Zustimmung zum Akteur als Politiker überlagert wird." (Sarcinelli 1987, S. 177)

richtung auf den Repräsentanten der richtigen Seite ab, als Symbol und Garanten künftiger Wohlfahrt.[61] Und der merkantile Erfolg eines Sinnangebots scheint die Richtigkeit plausibel zu machen. Eindruckswertig verstärkt wird sie dadurch, daß Personen sich im politischen Alltag für eine Idee exponieren. Die höhere Suggestivität ihrer Verkörperung und die damit gegebene Pseudointimität für den Rezipienten fundieren den Mythos des gelebten Wortes, genauer: das 'Zu seinem Wort stehen und nicht anders können'. Der Repräsentant scheint den Weg zu weisen und die Brücke zur politischen 'Noch-nicht-Wirklichkeit' zu bilden, indem durch das personale Erscheinungsbild werbliche Mythen wie Standfestigkeit, Stärke, Vertrauen, Sicherheit und Schutz verkörpert und inszeniert werden als Voraussetzung und Erfolgsversprechen für diesen Weg.

Wenn gilt: "(...) jede ideologische Aussage verfestigt den häretischen bzw. dogmatischen Charakter der anderen (...)" und weiter gilt, "daß die aus einer solchen (ideologischen, KGW) Auseinandersetzung resultierenden Vorteile immaterieller Art sind: sie beziehen sich auf Status und Legitimität derer, die die jeweilige politische Ideologie vertreten " (Edelman 1976, S. 53), so scheint aus dieser Erfolgsredundanz die Richtigkeit des ideologischen Wegs nicht nur plausibel, sondern auch bewiesen. Als prestigeträchtiger Erfolgsweg versprechen Sinnangebote und personales Erscheinungsbild aus der Rezipientenperspektive einen existentiellen Gebrauchswert. Dieses Wertversprechen spiegelt die ökonomische Bedeutung eines personalen Erscheinungsbildes für den Gefühls- und Affekthaushalt des Rezipienten. Im politisch werbenden Kontext sind zum Beispiel die Sinn- und Sicherheitsangebote, die in autoritativen Gesten liegen, darauf angelegt, das meist unterschwellig emotionale Verwertungskalkül zu beeinflussen.

Insofern ist ein massenmedial exponierter Mensch Bezugspunkt und Mittel zur Befriedigung individueller Bedürfnisse und die Rede von den psycho-ökonomischen, immateriellen Interessen bezogen auf diese Form von Zwischenmenschlichkeit gerechtfertigt. Der Knappheit materieller Ressourcen entspräche die werbend inszenierte Einmaligkeit einer politischen Führungsfigur, der es zu folgen gilt, weil sie eine für das vor allem auch soziale Überleben, jenseits der materiellen Wohlfahrt, lebenswichtige Funktion zu haben scheint. Denn auch den zwischenmenschlichen

---

61 Der Wahlkampf von George Bush entschied sich erst dann zu seinen Gunsten, als dessen Erscheinungsbild durch eine drastische Änderung seines Auftretens die richtige und die falsche Seite polarisierte und seinen Kontrahenten ins Abseits stellte. In einer ganz auf Fernsehbedürfnisse ausgerichteten Wahlkampfstrategie mußte Bush die wahlentscheidenden 'Reagan-Demokraten', die zwar Reagan, aber nicht immer die Republikaner gewählt hatten, an sich binden. Diese Wählerschicht, bestehend v.a. aus weißen Südstaatlern, aus vom Strukturwandel der amerikanischen Wirtschaft betroffenen Arbeitern im Mittelwesten und aus konservativen Juden, zog er erst dann auf seine Seite, als er anfing, mit emotionalisierenden Ausfällen bei seinen Hauptthemen Patriotismus, Steuern und Kriminalität an ihren unterschwelligen Rassismus zu appellieren.
vgl. dazu: Der Spiegel, Nr. 44, 1988

Überlebenskalkülen liegt mit der Erfahrung einer Führungsfigur dasselbe Versprechen einer Entlastung von Wirklichkeit zugrunde, das Edelman der Führungsfigur angesichts anonymer gesellschaftlicher Determination zuschreibt:

> "Da es dem Menschen offenbar unerträglich ist, sich einzugestehen, in welchem Maß Zufall, Nichtwissen und Unvorhersehbares sein Leben bestimmen, ist es die wesentliche Funktion des Führers, undurchschaubare Prozesse zu personifizieren und damit quasi greifbar zu machen. Ihn als Individuum kann man kritisieren, loben oder mit der 'Verantwortung' belasten, wie das bei abstrakten Prozessen nicht möglich ist."[62]

Doch wird das Entlastungsangebot der Verantwortungsübernahme für Wirklichkeit gerade da selten ein uneigennütziger Akt sein, wo Wirklichkeit für eine politisch werbliche Absicht eigens hergestellt wird. Hier signalisiert die Personifizierung der richtigen Seite, ihr personales Erscheinungsbild, dem Rezipienten das Versprechen einer stellvertretenden Wirklichkeitsbewältigung, die faktisch auf eine partielle oder totale Wirklichkeitsverneinung hinauslaufen bzw. einen Wirklichkeitsverzicht seitens des Rezipienten voraussetzen kann. Gerade diejenigen symbolischen Manifestationen und Führungsgesten, die auf eine bessere Wirklichkeit ausschließlich in einer fernen Zukunft verweisen, vergrößern den Abstand zur aktuellen Wirklichkeit, die nur Wirklichkeit als Entladung im Handeln zur Noch-nicht-Wirklichkeit sein darf. In deren Dienst fungiert das personale Erscheinungsbild als Versprechen und Wegweisung. Darüberhinaus verkörpert es den Appell, der Handlungspflicht suggeriert im Hinblick auf eine heilig gesprochene Zukunft:

> "Wo die Revolution sich nicht durch Recht durchsetzen kann, rechtfertigt sie doch wenigstens ihre physische Gewalt durch Berufung auf die Sprüche ihrer Führer, die sich symbolisch herleiten von sanktionierten Texten, denen Gesetzmäßigkeit und setzende Kraft zugesprochen werden. Sie fungieren als heilige Bücher, und die Interpretation zielt darauf ab, die Wirklichkeit mit dieser symbolischen Bewertungsvorgabe in Übereinstimmung zu bringen."[63]

Im Schlepptau der symbolischen Wegweisung kann sich der Anhänger von Sinnangeboten geadelt fühlen, indem er die intendierte Weltbedeutung heiliger Texte zur Phantasiewirklichkeit werden läßt. Im Sog dieser phantasiebezogenen Wirkungsdynamik kann es zum Extremfall des Hochgefühls einer märtyrerhaften Selbstzerstörung kommen, deren Handlungsanleitung durch das Erscheinungsbild einer Führerfigur nahegelegt und plausibel scheint.[64] In den Formen und Möglichkeiten seines

---

62 Edelmann 1976, S. 60
63 Pross 1974, S. 101
64 vgl. Kirsch, Guy; Mackscheidt, Klaus: Staatsmann, Demagoge, Amtsträger. Göttingen 1985, S. 97: "Was in der Einsamkeit des Privaten als trüber Todeswunsch rumorte, kann, dank des Demagogen, als heldenmütige Vaterlandsliebe im Lichte der endlich gewonnenen Selbstsicherheit und Bewunderung der Welt ausgelebt werden. (...) Der Patriotismus kann für den einzelnen jene Form sein, in der er - endlich - Selbstmord begehen kann; der Demagoge ist

Erscheinungsbildes ist der politische Führer jedoch nicht immer autonom, und dies nicht nur angesichts der Vermittlungsstrukturen des anonymen Marktes. Vielmehr bedeuten "Gesetzmäßigkeit" und "setzende Kraft" eine autoritative Ordnungsvorgabe aus der Perspektive einer ideologischen Wirklichkeit, in deren Heiligkeitsbann auch die Führungsfigur steht.[65] Auch Fürsprache und Führung bleiben an symbolische Vorgaben gebunden. Das sind im besonderen politische Schlüsselsymbole, aber auch andere Eindruckswerte, mittels derer sich nicht nur symbolische Zugehörigkeiten zu politischen Glaubensgemeinschaften herauskristallisieren, sondern führende Repräsentanten sich legitimieren und definieren. Zwar können personale Erscheinungsbilder politische Programme partiell ersetzen, zum merkantilen Orientierungspunkt werden sie aber nur als Repräsentanten von Sinnangeboten auf der Basis von Eindruckswerten, sei es im Rückgriff auf große Ideologien oder auf zentrale ideologische Versatzstücke.[66] Sie dynamisieren den Zusammenhang von Idee und Repräsentation.

Die Kategorie Eindruckswert, die sich hier zusammensetzt aus dem Gebrauchswert von Sinnangeboten bzw. Schlüsselsymbolen, seinen Erscheinungsbildern und deren Verstärkung durch personale Erscheinungsbilder, ist mithin keine statische Größe, sondern meint einen Funktionszusammenhang in zweierlei Hinsicht.

Zum einen konstituiert sie die Basis und Dynamik des Vermittlungsprozesses zwischen politischem Führer und seiner Gefolgschaft vor allem in dem Maße, wie sie eine aktuelle Wirklichkeit als defizitär brandmarkt, um sie dann zu einer idealen Zukunft hin zu entstören. Dies geschieht jedoch nicht als einseitig beliebige Setzung einer politischen Führungselite, sondern als Interdependenz innerhalb eines symbolischen Verpflichtungsrahmens von Eindruckswerten, auf die sich Regierende und

---

jener, der diese Form anbietet und der den Todeswunsch im Zweifel soweit anstachelt, daß der Patriotismus bis zum Tode ausgelebt werden kann. Die Verneinung der Welt endet in der Selbstverneinung dessen, der verneinte."

65 vgl. Pross 1974, S. 103: "Indem die revolutionäre Avantgarde (...) sich *durch* das Symbol als Avantgarde begreift, bestätigt sie ihr eigenes Ausgeliefertsein (...). Die (...) Diskussion um das 'revolutionäre Subjekt' der Geschichte sucht vergeblich nach einer anderen Gesetzlichkeit (...) als der gesetzmäßigen Abhängigkeit der Interpreten von ihren Symbolsystemen. Die immanente Interpretation muß die Entscheidungen der Avantgarde als dogmatisch *vor*entschieden darstellen."

66 Das gilt auch für den Schauspieler R. Reagan, der bei seiner politischen Selbstdarstellung existentieller Gebrauchswerte wie Stärke, Selbstbewußtsein, Freiheit erfolgreich angeboten und inszeniert hat. Ambivalent ist hier das telegene Erscheinungsbild; körpersprachlich kann die ideologische Botschaft verstärkt oder unterlaufen werden. "Wenn ein Politiker Durchsetzungsvermögen symbolisiert, dann perzipieren seine Anhänger seine einzelnen Akte - redundant - als Beweis dieses Vermögens und übersehen möglicherweise sowohl Informationen, die diese Bedeutung infrage stellen, wie auch den häufig vorkommenden Umstand, daß es unmöglich ist, über seine Kompetenz oder Inkompetenz zu befinden." (Edelman 1976, S. 95)

Regierte bei dem Prozeß der Machtverteilung gleichermaßen beziehen müssen.[67] Die für den Erfolg politischen Werbens unerläßlichen Selbstbezüge auf Rezipientenseite werden bei existentiellen Sinnfragen nur dann dauerhaft hergestellt, wenn von einem personalen Erscheinungsbild auf die bei Elias angesprochenen Ideale und Prinzipien verwiesen werden kann. Dann ist die Möglichkeit von Suggestion, Motivation und Identifikation gegeben als Funktionen des Ankommens.

Zum anderen kann die Kategorie Eindruckswert selbst nur als Funktionszusammenhang begriffen werden.

Gebrauchswert und Profilteile des (auch personalen) Erscheinungsbildes sind als von historisch determinierten Bedürftigkeiten (u.a. Krisen, Probleme, Hoffnungen) abhängige deshalb auch voneinander abhängig. Denn nur als aufeinander abgestimmte Elemente fügen sie sich zu den historisch adäquaten Wertkombinationen, die als marktgängige und situationsübergreifende merkantile Aufforderungsgrößen sind. Im Rückgriff auf diese ist eine Führungsperson demonstratives Vorbild, der das inhaltliche Wechselspiel zwischen Progression und Regression, zwischen Bewährung und Bewahrung innerhalb eines Sinnangebots gelingt.

Darüberhinaus verstärkt die Komplementarität zwischen Schlüsselsymbolen und personalem Erscheinungsbild die Normativität von Eindruckswerten, die, im Falle des Ankommens, vom personalen Erscheinungsbild als einem massenhaft existentiellen Gebrauchswert profitieren. Die Führungsfigur fungiert als anschaulicher Nachweis für die segensreiche Nähe von Idee und Ideenträger und kann Gefolgschaft als ein Versprechen für die Zukunft aufwerten. Dieser Fall der Wertladung eines Elements im Funktionszusammenhang bedeutet für diesen als ganzen einen Zuwachs an positiver oder negativer Eindruckswertigkeit. Denn funktionale Interdependenz läßt sich nicht nur für die Selbstdarstellung eines politischen Akteurs nutzbar machen. Zur politischen Vereinnahmung dient der Funktionszusammenhang auch mittels eines indirekt hergestellten, negativen personalen Erscheinungsbilds. So ist mit Sarcinelli festzuhalten:

> "(...) daß Personalisierung im öffentlich ausgetragenen Machtkampf vor allem im Kontext von Wahlen zu einem zentralen Bestandteil des 'Negativ-Campaigning' ge-

---

[67] Die Notwendigkeit von Überzeugungsarbeit im Kontext einer zunehmend unblutigen Machtpraxis sieht N. Elias in der Verringerung der Machtdifferentiale zwischen Regierung und Regierten begründet: "Die Tatsache, daß sich in allen Ländern die Regierenden nun (in den meisten europäischen Ländern des 19. und 20. Jahrhunderts, KGW) durch relativ unpersönliche Prinzipien und Ideale, die sich auf die Ordnung der gesellschaftlichen Verhältnisse bezogen, vor den Regierten als qualifiziert ausweisen mußten, daß sie sich selbst solcher Idealprogramme für die Organisierung der Gesellschaft als Mittel für das Gewinnen von Anhängern und von Glaubensgenossen bedienen mußten, daß sie die Masse der Regierten durch Vorschläge für die Verbesserung in deren Lebensbedingungen für sich zu gewinnen suchten, alles das sind charakteristische Symptome für die relative Verlagerung der Machtgewichte im Verhältnis von Regierungen und Regierten." (Elias, Norbert: Was ist Soziologie? München 1981, S. 71)

worden ist: die Erkenntnis, daß 'Negativprofile' von Parteien und Akteuren oft *prägnanter* und *einprägsamer* sind als 'Positivprofile'. Über die tatsächlichen oder vorgeblichen Schwächen des gegnerischen Kandidaten zu sprechen, gilt somit unter bestimmten Bedingungen mehr noch als das Hervorheben eigener personeller Stärken als überzeugenderer Legitimations- bzw. Delegitimationsgrund."[68]

Über die Stigmatisierung des politischen Gegners hinaus läßt sich mit einem negativen personalen Erscheinungsbild auch der Gesamtzusammenhang eines Ideengebäudes negativ einfärben, so daß Personendarstellung allgemein als Kommentierung politischer Wirklichkeit[69] und damit als politisches Werben zu begreifen ist. Und weil jede Darstellung von politischer Wirklichkeit in werbender Absicht interessegeleitet geschieht und geschehen muß, erscheint die inhaltliche Kongruenz von Partei und Parteinahme, von Anbieter und Ansicht zunächst natürlich und plausibel. So kann zwar jede symbolische Darstellung mit den zur Rezipientensteuerung notwendigen, beliebig wechselbaren Bühnen, Akteuren und Perspektiven arbeiten, diese jedoch finden beruhigenderweise alle vor demselben historischen Hintergrund, nämlich der Gesamtheit verifizierbarer Sachverhalte statt, so daß bei Bedarf 'Geschichte' als verläßliches Regulativ jeder tendenziös politisch werbenden Idee entgegengestellt werden kann.[70] Wie wenig Geschichte in (der politischen) Wirklichkeit als Regulativ fungiert, wie sehr sie vielmehr als jeweils zu konstruierende machtpragmatisch aktualisiert und vereinnahmt ist, zeigt sich in der bekannten selbstgewissen Offenheit, die ihre Stärke aus der Nähe zu den tagespolitisch Mächtigen bezieht:

"Beides bestimmt die neue Suche nach der alten Geschichte: Orientierungsverlust und Identitätssuche sind Geschwister. Wer aber meint, daß alles dies auf Politik und Zukunft keine Wirkung habe, der ignoriert, daß in geschichtslosem Land die Zukunft gewinnt, wer die Erinnerung füllt, die Begriffe prägt und die Vergangenheit deutet."[71]

---

68 Sarcinelli 1983, S.141
69 vgl. Robling, Franz-Hubert: Personendarstellung im "Spiegel": erläutert an Titel-Stories aus der Zeit der Großen Koalition. Tübingen 1983
70 Historische Wahrheit soll hier nicht als idealer Grenzwert der Gesamterfassung historischer Sachverhalte erkenntnistheoretisch problematisiert, sondern forschungspragmatisch als historischer Kontext verstanden werden, als korrektive Folie zu einem jeweiligen Macht- und Herrschaftsinteresse und den sich daraus ergebenden Wirklichkeitsumdeutungen.
71 Stürmer, Michael: Geschichte in geschichtslosem Land. S. 36, in: Historikerstreit. Die Dokumentation der Kontroverse um die Einzigartigkeit der nationalsozialistischen Judenvernichtung. München 1987, S. 36-38

5. Beeinflussung und Manipulation

Bei der Semantik der Aktivierung und Okkupation ('prägt', 'füllt', 'deutet') geht es um die Verständnislenkung geschichtlicher Fakten als Basis politischer Sinnstiftung. Damit folgt die Aneignung von Geschichte zugunsten einer aktuellen Machtperspektive der Erkenntnis, daß über Legitimationsgewinne auf Symbolebene entschieden wird. Folglich muß bei der Darstellung einer historischen Wirklichkeit der Anspruch auf Authentizität der historischen Fakten hinter die Vereinnahmungsorientiertheit einer marktgängig-suggestiven Begrifflichkeit zurücktreten. Über symbolisches Eindrucksmanagement werden emotionalisierend die eigenen Anschauungen von Realität in dem Maße verstärkt wie alternative Ansichten und Sinnstiftungen ausgegrenzt sind. Persuasive Texte stehen mithin unter dem Diktum, weniger die Realität zu analysieren als sie zu vereinnahmen und zu einer anderen Realität höherer Ordnung und Qualität symbolisch auszubauen. Denn erst als in einem werblichen Sinnangebot vereinnahmte und inszenierte bietet sie sich massenkomunikativ dazu an, in die existentiellen Kalküle von Rezipienten integriert zu werden. Die Inszenierung ist oft umso attraktiver für den Umworbenen, je mehr das Erscheinungsbild eines Sinnangebots historische Sachverhalte als ernüchterndes Regulativ ausschließen kann. Aber dennoch ist Geschichte zumindest als Hintergrund einer Welterklärung und zum Zwecke ihrer Rechtfertigung unentbehrlich. Und genau in jeweiligen interessegeleiteten, selektiven Zugriffen auf geschichtliche Sachverhalte, wenn Geschichte zur Manövriermasse einer willkürlich wertenden Anschauung schrumpft - hier zu verstehen als inszenatorischer Funktionszusammenhang von Eindruckswert und historischer Wirklichkeit -, offenbart sich der Bereich, in dem Perspektiven von Bewußtseinsmacht und Möglichkeiten von ideologischer Beeinflussung und Manipulation mittels einer Symbolanalyse feststellbar sind.[72]

In Abgrenzung zur Lüge, die eine direkte falsche Tatsachenbehauptung ist, muß die ideologische Meinung als die machtinteressierte Gewichtung von historischen Sachverhalten verstanden werden, die erst so als Sinnextrakte legitimiert sein und den Charakter von Orientierungspunkten besitzen sollen. Ist einmal eine historische Situation mit einer bestimmten Deutung okkupiert, kann sich daraus ein weiterreichender Interpretationsanspruch ableiten. Aus Deutung soll Bedeutung werden, mit der sich politische Zukunft ideologisch antizipieren läßt.

Mit diesem Verständnis von Zukunfts- als Machtgewinn über die Darstellung einer Geschichtswirklichkeit ist ein Grundmechanismus ideologischer Vereinnahmung

---

72 "Ideologie ist Verschleierung und Rechtfertigungslehre im Dienst gesellschaftlicher Interessen, im Dienst von Klassen, Gruppen, Personen."
"Indem die Ideologie Handlungsmotive ausdrückt, verhüllt sie diese. Wie die psychoanalytische 'Rationalisierung' ist sie Ausdruck und Versteck unbewußter Beweggründe."
(Erckenbrecht 1976, S. 47)

benannt: Der Allgemeingültigkeitsanspruch von Schlüsselsymbolen ist eindruckswertig, nämlich als das Erscheinungsbild eines existentiellen symbolischen Gebrauchswerts, so inszeniert, daß ihre transhistorische Bedeutung als Sinnstiftung und Orientierung plausibel und legitim scheint. Die ideologisch-werbliche Normalsituation ist also die, daß Schlüsselsymbolen bzw. Abstrakta, die für existentielle Werte stehen, die Funktion der normativen Tatsachenbehauptung zukommt ('Dies und nichts anderes macht die Wirklichkeit aus'), während die Beweisführung auf der Ebene ihrer symbolisch-semantischen Einbettung, ihres Erscheinungsbilds als exemplarische Wirklichkeitsdarstellung durchgespielt wird. Dementsprechend und angesichts der Legitimitätsfrage, der sich Sinnangebote stellen müssen, wenn sie die Perspektive des Gemeinwohls zu vertreten vorgeben, muß ideologisches als inszeniertes Meinen in seine existentiellen Gebrauchswertanteile und seine machtstrategischen Anteile zu trennen sein.[73]

Und weil ideologisches Meinen vereinnahmungsstrategisch aufgebaut und zu verstehen ist, bietet sich die Kategorie Eindruckswert als Grundprinzip seiner Analyse an. Denn nur mit dem jeweiligen Erscheinungsbild von Schlüsselsymbolen und existentiellen Gebrauchswerten gelangt eine bestimmte Realität so zur Ansicht, daß andere Realitäten zur Sicherung ihrer Exklusivität ausgeblendet bleiben. Damit reflektiert das Erscheinungsbild auch, welche Anteile warum durch Begriffssetzungen, durch einen symbolischen Zugriff auf Realität ausgeblendet sind, welche Teile historischer Realität die Angebotsseite 'gebrauchen' kann und welche warum nicht.

Das Erscheinungsbild weist also über die von ihm dargestellte Wirklichkeit hinaus und kann nur durch seine Selektivität als Bindeglied fungieren zwischen der durch es dargestellten Realität und der historischen Realität als dem Kontext von Sinnangeboten.[74] Dies soll nicht nur heißen, daß eine Bedeutungsanalyse sich nicht auf die lexikalische Inhaltsebene beschränken kann, sondern auch latente Inhalte zu berücksichtigen hat. Vielmehr entscheiden erst die situativen Voraussetzungen und Vorgaben über Bedeutungen, auch über die Bedeutung dessen, was aus strategischen Gründen als Realität ausgeblendet bleibt. Unter dem Blickwinkel von symbolischer Politik als "intentionale(m) Handeln im Rahmen politischer Aktion, (...) das seinerseits ein neues Bezugssystem für sprachliche und nichtsprachliche Aktionen

---

73 Wegen der unübersehbaren Vielzahl der historischen Kontextvariablen kann es dabei nicht um die Frage gehen, inwieweit massenkommunikativ angebotene existentielle Gebrauchswerte für einzelne Rezipienten(gruppen) tatsächlich von Nutzen sind oder sein können, sondern nur darum, in welchem Maße sie strategisch vereinnahmt und zuträglich sind für die *Absicht* von Bewußtseinsmacht.
74 Folglich ist mit Sarcinelli 1987, S. 82 festzuhalten: "Die politisch-legitimatorische Bedeutung von Begriffen oder Sätzen kann ohne die Analyse von kontextspezifischen Bestandteilen einer kommunikativen Handlung, d.h. ohne Berücksichtigung von Sachverhalten, über die direkt gar nicht gesprochen wird, nicht erfaßt werden."

installiert", bedarf es "der Einbeziehung außerlinguistischer Faktoren", um "zu definieren, was sprachlich angemessen ist und was nicht."[75]

Wenn nun eine durch den Kontext und die historische Situation definierte Machtabsicht auf die symbolische Organisation ihrer Sinnangebote, auf Erscheinungsbilder angewiesen ist, weil sie sich als Interesse - zumindest latent - niederschlagen *muß*, folgt daraus, daß die symbolische Objektebene durch ihre Instrumentalität ein Machtinteresse ablesbar macht. Und obwohl zum Kontext eines Sinnangebots auch die Bedingungen potentieller oder tatsächlicher Rezeption gehören, meint hier Kontext vor allem die Komplementarität des Erscheinungsbilds zu den situativen Bedingungen eines werblichen Angebots und seines Anbieters. Eben weil Kontextbedingungen notwendigerweise in die Objektebene einfließen bzw. dort mitkalkuliert sind, läßt sich ihre Bedeutung im Verhältnis von historischem Sachverhalt und seiner Darstellung als Wirklichkeitsvorgabe und damit Möglichkeit von Beeinflussung und Manipulation nur informationsanalytisch klären.

Die Rede von der *Möglichkeit* von Beeinflussung und Manipulation trägt der Tatsache Rechnung, daß der Rezipient nur mittelbar manipulierbar ist: ideologisch über die Objektebene einer Wirklichkeitsdarstellung. Da es sich nur um Möglichkeiten handelt und eine Vielzahl von Kontextvariablen die Rezeptionsabläufe bestimmen, sind Beeinflussung und Manipulation nicht als faktische am Rezipienten nachzuweisen,[76] sondern als Beeinflussung und Manipulation von Realität. Sie ist somit Produkt wie Mittel der werblichen Vereinnahmungsabsicht; Mittel insofern, als durch sie konkrete Qualitätsvorstellungen ausgelöst werden. Werbebotschaften stellen jenen Bezug her zwischen den in ihnen verwendeten Wort- und Bildsymbolen und den Sachverhalten, der als (zu) herrschende Ansicht von Wirklichkeit ein Sinnangebot charakterisiert.

Eine Symbolanalyse liefert also keine Prognose über tatsächliche Werbewirkungen. Vielmehr geht es um deren Vorgabe auf der Ebene der Wirklichkeitsdarstellung, die sowohl Teilhabe an als auch Ausschluß von Wirklichkeit bedeuten kann, z.B. wenn sie als hermetische die Passivität des Rezipienten mitbegründet.[77]

Der Divergenz zwischen dem Anspruch eines Sinnangebots und dem historischen Sachverhalt entspricht auf der symbolischen Darstellungsebene das Wechselverhältnis von wirklichkeitsgenerierender und -diskriminierender Potenz eines Eindruckswerts als zwei Seiten derselben Medaille. Der Beeinflussungs- und Manipulationsverdacht zielt mithin auf Eindruckswerte, die als solche, als nichtdiskursive und prä-

---

75 vgl. Sarcinelli 1987, S. 82 und 156
76 Der Nachweis gelingt allerdings an den historisch verifizierbaren Beispielen von Selbstmanipulation. In dieser Arbeit im Falle der RAF und Heideggers.
77 "Obwohl die Systemtheorie den Kommunikationsfluß zwischen den Einzelsystemen noch kaum analysiert hat, kann angenommen werden, daß Familien und 'Personen' mehr fremdreduzierte Komplexität aufnehmen als eigene Selektionsleistungen vermitteln." (Böckelmann, Frank: Theorie der Massenkommunikation. Frankfurt 1975, S. 27f)

sentative, beanspruchen, den größten oder wesentlichen Teil von Wirklichkeit abzudecken, auch in bezug auf eine sich aus einem Sinnmonopol ableitende Vorwegnahme von Zukunftswirklichkeit. Je weiter der Terrainanspruch reicht, desto einsamer, entlegener - im Sinne einer zugespitzten, hierarchisch geordneten Dominanz über Wirklichkeit - muß die Symbolik oder Begrifflichkeit organisiert sein, mittels Erscheinungsbildern unerreichbar gemacht für Relativierungen durch aus der historischen Realität ableitbare Alternativen. Daraus erwächst ein überdimensionierter Gebrauchswertanspruch als Gebrauchswertschein. Das Erscheinungsbild soll diesen Anspruch und Schein als Wirklichkeit der Objektebene veranschaulichen und begründen. Demnach können nicht schon die Schlüsselsymbole eines ideologischen Sinnangebots, sondern erst seine Eindruckswerte die Größe sein, die historische Wirklichkeit zur Relativierung ausblendet. So verweist der Eindruckswert als Ausblendgröße und unter Einbeziehung des situativen Kontextes auf einen jeweiligen Grad - das qualitative Maß der Anteile, die ausgeblendet sind - der Entfernung von der historischen Realität. Damit liegt es nahe, die Grenzen zwischen Beeinflussung und Manipulation als fließend zu betrachten.

Eher manipulativ ist nun diejenige Wirklichkeitsdarstellung, die eine Wirklichkeit und ihre Bewältigung ausschließlich in einer Plus-Minus-Polarität darstellt, bei der sie ungeachtet aller historischen Fakten und ableitbaren Alternativmöglichkeiten den Positivpol exklusiver Richtigkeit für sich beansprucht. Alle abweichenden Perspektiven und resultierenden Handlungskonsequenzen sind als falsche, weil existenz- und gemeinwohlgefährdende, stigmatisiert. Entsprechend geht das manipulative Zukunftsversprechen nicht von graduellen Qualitätsunterschieden verschiedener Zukunftsentwürfe aus, sondern von der Totalität nur einer möglichen Zukunft. Das Versprechen soll als Verpflichtung rezipiert werden und den Rezipienten mit der Verantwortungs- bzw. Schuldfrage konfrontieren im Falle abweichender Ansicht.

Beeinflussende Wirklichkeitsdarstellung verspricht zwar auch einen besseren Weg und die bessere Zukunft, dies aber nicht in der Diktion ausschließlicher und damit unumgänglicher Richtigkeit, die alles und jeden auf sich verpflichten will. Vielmehr zielt das beeinflussende Versprechen weniger auf die Existenzfrage schlechthin als auf das Angebot einer Existenzerleichterung. Vor jeder qualitativen Klassifikation liegt Beeinflussung schon dadurch vor, daß werbliche Inhalte als kognitive Unausweichlichkeiten auftreten, als Okkupierung von Marktraum und -zeit, die im Verein mit der vorgesetzten Realität in Sinnangeboten immer schon für die Rezeption zweckhaft vorgeformte Welt bedeutet. Dahinter steht die Absicht, Fraglosigkeit gegenüber dem Angebot zu erreichen, das als Lebenshilfe erlebt werden soll, deren Wahrnehmung dann die Teilnahme an alternativer Wirklichkeit ausschließen soll. Diese Form quantitativer Wirklichkeitseingrenzung ist da beeinflussend am Ziel, wo die materiellen und/oder symbolischen Aufwendungen zu hoch für konkurrierende Anbieter sind. Je mehr Quantität zur Verfügung steht, desto geringer die Wahrscheinlichkeit relativierender Alternativen zu einem Sinnangebot. Konkurrenzlos bleibt es, solange sich ein Sachverhalt nur in seiner ideologischen Realität manifestiert.

Aber erst die Qualitätsanalyse dieser Realität zeigt den manipulativen Aspekt einer Wirklichkeitsdarstellung, indem die Bedingungen ihrer qualitativen Exklusivität untersucht werden. So basieren manipulative Wirklichkeitsdarstellungen, die sinnstiftend jede Realität abzudecken vorgeben, auf dem Funktionszusammenhang von existentiellem Gebrauchswert und Erscheinungsbild als den Grundfunktionen des Ankommens. Erst in diesem Zusammenhang entwickelt vereinnahmende Sprache ihre wirklichkeitsgenerierende Potenz, konstituiert sich die Exklusivität dieser einen Wirklichkeits- als existentielle Gebrauchswertdarstellung. Erst so ist die Vorwegnahme einer Zielverwirklichung auf Symbolebene inszenierbar, deren Valenz auch für eine Zukunftsrealität suggeriert sein soll. Ein Sinnangebot, das aktuelle Realität deuten oder Realität prognostizieren, also einen existentiellen Gebrauchswert darstellen will, erbringt diesen zumeist nicht schon mit der Verwendung von Leerformeln. Hinzukommen muß (s)eine inszenatorische Prägnanz[78], um mit Realitätsentwürfen (Zukunfts-) Wirklichkeit zu okkupieren. Vor allem wenn sich die hierarchisierende Potenz eines Sinnangebots in der Stoßrichtung einer Freund-Feind-Symbolik manifestieren soll, bedarf es einer eindrucksvollen Inszenierung, die erst als Positionsfestlegung den ideologischen Bedürfnissen gerecht wird.

Inszenatorische Prägnanz zielt nicht nur auf die organisatorische Zuspitzung der Objektebene, auf möglichst weitreichende Eindruckswerte. Prägnant ist ein Sinnangebot auch in seiner Komplementarität zu einem situativen Kontext und dessen spezifischen Erfordernissen. Inszenatorische Prägnanz bedeutet also auch die Ausrichtung von Erscheinungsbild und Gebrauchswert auf die unterstellten Erfordernisse einer Rezeptionssituation.[79]

In der Art und Weise, in der eine inszenatorische Prägnanz den situativen Kontext, auch die potentielle Rezeption, einbezieht, offenbart sich die Zweckhaftigkeit der Symbolik und damit der subjektive Faktor der Vereinnahmungsintention der Angebotsseite. Wenn es eine Ausblendgröße mit Absolutheitsanspruch gibt, läßt sich auch eine Verwertungsperspektive als symbolisch objektivierte herausarbeiten,

---

78 Diese entspricht in ihrem grundlegenden Stellenwert für die Analyse wertorientierender Symbolik der "semantischen Indifferenz", welche Sarcinelli 1987, S. 158f für die Bedeutung und den instrumentellen Wert von Leerformeln bei seiner Analyse von Wahlkampfrhetorik diagnostiziert und deren erstes Ziel "die Vermeidung issuespezifischer Positionsfestlegungen" (ebd.) und Handlungsfestlegungen ist.
Im Gegensatz zu diesem einseitigen Verständnis von 'Leerformeln' finden innerhalb einer inszenatorischen Prägnanz auch Leerformeln ihre Bestimmung als Impulse für konkrete Vorstellungsbilder und damit ihren instrumentellen Wert für die Angebotsseite.

79 Schon die hier in der Einleitung (S. 3) erwähnte schlichte Polarität von 'grausam gefoltert' vs. 'unfein behandelt' reflektiert die Unterschiedlichkeit der Bedürfnisse mit ihren jeweiligen Gebrauchswertperspektiven.

ohne daß sie als subjektive Machtintention explizit sein muß. Entscheidend ist vielmehr, wie eine Symbolik an massenmedial oder institutionell exponierter Stelle quantitativen und qualitativen (Akzeptanz-)Druck ausübt, den der Rezipient entweder durch kognitiven bzw. emotionalen Aufwand oder, mit der Anpassung an die vereinnahmende Darstellung, durch Verzicht auf Alternativwirklichkeiten aufheben kann.

Gerade das manipulative Plus-Minus-Raster soll inszenatorisch prägnant zu eindeutiger Ablehnung oder Zustimmung der in einer ideologischen Darstellung vertretenen Position zwingen, so daß zur Prägnanz auch die meist implizite Andeutung von positiven oder negativen Sanktionen gehört, die deswegen manipulativ funktionstüchtig sind, weil sie vorwegnehmbar sind. Ein derart nichtsymmetrischer Kommunikationsablauf ist auf der Informationsebene auch bei beeinflussender Wirklichkeitsdarstellung denkbar, etwa bei einem Informationsgefälle zwischen Anbieter und Rezipient. Symmetrisch ist ein Beeinflussungversuch dagegen im Sinne der Nichtinstrumentalisierung des Rezipienten für die eigenen Machtintentionen des Anbieters.

Die Frage nach beeinflussender Symmetrie und manipulativer Asymmetrie stellt und klärt sich also auf der Objektebene, die, weil sie zwischen Anbieter und Rezipient liegt, auch zur anderen Seite hin auf ein wechselseitiges Abhängigkeitsverhältnis zwischen Akteur und Botschaft verweist. Letztere ist als direktes Objekt eines Machtinteresses auch dessen Indiz. Denn zumindest solange sich ein Machtinteresse noch nicht durchgesetzt hat, bleibt es als auf der Objektebene nachweisbares in Abhängigkeit von ihr; nämlich angewiesen auf Eindruckswerte, die als Medium und Indiz eines Machtinteresses den Funktionszusammenhang Anbieter-Objektebene-Rezipient spiegeln.

Deshalb hat eine Symbolanalyse auch bei ihnen anzusetzen, wenn es um Phänomene von Selbstmanipulation geht. Denn weil der Rezipient nur indirektes und die Darstellungsebene als Medium gleichzeitig direktes Objekt beeinflussender oder manipulativer Vereinnahmung ist, besteht die Möglichkeit der Selbstmanipulation durch die Rückwirkung von Eindruckswerten.[80] Dabei bleiben Anbieter und Rezipient in ähnlicher Weise abhängig von der Objektebene als Medium eine Machtperspektive. Beide bedürfen aus unterschiedlichen Gebrauchswertperspektiven einer Entlastung von der historischen Wirklichkeit. Darin liegt der zentrale Gebrauchswert von Eindruckswerten, über die (Selbst-)Manipulation möglich ist. Bei diesem Wirkungszusammenhang zwischen Akteur und Werbebotschaft ist weniger entscheidend, ob der Täuschende seine Selbsttäuschung erkennt oder erkennen kann,

---

80 vgl. Erckenbrecht 1976, S. 51: "Aus der Rückwirkung und sekundären Antriebskraft kann sogar eine abgeleitete Herrschaftsform werden, wie Marx am Modell der Religion aufzeigt, wo das Denkprodukt tatsächlich in gewisser Weise die Produzenten regiert."

als vielmehr die Tatsache, daß der Akteur seine Ansicht der Dinge nach seinen existentiellen Bedürfnissen ausrichtet und konstituiert.[81]

Aber auch diejenigen Abstraktionen von der Realität, die zu hermetisch-unbewußten Selbstmanipulationen führen, bedürfen einer Symbolik, die sozial valent ist. Sie haben nicht nur für den Akteur vereinnahmungsstrategische Bedeutung, auf die sich Wunschvorstellungen einstellen, sie sind nicht nur für ihn besondere Objekte von Bewertungen, sondern schließen mit der Möglichkeit der Auf- und Abwertung auch den Rezipienten über dessen Welt- und Selbstbilder ein. Ohne die Unterstellung dieser sozialen Valenz wären die extremen Formen von Selbsttäuschung in den hier analysierten Beispielen nicht möglich.[82] Weil deren Eindruckswerte historisch nachweisbare Funktionszusammenhänge reflektieren, sind sie Ausdruck sozialer Valenzen. Erst Eindruckswerte generieren Vorstellungsbilder, die soziale Valenzen überhöhen und generalisieren, so daß sich Welt- und Selbstbilder zu einem subjektiven Versprechen dynamisieren können. Ihr Ausgangspunkt sind Eindruckswerte, die auch als nichtdiskursive Ideologie[83] die Ausrichtung auf zentrale Symbole einer Wirklichkeitsokkupation bis zu ihrer bedingungslosen Affirmation bewirken können.

Eine Form der Fügsamkeit, nämlich Fraglosigkeit zu bewirken, ist das Anliegen des ersten nichtdiskursiven von drei Beispielen politischen Werbens.

6. Beispiele politischen Werbens

a) SDI-Spots als 1. Beispiel

Am 23. März 1983 verkündete der Präsident der USA, Ronald Reagan, seine Absicht, ein Raketenabwehrsystem im Weltall aufzubauen, das tausende sowjetischer Nuklearsprengköpfe beim Start oder während ihrer halbstündigen Flugzeit zerstören soll.

---

81 Angesichts einer existentiellen Bedürftigkeit, die diesen Wirkungszusammenhang bei zwei Beispielen (RAF, Heidegger) nachweisbar macht, und angesichts der als Freiheit empfundenen Selbstmanipulation tritt die Problematisierung der Kategorien Handlungsrationalität und -autonomie in den Hintergrund. Dies gerade dann, wenn es über Verdrängungen und Neurosen (vgl. Kirsch/Mackscheidt 1985) zu ideologischen Selbstermächtigungen kommt. Die Ankoppelung von Eindruckswert und Selbstbild ist unbewußt.
82 Entsprechend kann die Möglichkeit der Mehrdeutigkeit - daß also Werbebotschaften intersubjektiv verschieden wahrgenommen und verarbeitet werden - bei Symbolen mit existentieller Bedeutung bei den jeweiligen Adressatengruppen als gering betrachtet werden. Selbstmanipulativ entscheidend ist die Unterstellung ihrer sozialen Valenz durch den Akteur.
83 vgl. Pross 1974, S. 147 (Anm. 78): "Die Diskussion über Manipulation ist eine Diskussion über Formen, die Fügsamkeit bewirken, Manipel. Ihre Verengung auf den diskursiven Bereich der Ideologie verkürzt sie."

Der massiven Kritik von Journalisten, Politikern und Wissenschaftlern an diesem Projekt, für das das Kürzel SDI (Strategic Defense Initiative) steht, begegnet die staatliche SDI-Organisation mit großem Werbeaufwand. So wird jede Meldung über dieses Projekt, die von den großen amerikanischen Fernsehnetzen in ihren Nachrichtensendungen gebracht wird, mit folgendem Trickfilm eingeleitet: Eine Kampfstation mit aufgemaltem Sternenbanner schwebt im Weltraum über dem fernöstlichen Teil der Sowjetunion und späht über die Krümmung der Erdkugel hinweg nach Sibirien hinein. Da steigt eine Rakete mit dem roten Stern hoch, die in Sekundenschnelle bedrohlich näher kommt. Doch aus der amerikanischen Kampfstation zuckt ein Laserstrahl, der die Rakete zerstört.[84]

Aber auch private konservative Organisationen stellen Werbemittel für SDI. So hat die 'Coalition for the Strategic Defense Initiative' einen Fernsehspot entwerfen lassen, der das Problem ganz einfach darstellt: Eine Kinderzeichnung mit Häuschen, Familie, Hund, Bäumchen und Sonne und darüber ein grauer Bogen, der sich in einen Regenbogen verwandelt, in Ronald Reagans Friedensschild, der die idyllische Szenerie gegen die Raketen der Feinde Amerikas schützt. Laut "Washington Post" begründet Rick Sellers, einer der Leiter dieser Organisation, die grobe Vereinfachung folgendermaßen:

> "Ich glaube, die amerikanische Öffentlichkeit will gar nicht belästigt werden mit dem Was, Wann und Wie (...). Ob diese Technologie etwas taugt oder wieviel sie kostet, das sind doch Nebensächlichkeiten (...)."[85]

b) Ein Kommissionsbericht als 2. Beispiel

Untersucht wird das Einleitungs- und Anfangskapitel "Gesellschaftliche Vielfalt: Neue Lebenschancen, erneuerte Institutionen" eines im Auftrag der Landesregierung von Baden-Württemberg erstellten Kommissionsbericht aus dem Jahre 1983.

Ministerpräsident Lothar Späth berief einundzwanzig Wissenschaftler aus dem In- und Ausland in eine Kommission, die den Auftrag hatte

> "(..) kulturelle, politische, soziale und wirtschaftliche Entwicklungen, die die Zukunft eines Industrielandes im allgemeinen und Baden-Württembergs im besonderen wesentlich beeinflussen können, zu analysieren und in einem Bericht darzustellen."[86]

In diesem Kommisionsbericht soll mit dem Essay "Pragmatismus in der Alltagskultur" ein Beitrag zur politisch erwünschten und verordneten Bewußtseins- und Ver-

---

84 vgl. Der Spiegel, Nr. 13, 1986
85 vgl. Badische Zeitung v. 13.11.1985
86 Bericht der Kommission "Zukunftsperspektiven gesellschaftlicher Entwicklungen", Stuttgart 1983, S. 7

trauensbildung geleistet werden zum Zwecke einer uneingeschränkten Bejahung wissenschaftlicher und technischer Innovationen. "Er (der Essay, KGW) steht im Widerspruch zum 'Pessimismus', dem Grau in Grau, das sich z. Zt. in öffentlichen und veröffentlichten Kulturphilosophien nur allzu häufig äußert. Er ist ein Beitrag zum gesellschaftlichen Bewußtsein." (S.9)

Ein falsches, d.h. pessimistisch technikkritisches Bewußtsein gefährde die Zukunft, denn: "die Thesen über die drohende Ökokatastrophe, die atomare Apokalypse, die Grenzen des Wachstums, die Legitimations-, Motivations- und Fiskalkrise usw. sind selbst wissenschaftliche Kreationen, deren Wirkung nicht nur warnend, sondern auch lähmend, 'sich selbst erfüllend' sein kann." (S. 27). Dagegen wird ein Zukunftsoptimismus gesetzt, der sich auf individuelle common sense- und Vernunftfähigkeiten gründet, die garantieren sollen, sich verantwortlich und gewinnbringend mit (Technik-)Innovationen auseinanderzusetzen. Als in diesem Sinne vorbildlich wird ein Familienvater beschrieben, der es durch den ihm bescheinigten gesunden Menschenverstand und 'natürlichen' Pragmatismus güterabwägend zu einer als Belohnung für vernünftiges Handeln dargestellten Familien-, Eigenheim- und Gartenidylle gebracht hat.

c) Texte der RAF als 3. Beispiel

Analysiert werden Textauszüge, die die erste Generation der RAF während ihrer Isolationshaft in Stammheim verfaßt hat. In dieser Zeit, da für die RAF der bewaffnete Kampf nicht mehr möglich war, wurde in der Situation der Vereinzelung das geschriebene Wort zur einzigen und letzten Waffe gegen das "Schweinesystem". Dieses sieht die RAF gekennzeichnet durch "Isolation in Reihenhäusern, Betonsilos, Gehirnwäsche durch die Medien, Depression, Konsumterror, Erniedrigung des ausgebeuteten Menschen, Faschismus." Demgegenüber rufen sie zum "antiimperialistischen Kampf" auf, bei dem es um den Neuanfang als "kollektive Befreiung, Leben, Menschlichkeit, Identität" geht.

Diese Ziele sieht die RAF in der repressionsfreien Praxis innerhalb der Gruppe schon erreicht. Angesichts des möglichen (Hunger-)Todes soll dies die Bereitschaft bedeuten, für das Ganze, die Idee zu sterben.

Diesem Selbstverständnis widersprechen Kassiber, die nicht als politisch werbende Selbstdarstellung für die Öffentlichkeit bestimmt waren, sondern zur Disziplinierung einzelner Gruppenmitglieder bzw. zur Aufrechterhaltung des Hungerstreiks dienten. Die Semantik der gruppeninternen (Selbst-)Anklage ist zum Teil identisch mit der zur Charakterisierung der "herrschenden Klasse" dienenden:

"Eine scheinheilige Sau aus der herrschenden Klasse, das ist einfach die Selbsterkenntnis."

"Du machst den Bullen die Tür auf - das Messer im Rücken der RAF bist Du, weil Du nicht lernst..."

"Das Problem ist, daß Du/Ihr als die fürchterlich desorientierten Schweine, die ihr seid, inzwischen eine Belastung geworden seid."[87]

Als Ausgangspunkt einer Analyse dieser drei Beispiele bieten sich einige Grundgedanken aus sozialpsychologischen Theorien an.[88]

Zentrale Kategorien von 'Theorien konzeptgesteuerter Informationsverarbeitung' sind das 'Schema' und das 'Skript', die als Wissensrepräsentationen Informationen auf einem höheren Abstraktionsniveau organisieren und verarbeiten. Dabei werden Erinnerungen und Alltagswissen aktiviert, Schlußfolgerungen nahegelegt, die über den konkreten Informationsgehalt hinausgehen.

Im Mikrobereich sind Schemata als Leerstellen oder Variable (z.B. Haus, Kind, Leben) zu verstehen, die je nach Information und Vorwissen aufgefüllt werden können.

Im Makrobereich heißen die Organisationseinheiten Skripte, die als eine Art Drehbuch die *angemessene* Abfolge von Ereignissen in vertrauten Alltagssituationen beschreiben. Das Skript verbindet somit einzelne Szenen zu einem integrierten Ablauf aus der Sicht eines bestimmten Akteurs.

Auf den SDI-Spot bezogen aktivieren die dargestellten Elemente das Schema 'Leben'. Sie zeigen, was Leben ausmacht, daß es schutzbedürftig und -würdig und wie es zu schützen ist. Im Sinne einer Skript-Verarbeitung werden Phantasien aktiviert, die Leerstellen ausfüllen, typische Abläufe ausmalen, was also passiert, wenn auf 'Leben', auf Familien und Städte, Raketen fallen. In Kriegsszenarien werden die Schrecken des Krieges durchgespielt. Entsprechend sollen Perspektiven geweckt werden, die in einem funktionierenden Schutzschirm liegen, über den die Idylle gesichert wäre. Da Schemata und Skripte die Informationsverarbeitung beschleunigen bei minimaler Aufmerksamkeitszuwendung, kann mit den vertrauten Symbolen Fraglosigkeit erzeugt werden durch die latente Botschaft des Spots: 'Hier wird das (situationsadäquat) Notwendige getan.' Mit diesem Versprechen zielen sie vorstellungslenkend darauf ab, eine affirmative Haltung zur Idylle, und damit zu SDI, zu erreichen.

Für das 2. Beispiel bietet sich die 'Theorie der Symbolischen Selbstergänzung' an. Ihre These lautet: Einem (defizitären) Selbst dienen Verbal-, Gegenstands- und Handlungssymbole sowohl als Bausteine einer Selbstdefinition wie Selbstaufwertung. Eine Person, die ihrer Umwelt und sich selbst Symbole von Handlungskom-

---

87 vgl. Aust, Stefan: Der Baader-Meinhof-Komplex. München 1989, S. 287, 304 und 305
88 Ihre ausführliche Darstellung findet sich in dem Sammelband "Theorien der Sozialpsychologie", Hrgg. v. D. Frey und M. Irle, Bd. 3, Stuttgart 1985

petenz und Erfolg demonstriert, reduziert dadurch kognitive Dissonanz bei gleichzeitiger Aufrechterhaltung des (idealen) Selbstkonzepts.

Demnach wäre die Lebensidylle des erfolgreichen Familienvaters mit ihren Elementen der Prosperität ein Angebot an den Rezipienten, es ihm - zunächst wenigstens im Nachphantasieren - gleichzutun. Indem der Prestigewert der prinzipiell erreichbar scheinenden Lebenssituation eines Privilegierten als greifbarer geschildert wird, ergibt sich nicht nur die Gelegenheit symbolischer (hier: nachphantasierter) Selbstergänzungen, sondern auch die einer Verlockungsprämie. Diese winkt aber nur demjenigen, der sich ähnlich vertrauensvoll bejahend zu den Möglichkeiten noch ungewisser technischer Entwicklungen der Zukunft verhält.

Als Versuch symbolischer Selbstergänzung ließe sich auch das Verhalten der RAF interpretieren, die - durch ihre Haftsituation in die Defensive gedrängt - sich hinter ideologischen Versatzstücken verschanzt.

Ebenso könnten aber auch Grundannahmen der 'Impression-Management-Theorie' unterlegt werden: Eine Person ist bemüht, den Eindruck, den sie auf andere macht, zu kontrollieren und zu steuern. Dabei antizipiert sie vor ihrem jeweiligen Verhalten potentielle Reaktionen auf diese Verhaltensweisen. Die Notwendigkeit, potentielle Reaktionen zu kalkulieren, ergibt sich zwar auch in bezug auf eine mögliche Leserschaft der Texte, vor allem aber aus der seelischen und körperlichen Labilität der Häftlinge selbst, die die als Folter erlittene Isolationshaft zu verkraften hatten.

Das Bild von Stärke und Selbstbewußtsein, das die Gruppe aus ihrer vergangenen Kampfpraxis von sich gewonnen hatte, gilt es in dieser Situation ausschließlich theoretisch zu verteidigen. So soll der Prestigewert marxistischer Theoriefragmente den Erfolg ihres Eindrucksmanagements, ihrer Selbstvergewisserung sichern. Je negativer, "tödlicher" das "Schweinesystem" dabei charakterisiert wird, desto eher kann sich die RAF als revolutionäre Avantgarde in ihrer historischen Notwendigkeit darstellen; und daraus folgt für den Gruppenzusammenhalt: desto verantwortungsloser und verräterischer wäre die Kapitulation vor dem System. So stehen sie da als Kämpfer und Märtyrer für die einzig gute Sache.

Teil II

Das Selbstbild

1. Zur Ontogenese des Selbstbewußtseins

Wenn auch die analytische Reichweite der genannten Theorien hier nur angedeutet ist, bleiben die Analysen ergänzungsbedürftig. Selbst eine ausführliche Anwendung der Theorien beschränkt sich auf die kognitive Ebene der Beispiele, als bestünden diese aus unverbindlichen Sinnelementen und Orientierungsangeboten, deren sich der Rezipient nach seinem Belieben bedienen könne. Indem von der Motivationslage eines autonomen Rezipienten ausgegangen wird, ist eine Quasiwert- und Verwertungsneutralität einer Botschaft unterstellt bzw. die Selektivität einer Wirklichkeitsdarstellung ebenso unterschlagen wie ihr Appellcharakter.

Wenn Skripte die angemessene Abfolge von Ereignissen in vertrauten Alltagssituationen beschreiben, ist die Existentialität von (In-)Fragestellungen politischen Werbens nicht erfaßbar. Bei diesen geht es oft - zumindest latent - nicht nur um Fragen von Leben und dessen Bedrohung, sondern meist auch um umfassende Legitimitätsfragen und -ansprüche, die das Gemeinwohl betreffend darauf zielen, den Angesprochenen mehr als nur kognitiv zu involvieren, denn Existenzfragen qualifizieren eine besondere Art von Betroffenheit.

Zudem sind selbst die Kognitionen weder voraussetzungslos noch bilden sie die einzige Realitätsebene eines Sinnangebots, sondern sie können affektiv aufgeladen und damit vieldeutig sein, wenn eine affektbesetzte Symbolik sich an diejenigen Erlebnisstrukturen koppelt, die zur Herausbildung des Selbstbewußtseins gehören und alle späteren Wahrnehmungsformen begleiten.

Selbstbewußtseinsstrukturen, die sich in der Phase der frühen Kindheit herausbilden, reflektieren die frühkindliche Erfahrung von Elternautorität, die zentrale Lebensbedingungen und Handlungsmöglichkeiten monopolhaft dirigiert.[1] Eine so vorgeformte Lebenswelt wird als natürliche und sich selbst bestätigende Ordnung erlebt, in der die Erfahrung von Hierarchie die dominierende und von existentieller

---

1 Diese Form natürlicher Ordnung reflektiert auch die mittels ebendieses Angebotsmonopols von Weltkonzepten und Lebensmustern vorgesetzte massenmediale Realität, die als die naheliegende ebenso zur Fraglosigkeit sozialisiert wie familiale Realität. Massenkommunikativ entscheidend ist die Präsenz und das Beharrungsvermögen normativ-kultureller Muster, die weniger einstellungsändernd oder 'überzeugend' wirken als vielmehr fraglos.

Bedeutung ist und zum generellen Wahrnehmungsmuster gegenüber sozialer Realität avanciert.

Diese grundlegende Ordnungsstruktur, die als hierarchisch geordnete Realität er- und gelebt wird, läßt die 'Theorie der Symbolischen Selbstergänzung' unberücksichtigt. Denn auch die sozial fundierte Hierarchie von Personen, Werten und zugehörigen Symbolen beeinflußt eher affektiv-unbewußt denn kognitiv-bewußt jeweilige Prozesse von Selbstaufwertungen, die sich genausowenig nur rational-autonom vollziehen wie die sie begleitenden Selbsteinschätzungen. Vielmehr gelten die Strukturen, die einer sozialen Ordnung und Wirklichkeitsdarstellungen unterliegen, auch als subjektiver Wahrnehmungsfilter gegenüber der eigenen Existenz. Selbst eine gelungene partielle Selbstaufwertung, beispielsweise über materielle Symbole, muß nicht schon als ganzheitliche Selbstaufwertung gelten oder erlebt werden. Grundlegende Hierarchie- und Ordnungserfahrungen - konstitutiv für eine subjektive Werthierarchie - können dies verhindern; d.h. fundamentale Werterfahrungen dominieren und relativieren bewußte Selbsteinschätzungen und scheinbar souveräne Selbstdarstellungsversuche.

Auf die Fragestellung der Arbeit zugespitzt leitet sich daraus die These ab, daß die grundlegenden Erfahrungen von Ordnung, Hierarchie und den vielfältigen Symbolisierungen bzw. Personifizierungen des Hohen ein Rezipientenbewußtsein vor jedem bewußten Nützlichkeits- und Angemessenheitskalkül prädisponieren für Anpassung an Ordnungen und ansprechbar machen für beeinflussende oder manipulative Wirklichkeitsdarstellungen.

Wenn die entscheidende Selektionsstruktur gegenüber Wirklichkeit sich bereits mit der Ontogenese des Selbstbewußtseins herausbildet, kommt der Erfahrung der ersten sozialen Negation eine besondere genetische Bedeutung zu,[2] der Erfahrung des ersten hemmenden, externen Zugriffs auf die kindliche Existenz.

Wie das Popitzsche Vierstufenmodell verdeutlicht, resultiert aus der frühkindlichen Urerfahrung der Negation durch Elternautorität eine Frustration, aus der sich eine Entwicklungsdynamik entfaltet, die bis zur vierten Stufe, zur Herausbildung der Selbststruktur reicht.

Im Wirkungsbereich von autoritativen Negationen, wo das 'natürliche' Ja, das Ja-Wollen, die Aktionslust des Kindes und die Wucht des Eltern-Neins, das Realitätsprinzip aufeinanderprallen, erfährt das Kind eine Spannung, die, wenn nicht endgültig, so doch lange, lebensbestimmend den Umgang mit Autoritäten bzw. deren normativen Ansprüchen prägt und durch den schmerzhaften Aufprall von Ich-Grenzen sich seiner selbst bewußt macht. Mit der Erfahrung normativen Drucks entstehen Affekte, die künftiges Handeln und die Verarbeitung des Realitätsprinzips begleiten.

---

2 vgl. Popitz, Heinrich: Die Erfahrung der ersten sozialen Negation. Zur Ontogenese des Selbstbewußtseins. in: Baethge, Martin/Essbach, Wolfgang (Hrsg): Soziologie: Entdeckungen im Alltäglichen. Festschrift zum 65. Geburtstag von Hans Bahrdt. Frankfurt, New York 1983

> "Das Erlebnis des Gehemmtwerdens, des Abblockens der Aktionslust, das Erlebnis einer gewissen, schwer verständlichen Gegnerschaft der Mutter muß eine starke, aggressiv gestimmte Irritation im Kind auslösen. Es macht die Erfahrung einer Frustration neuer Art."[3]

Hemmung und Gegnerschaft, verbunden mit Frustrationen, sind die Erlebnisinhalte, die von nun an gefürchtet werden und vermieden werden wollen. Die Reaktion auf diese Außenreize, die hier exklusiv Autoritätsgesten sind, führt zum zweiten Akt des "Entwicklungsdramas" (Popitz), zur Identifizierung, die, um sich dem Druck einer strafenden Autorität zu entziehen, eine Öffnung der Ich-Grenzen bedeutet, mit der die existenzerhaltende Anpassung an die autoritativen Forderungen und ihre Repräsentanten möglich wird. Die Erfahrung der sozialen Negation wirkt hier als Impuls zur Anlehnung an Autorität.

> "Identifizierung kann in dieser Situation ein Akt des Zuflucht-Suchens sein, - der Versuch, affektive Sicherheit wiederzugewinnen, indem man gleichsam in denjenigen hineinflüchtet, sich in ihn hineinversetzt, der erfahrungsgemäß affektive Sicherheit zu bieten hat. Das Kind übernimmt so das Nein der Mutter als Teil dessen, was ihm Schutz gewähren kann."[4]

Damit ist eines der Grundmuster erwachsener Lebensbewältigung prädisponiert: Aus Furcht vor sozialer Negation, vor der Minderwertigkeit der eigenen Existenz kommt es zu Anlehnungen an Ordnungen, zu Aus- und Abgrenzungen der Inhalte, die nicht mit den Vorgaben dieser Ordnung harmonieren. Bei der Erwachsenen-Identifizierung handelt es sich um dieselbe

> "Beziehungsfigur, die es dem Kind ermöglicht, mit Realitäten fertig zu werden, die es zu überwältigen drohen."[5]

Jedes frühkindliche Schutzbedürfnis wie jede (ideologische) Abgrenzung von Erwachsenen bedürfen eines affirmativen Rückgriffs, der als autoritätsorientierter kein autonomer ist. Auch bei Existenzfragen im Erwachsenenalter scheinen oft nur die 'heiligen Ordnungen', die das eindeutige Oben und Unten der frühen Kindheit spiegeln, genügend Schutz und Abgrenzungsmacht zu versprechen. Dieses affektträchtige Wahrnehmungsmuster ist deshalb von existenzumfassender Bedeutung, weil das frühkindliche Selbstbewußtsein sich vor allem konstituiert als Erfahrung von Hierarchie, genauer: von hierarchisierender und das heißt negierender Potenz. Insofern kann vom Kind auch im Erwachsenen die Rede sein, wenn dieser angstbesetzt gezwungen ist, Identifizierung als Methode der Konfliktbewältigung zu praktizieren.

---

3 Popitz 1983, S. 19
4 ebd.
5 ebd.

Was die Anpassungsdisposition gegenüber einer manipulativen Wirklichkeitsdarstellung betrifft, kann mit einer Anfälligkeit des Bewußtseins gegenüber der Darstellung oder auch nur der Fiktion sozialer Potenz kalkuliert werden, gegenüber hierarchieanzeigenden Autoritätsgesten, die die kindliche Verarbeitungsgeschichte mit der Ausbildung von Bedürfnisstrukturen nach Autorität latent aktualisieren.

Die Anfälligkeit des Erwachsenen gegenüber Eindruckswerten schließt sich kurz mit der prägenden Verarbeitung der ersten autoritativen Negationen als den ersten Eindruckswerten der frühen Kindheit. Zwar ist es erst dem entwickelten Selbstbewußtsein möglich, die Eindruckswerte ideologischer Sinnangebote zu verstehen und als ausgrenzende Negationen sozial zu instrumentalisieren, während es für das Kleinkind zunächst nur um das Wechselspiel eines Ja- und Nein*verhaltens* gehen kann. Aber schon in diesem Wechselspiel offenbart sich mit dem Ambivalenzaspekt autoritativer Negation auch deren existentieller Gebrauchswert: das Gehemmtwerden, das bis zur physischen Hemmung als der unmittelbarsten Negation reichen kann, ist zwar schmerzhaft, aber dann auch ein Segen, wenn ihre soziale Potenz Schutz verspricht und gibt. Die Unausweichlichkeit des autoritativen Zugriffs auf die eigene Existenz versteht das Kind als ein Versprechen von Zugriffsmacht gegenüber der sozialen Umwelt. Diesem zweiten Identifizierungsimpuls, dem Streben nach Macht, unterliegt ebenfalls eine Ambivalenzerfahrung, aus der sich ein zweites existentielles Gebrauchswertversprechen ableitet. Wie das Ja zum Nein einer Autorität Schutz bietet über die Identifizierung mit ihr, ist auch der zweite Impuls eine Emanzipationsleistung, wenn sich das Kind mit der Anpassung an das Nein die Waffen einer Autorität ausleiht, um es ihr gleichzutun.

> "Das Kind flüchtet in den Überlegenen hinein, um so überlegen zu werden wie der andere. Es eignet sich dessen Macht wie eine magische Kraft an, eine Zauberformel, die es verwandeln wird. Es übernimmt das Nein der Mutter als Waffe."[6]

Auch der zweite Impuls, scheinbar auf Stärke und Eigenständigkeit ausgerichtet, prädisponiert zur späteren Anfälligkeit gegenüber Autoritätssignalen und Anpassungen an manipulative Wirklichkeitsdarstellungen. Das Versprechen magischer Kräfte läßt die Identifizierung mit autoritativen Negationsgesten deshalb als natürlich und naheliegend erscheinen, weil mit ihrer Aneignung eine Zugriffsmacht auf Realität erfahrbar ist, die die kindliche Existenz bereichert. Das Machtversprechen lautet: Wer sich der autoritativen Negation als grundlegender Ordnungsvorgabe anschließt, ist auf dem Weg nach oben.

Mit der 'Waffenübernahme' bleibt das kindliche Bewußtsein (auch im Erwachsenen) allerdings vom Nachschub, von den (später auch ideologischen) instrumentellen Versorgungsleistungen derjenigen Autorität abhängig, die auch in anderen, vielleicht allen Situationen die (ideologisch) besten Waffen verspricht. Spätere machtverspre-

---

6 Popitz 1983, S. 19f

chende Vereinnahmungsversuche reaktualisieren dieses Waffenangebot der frühen Kindheit, wobei die Negation das Grundmuster von Zensierungs- und Zugriffsmacht gegenüber Realität bleibt. In ihrer wertenden Potenz bedeutet die Negationsgeste ein Wertversprechen auch für den sie nutznießenden Erwachsenen mit der Tendenz, sich einem Wertkontext dauerhaft und fraglos anzupassen im Vertrauen auf bewährte oder vorgebliche Ordnungsmacht. Imaginativ wird dann ein potentielles autoritatives Nein zur eigenen Existenz antizipiert, um es dann durch fraglose Bejahung des autoritativen Anspruchs zu verhindern.

Eine noch größere Aneignung sozialer Realität erfährt das Kind auf der dritten Stufe, der des Perspektivenwechsels, wenn es in den erfahrenen Autoritätsrollen handelt.

> "Für den Perspektivenwechsel ist entscheidend, daß das Kind diesen ersten Schritt tut: es wird ein anderer, indem es wie ein anderer *handelt*."

Es erlebt den

> "Unterschied zwischen den Perspektiven des eigenen (bisher ausschließlichen) Aktionstypus und des fremden, den es sich neu zu eigen macht. Die Differenz, die hier wichtig wird, ist eine 'Differenz zwischen sich und sich'."[7]

Das Kind entdeckt den Reiz und die Reichweiten unterschiedlicher Aktionstypen. Deren Ausagieren wird, da sie je eigene soziale Realitäten abdecken, als Zugewinn erlebt.

Zum Erlebnis existentieller Bereicherung, das für das Kind auf dieser Stufe ausschließlich durch Handeln erfahrbar ist, kann dem Erwachsenen eine imaginierte Rollenübernahme von realen Autoritäten bzw. die Verarbeitung von Autoritätsgesten genügen, um sich gegen feindliche Zugriffe, Weltbilder und Ideen abzusichern. So stark zu sein wie der andere, sich mit seinen Waffen durchzusetzen, lautet das Versprechen auf existentiellen Zugewinn. Diesbezüglich sind entsprechende Sinnangebote potentielle Anpassungsimpulse, wenn sie dem Rezipienten Realitätsentwürfe anbieten, die ihm den Zugewinn durch eine einzig richtige Handlungsweise oder Anschauung der Dinge suggerieren können. Die fiktiven oder tatsächlichen Möglichkeiten der anderen werden als seine Möglichkeiten verlockend dargestellt, um imaginativ durchgespielt zu werden.

Erst mit der vierten Stufe aber, der Herausbildung einer Selbststruktur, finden die Versprechungen ihren Fokus durch die Möglichkeit der Selbstwahrnehmung mit den Augen der anderen, d.h. mit der Möglichkeit der Selbstansprüche, -zensierung und -negation, aus denen sich die Anfälligkeit für Selbstaufwertung speist. Aus dem Zusammenspiel von Selbstwahrnehmung und Phantasie entsteht ein Selbstkonzept, das künftiges Verhalten begleitet:

---

7 ebd., S. 21

> "Diese Selbstbegegnung wird zu einer inneren Gewißheit, zu etwas, das man immer wieder als inneres Sich-Selbst-Gegenübersein erfahren kann. Damit beginnt die eigentümliche Verdoppelung des Ichs, die Spaltung in Akteur und Publikum und zugleich die Einheit des Sich-Zusehens, Sich-Zuhörens."[8]

Es liegt nahe, der affektiven Resonanz von Selbstbegegnungen einen großen Einfluß auf künftiges Verhalten und seine Kalküle beizumessen. Wer aus Angst, Eitelkeit oder dem Wunsch, sein Selbstkonzept aufzubessern, mit dem Versprechen der Erfüllung seiner Erwartungen angesprochen wird, kann lenkbar sein unter dem Aspekt der Selbstharmonisierung beim Akt der Selbstbegegnung ('Was könntest du sein in den Augen der anderen, wenn du dich so und so verhieltest').

Mit dem Beginn der inneren Dialogfähigkeit - "als Verinnerlichung der Selbstwahrnehmung von außen"[9] - reden die anderen nun dauerhaft mit. Verhaltensmöglichkeiten werden ausgehandelt, die das Kind mit zunehmender Erfahrung nicht mehr ausprobieren muß, um sie mit den Verhaltenserwartungen anderer koordinieren zu können. Bald genügt es, mit Phantasie und über Perspektivenwechsel im inneren Dialog probezuhandeln.

> "Zugleich erhält die Wirklichkeit eine konditionale Struktur; sie stellt sich als das dar, was vermutlich passiert, *wenn* ich dies tue, als Wenn-Wirklichkeit."[10]

Ausgangspunkt von Wenn-Wirklichkeiten bleibt die Erfahrung konkreter Handlungswirklichkeit, in der gegenüber dem Druck imperativer Verhaltenserwartungen ein ungehorsames Nein riskant und konfliktträchtig erscheint. Das Kind muß mit Verbotskonflikten umgehen, diese nicht nur beschränkt aushalten, sondern auch zu einem guten Ende bringen können.

Es ist als imaginativ vorwegnehmendes damit schon ausführendes Organ potentieller Nein-Sanktionen von außen, die für das Kind eine Verweigerung der Selbstanerkennung bedeuten würden. Beim Konfliktmanagement kommt der Wenn-Wirklichkeit die entscheidende funktionale Bedeutung zu, denn erst mit dem Durchspielen und Abwägen in und von Wenn-Wirklichkeiten kommt das Kind zu der 'geordneten' Wirklichkeit, die auch in ihrer sozialen Perspektive Bestand hat und deshalb die Aufrechterhaltung der Selbstanerkennung garantiert.

Zwar kann die Anpassung an diese Wirklichkeit daraufhin als existentielle Belohnung empfunden werden, der Ambivalenzcharakter sozialer Negationsdrohung bleibt jedoch erhalten. Der Wunsch, tatsächlich beliebige Aktionstypen auszuagieren und über Realitätsgewinn mit der Gefahr sozialer Negation seine Ich-Grenzen zu erweitern, kollidiert mit dem gleichzeitigen Sicherheitsbedürfnis, das das Versprechen der Sicherung der eigenen Existenz will und unter Vermeidung eigener Nega-

---

8   ebd.
9   ebd., S. 22
10 ebd., S. 23

tionskosten geneigt macht, sich in die Obhut einer vielversprechenden hierarchischen Ordnung zu begeben, d.h. sich mit vorgesetzter Realität zufrieden zu geben. Angesichts dieser verlockenden Perspektive wird die bedrohliche Möglichkeit, diesen besten Weg, der am wirkungsvollsten geordnet ist, zu verfehlen, wird die Selbstwahrnehmung zur Selbstbedrohung, die nicht als außenbewirkte wahrgenommen wird und deshalb um so unverdächtiger Anpassungbereitschaft an manipulative Wirklichkeitsdarstellung mit sich bringen kann.

Über das Versprechen der besten oder mühelosesten Existenzbewältigung hinaus wird der Zusammenhang von Selbstwahrnehmung und Selbstbedrohung für das Kind (auch im Erwachsenen) oft da am berückendsten und unmittelbarsten erlebt, wo Phantasiespiele in Wenn-Wirklichkeiten inszeniert werden, um Verbotskonflikte zu handhaben. Denn nachdem das Nein der mächtigen Autoritäten verinnerlicht ist, kann das Kind Konflikte mit sich alleine ausmachen. Beim inneren Dialog verbrüdert sich nun oftmals das Nein-Ich mit der verinnerlichten Autorität gegen das Ja-Ich ('Kannst du wirklich so etwas wollen?').

Und wenn gilt: "Die verinnerlichte Negativität einer anderen Perspektive steht Pate am Beginn einer Selbstwahrnehmung"[11], dann wird das derart strukturierte Bewußtsein, das seiner eigenen Kosten-Nutzen-Abwägung mißtraut, die drohenden sozialen Kosten im Falle antizipierend durchgespielten Ungehorsams oder Nichtanpassens quasi natürlich als Selbstnegation vollziehen. In der Verdoppelung des Ich wird das Nein-Ich als bedrohlich empfunden. Die narzißtische Kränkung dieser dissonanten Selbstbegegnung bleibt auszuhalten, um sich vom Naheliegenden und Natürlichen der vorgesetzten Ordnung freimachen und Alternativwirklichkeiten imaginativ zulassen zu können.

So scheint es gegenüber einer schmerzlichen Selbstkränkung und angesichts sozialer Angebote zur Selbstharmonisierung das einfachste zu sein, Konflikte durch Anpassung an Ordnung aufzuheben. Gerade derjenige verfährt selbstmanipulierend, dem die Kosten einer Nein-Haltung schon *gefühlsmäßig* als zu groß erscheinen, bevor er ein bewußt rationales Kalkül über sich und die Kosten seiner Entscheidung unternimmt.

Einer Selbstanpassung an manipulative Wirklichkeitsdarstellung arbeitet die Ontogenese von Selbstbewußtsein insofern zu, als die Herausbildung von Selbstbewußtsein einhergeht mit der Verinnerlichung sozialer Ansprüche. Auf jeder genetischen Stufe entstehen Bewußtseinsstrukturen, die, durch Autoritäts- und Ordnungsappelle einmal geprägt, für diese ansprechbar sind, schon bevor ihr Kontext, hier der einer manipulativen Wirklichkeitsdarstellung, *kritisch* bewertet wird. Im manipulativen Mittelpunkt steht die imaginative Resonanz berückender Vorgaben, ihr Ausphantasieren, wenn objektive Ordnungsgesten in Wenn-Wirklichkeiten durchge-

---

11 ebd., S. 29

spielt und inszeniert werden. Nach diesem Verständnis wäre Selbstmanipulation, als ausschließliche Form direkter Manipulation im Kontext symbolischer Vorgaben, die imaginative Anpassung an manipulative Wirklichkeitsdarstellungen, in deren Sinne sich ein Bewußtsein unter eine Hierarchie stellt und in die Pflicht nimmt. Demnach ist weniger das bewußte sprachliche Denken als vielmehr vorbewußt affektiv-emotionales Bilddenken das Medium dieser Art von Selbstmanipulation, mit dem in Wenn-Wirklichkeiten Hierarchien aktualisiert werden.

Entsprechend unangemessen ist für diesen Sachverhalt die in der Wirkungsforschung gängige Kategorie 'Selbsteinschätzung' als "Inbegriff individualisierter (kognitiver, KGW) Einstellungen"[12] Hierüber werden nur Wirkungen erzielt, "die durch die Auswahl der zu kontrollierenden Variablen und der Meßinstrumente vorprogrammiert sind"[13].

Bei Selbsteinschätzungen dieser Art handelt es sich um einen vor allem selbstgesteuerten, bewußten Vorgang, der auch auf die soziale Resonanz einer Selbstdarstellung angelegt ist. Dagegen ist für Nützlichkeitserwägungen und die Erfahrung drohender Selbstentfremdung angesichts von existentiellen Sinnangeboten und Autoritäts- bzw. Ordnungssignalen, die meist weder bewußt rational noch autonom kalkuliert verlaufen, nur diejenige Kategorie angemessen, die auf der vorbewußt affektiven Verarbeitungsebene den Zusammenhang von Hierarchieerfahrung und Selbstverhältnis abdeckt. Diese Kategorie ist das Selbstbild, das sich mit der Ontogenese des Selbstbewußtseins in der Reaktion auf Normativität herausbildet, als Dreh- und Angelpunkt des Bilddenkens in Wenn-Wirklichkeiten und damit als unmittelbarste Form des Selbstbezugs, aus dem eine subjektive Verhaltensrationalität resultiert, die als hermetisch-vorbewußte nur schwer korrigierbar ist.

2. Das Selbstbild

a) Der Aufbau des Selbstbildes

Die Kennzeichnung des Selbstbildes als eine besondere Klasse von Vorstellungsbildern nimmt ihren Anfang mit der Annahme eines kognitiven Neben- und Miteinanders von Verbal- und Bildsprache, wenn ein Bewußtsein lebensnotwendigerweise Wenn-Wirklichkeiten konstruiert.

Auch für eine bewußt-rationale Gedankenkonzentration zur Lösung existentieller Probleme und zur Bewältigung normativer Ansprüche ist ein bildsprachlicher kognitiver Hintergrund unabdingbar, um Lebenswelten zu aktualisieren. Konstitutiv dage-

---

12 Böckelmann 1975, S. 185
13 ebd., S. 183

gen sind Vorstellungsbilder für die vor- und unbewußte geistige Tätigkeit des Tag- und Nachtträumens.[14] Beide arbeiten im Modus des Bilddenkens, das den größten Teil unserer geistigen Aktivität ausmacht. Gegenstand des Bilddenkens sind sowohl Erlebniselemente aus der gegenwärtigen äußeren Erlebniswelt als auch der Nachhall des gesamten persönlichen Erlebniskontinuums, aus dem wichtiges Material innerlich virulent ist und die Denkbilder durchdringt. Deren Gesamt kann als 'Aktualisierung der Lebenswelt'[15] bezeichnet werden, welche von entscheidender Bedeutung für das selbsterhaltende existentielle Bewußtsein des Wachlebens ist. Dessen Bilddenken verfolgt in bewußt kalkulierten Wenn-Wirklichkeiten oder in unterschwelligen Tagträumen seine Ziele, die zwischen zwei Extremen liegen.

Zum einen zielt es auf Existenzsicherung durch kalkulierend planendes Durchspielen von zentralen Lebensbedingungen. Dieses Durchspielen entspricht dem kindlichen Drang, sich in immer wiederkehrenden Spielszenen über die Inszenierung der internalisierten Verhaltenserwartungen von Autoritätspersonen seiner selbst zu vergewissern. Hier wie auch in Phantasiespielen Erwachsener konstituiert sich Wirklichkeit nach subjektiven Hierarchieerfahrungen und -bedürfnissen.

Zum anderen zielt das Bilddenken auf das Ausleben von Wunschphantasien, die in taggeträumten Lebensszenen meist als Selbstdarstellung ohne jene zielgerichtete gedankliche Steuerung ablaufen, die eher dann im Spiel ist, wenn es um den Entwurf eines optimalen sozialen Verhaltens geht.

Im bezug auf beide Extreme betont der Begriff 'Aktualisierung der Lebenswelt' die Dezentrierung der realen sozialen zu einer Egozentrierung der imaginativen Ordnung hin. In deren monadischer Bildsprache erlebt ein Selbst sich in einer weit ungebrocheneren Intensität als in der teilweise selbstdistanten Ordnung des - auch

---

14 In der neueren (Tag-)Traumforschung (Starker 1982; Strunz 1986) gilt das ständige Vergleichen von Sachverhalten als das Charakteristikum, aus dem sich die Traumsymbolik ableitet. Nacht- und Tagträume befassen sich beide mit den gleichen individuumspezifischen affektiven Themen.
Wie notwendig und ursprünglich das Bilddenken für die Verarbeitung der individuellen Erfahrungswelt ist, zeigen die Untersuchungen von Kripke und Sonnenschein (1978), die nachweisen, daß wir unwillentlich in einem ca. neunzigminütigen Rhythmuswechsel zum entspannenden bildhaften Gedankenverlauf zurückkehren (müssen) oder vorzeitig ermüden (vgl. Strunz 1986, S. 60).
Da also die Denkmodi des Tag- und Nachtträumens weder in ihrer Genese noch in ihrer Gedankenqualität und in ihrem -verlauf so voneinander zu trennen sind, können mit Strunz keine hermetisch autonomen Teilbereiche von Bewußtsein unterstellt werden. Bewußtsein wäre vielmehr "als kognitives Kontinuum zu verstehen, das zwischen den Polen schweifender Phantasie und konzentrierter, zielgerichteter Gedankentätigkeit hin und her pendelt." (Strunz 1986, S. 70)
15 In Anlehnung an die "Simulation der Lebenswelt" (Kerr, Foulkes und Schmidt 1972). Damit gemeint ist allerdings ausschließlich der Nachttraum als "kognitive Konstruktion" (vgl. Strunz 1986, S. 65), der zwar zensiert, aber letztlich ungehindert die nächtliche geistige Tätigkeit ausmacht.

imaginierten - sozialen Dialogs, dessen normativer Appellcharakter für mehr Bodenhaftung sorgen kann. In Allmachtsphantasien erlebt sich das Selbst als Fokus oft ideologisch aufgeladener, höhersymbolischer Idealkonstruktionen, aus denen ein verzerrtes Selbsterlebnis das Gefühl von gesteigertem existentiellem Sinn vermittelt. Zwischen diesen beiden Extremen pendelt das existentielle Bilddenken. Dabei spiegelt sein prospektiver Aspekt unter anderem auch das Kostenbewußtsein vergangener Negationserfahrungen und möglicher künftiger, während sein regressiver Aspekt das Sicherheitsgefühl vergangener bewährter Autoritätserfahrung betont mit der Möglichkeit der Anlehnung an sie: sei es über die Aktualisierung der frühkindlich erfahrenen autoritativen Vermittlung des Umgehens mit Sachgesetzlichkeiten, um das Kind unverletzt an Realität anzupassen, sei es über die Aktualisierung der autoritativen Erfüllungsinstanz existentieller Wunschphantasien.

Indem die existentiellen Symbole des Bilddenkens sowohl im regressiven als auch im prospektiven Durchspielen sozialer Ordnungsmuster auf Autorität verweisen, bedeuten Bilddenken und Tagträumen keine Verallgemeinerung, sondern eine (Re-) Konkretisierung von Autoritätserfahrung. Das Konkrete, das in Tagträumen mit latenter Eigengesetzlichkeit oft unfreiwillig zur Ansicht kommt, ist das kognitive Kontinuum des Bilddenkens. Habitualisiert und latent gewußt begleitet es auch jede existentiell bedeutende, bewußt reflexive Ich-Symbolik.

In diesem Kontinuum, dessen innere Dramaturgie des Durchspielens soziales Handeln begleitet, soll nun der Fokus der existentiellen Schlüsselszenen und Szenenfolgen, die ein Selbst vor allem angesichts normativen Drucks von Existenzfragen kostenrechnend durchspielt, Selbstbild genannt und aufgrund seines qualitativen Sonderstatus in der objektiven Wirklichkeitsbewältigung symbolanalytisch herausgearbeitet werden.

Als virulenter und verarbeitungsbedürftiger Nachhall von Autoritäts- und Ordnungserfahrungen sind Selbstbilder also durch äußere oder innere Stimuli generierte egozentrierte Phantasiebilder. Selbstbild meint einerseits den unmittelbaren Fokus einer bewußten diskursiven Verbalsprache - das Gesamt der direkten oder indirekten Qualifizierung seiner selbst auf der Objektebene - und andererseits den unmittelbaren Fokus des Bilddenkens - das Gesamt der subjektiven, unterschwelligen Ich-Erlebnisse. Erlebnis bedeutet hier nicht das bloße Wahrnehmen von Phantasiebildern, sondern vielmehr das affektive Betroffensein von Phantasiebildern, die selbstbezogene Lebenswelten darstellen.

Entsprechend der Zweiteilung der Extrembedürfnisse des Bilddenkens dienen Selbstbilder zum einen der existentiellen sozialen Selbstvergewisserung und zum anderen der existentiellen Selbstbewertung vor und für sich. Das Durchspielen der beiden Zielpole in Selbstbildern gründet zwar auf der Erfahrung sozialer Wirklichkeit, ist aber vor allem für den hermetisch-subjektiven 'Gebrauch' bestimmt, für die individuelle Entsprechung der sozialen Seite des Selbst. Das soziale Umfeld hat hier nicht die Funktion eines Resonanzbodens für jeweiliges Verhalten, sondern die eines Symbolreservoirs, aus dem einerseits die Phantasie schöpfen und eindruckswertige Symbole in Schlüsselszenen für sich durchspielen kann und aus dem sich andererseits oft angstbesetzte Symbole in Schlüsselszenen einem Bewußtsein aufdrängen. Beides birgt die Möglichkeit von subjektiv verzerrter Sinnakzentuierung zum Zwecke der Selbstharmonisierung. Dieser innere Eskapismus in Phantasiebildern verweist auf die subjektiv verlängerten sozialen Ansprüche an ein Selbst, darauf, daß die ersten Selbstbilder in tatsächlichen und imaginierten Sanktionskontexten von Autoritäten entstehen. So beginnt der Weg zur Ausbildung von Selbstbildern mit der Erfahrung der ersten sozialen Negation und verläuft über die Erfahrung der Sanktionspalette von Autoritätspersonen, über die Verinnerlichung des existentiellen Versorgungsversprechens einer Autorität, das, imaginativ verlängert, mit der ideologisch gespeisten Selbstermächtigung in der Perspektive der radikalen Ausdehnung von Ich-Grenzen enden kann.

Daraus folgt, daß die vier Stufen der Ontogenese von Selbstbewußtsein den Aufbau und die Struktur des Selbstbildes bedingen. Die vierstufige Grundlegung des Selbstbildes ist nicht als Nebeneinander isoliert wirkender Bauelemente zu verstehen, sondern als synergetischer Funktionszusammenhang: latent sind alle vier angesprochen, wenn eine es explizit ist, so daß existentielle Ordnungsvorgaben immer auf das besondere Funktionsverhältnis von Selbstbild und Wenn-Wirklichkeit treffen. Mit dem Aufbau und der Struktur des Selbstbildes sind auch die mit der Ontogenese verknüpften Ambivalenzerfahrungen von Autorität aktiviert. Zum Beispiel die Erfahrung, daß Versprechen auch ihren Bedrohungsaspekt haben (im Falle von Ungehorsam) und daß das Erleiden eines Machtgefälles auch einen Versprechensaspekt haben kann (als Schutzangebot).

Nicht nur in ideologischen Sinnangeboten sind Ordnungsvorgaben und Autoritätsangebote darauf ausgerichtet, die vierstufige Struktur mit ihren Ambivalenzerfahrungen für die Anpassung an nur diese eine Ordnungsvorgabe oder normative Geste zu instrumentalisieren.[16] Jeder existentielle Anpassungsimpuls aktiviert diese

---

16 Beispielhaft reflektieren diesen vierstufigen Funktionszusammenhang von autoritativer Ordnungsvorgabe und Rezipientenselbstbild die Werbeplakate von R1/R6 "Ich rauche gern". Dem Bedrohungsanteil des Rezipientenselbstbildes in Form eines schlechten Gewissens und potentieller sozialer Negation als Raucher steht ein markantes Persönlichkeitswerbebild entgegen, das Genußfähigkeit und Stärke gegenüber Negationen repräsentiert. Mittels der Ästhetik des Selbstsicheren scheint zu dessen Selbstbild die Zigarette wie natürlich zu gehören. Sie steht für vollendete Selbstbejahung und symbolisiert somit Immunität gegenüber gesundheitlichen Verbotsnormen. Dieses Bild des richtigen Verhaltens bietet dem Rezipienten autoritative Stärke und Schutz vor drohenden (Selbst-)Negationen an. Aus dem Perspektivenwechsel begegnet der Rezipient sich selbst und ist mit und in den Augen dieses vorbildlichen Rauchers mit sich im reinen. Entscheidend ist, daß es hier nicht um die bewußte Selbsteinschätzung des Rezipienten geht, sondern um die Präsentation und das *Erleben* eines beispielhaften Vorbilds, mit dem eine dem Verwertungsinteresse hinderliche Wirklichkeit - als Frage nach

Verarbeitungsstruktur 'Selbstbild', dessen zweite grundlegende Dimension ebenfalls zur Anpassung prädisponiert und diese verstärkt. Latent angesprochen ist nämlich über die Struktur des Selbstbildes die Potentialität der sozialen Negation des Selbst im Nachhall der Erfahrung der ersten sozialen Negation. Das Selbstbild steht deshalb durchgängig in einem potentiellen Negationskontext im Falle der Verweigerung oder Nichtanpassung an soziale Ansprüche, weil ihm die frühkindliche Erfahrung der Effektivität und der Reichweite von Negationen unterliegt, die Erfahrung, daß Autoritäten jeweilige Existenzbereiche und Selbstwertgefühle über ihr Neinsagen positiv oder negativ dominieren. Die genetisch fundamentale Negationsdimension des Selbstbildes leitet sich ab von und schließt sich rückbeziehend kurz mit dem Vierstufenmodell der Ontogenese des Selbstbewußtseins. Deshalb können im und mit dem Selbstbild die Hemmungsdrohung, das Identifizierungsangebot mit seinen Schutz- und Machtversprechen, das Existenzerweiterungsangebot durch Übernahme anderer Perspektiven und schließlich der exklusive Selbstbezug zwischen den Extremen von Selbstaufwertung und Selbstnegation aktualisiert sein.

Damit koppeln sich nun lebensgeschichtlich spätere Negationen bzw. deren Androhung an den Negationshorizont und die Vierstufenprägung des Selbstbildes. In diesem Komplementärzusammenhang verleiht das Selbstbild Negationen eine existentielle Bedeutung. Gleichzeitig ist es aber auch das Medium, das ein Ausweichen vor den krassen Ja-Nein-Alternativen in Existenzfragen erst ermöglicht, wenn Sinnangebote im selbstbildzentrierten Bilddenken zu einer selbstaufwertenden Realität höherer Ordnung verarbeitet werden und Nein-Kosten im Falle der Nichtanpassung an diese Ordnung zu drohen scheinen.

Grundlegend für diese Zweiwertigkeit von Selbstbild und Negation ist die Ambivalenzerfahrung von Autorität, die sich in das Selbstbild hinein verlängert. Erst mit der Herausbildung des Selbstbildes ist die lebensdurchgängige Struktur des Zugriffs auf Realität ebenso festgelegt wie das Muster einer imaginativen Ausweichtechnik vor den normativen Ansprüchen sozialer Realität. Erst durch die Ambivalenzerfahrung kann das identifikatorische Nein, das verinnerlichte Nein der Autoritäten, sowohl als Medium der Selbstkorrektur wie Selbstbehauptung dienen. In beiden Wertigkeiten bedeutet das Selbstbild die Schlüsselkategorie des Managements von Negationskosten. Die individuellen Ambivalenzerfahrungen mit den positiven oder negativen Sanktionsaspekten sozialer Negation sind die Basis für individuelles, selbstbehauptendes Neinverhalten und Kostenkalkulieren. Entsprechend ambivalent ist die Funktionstüchtigkeit des Selbstbildes, dessen imaginative Flexibilität, weil sie eben abzielt auf die Verarbeitung und *Verwertung deshalb ambivalenter* Realität, ansprechbar ist für die Belohnungs- und Versprechensperspektive manipulativer

---

Gesundheitsrisiko oder Willensstärke - ausgeblendet werden kann. Das Beispiel zeigt, daß Selbstbild eine reaktive Bedeutungsdimension sozialer Erwartungen ist, hier eine latent gewußte Bedeutung von vor allem affektbesetzten Autoritätsgesten.

Realitätsdarstellungen. Diejenigen Nein-Strukturen des Selbstbildes, die der Selbstbehauptung und Abgrenzungsbedürftigkeit des Selbst zuarbeiten, können sich wie selbstverständlich mit der Negationspotenz eines ausgrenzenden ideologischen Sinnangebots kurzschließen. Auf das Angebot, seine soziale Nein-Stärke durch Anlehnung an vielversprechende Ordnungsvorgaben zu erhöhen, nicht einzugehen, birgt die Gefahr der latenten Selbstnegation. Damit ist nach dem identifikatorischen und dem ausgrenzend selbstbehauptenden Nein der dritte Negationsaspekt des Selbstbildes genannt. Um sich nicht reflexhaft in Regressionen und Progressionen auf mindestens einer der vier grundlegenden Stufen des Selbstbildes zu verlieren, muß sich ein Selbst also von der Sogkraft dieser dreifachen Bedürftigkeit an und Berückung von Negationen entziehen können.

b) Die Funktion des Selbstbildes

Mit dem so gekennzeichneten Selbstbild ist die lebensgeschichtlich durchgängige Struktur des Umgehens mit sozialen Erwartungen, mit Hierarchien von Personen, Werten und Sinnangeboten festgelegt. Deren normative Ansprüche provozieren die Reaktualisierung der frühkindlichen Erfahrung von Autoritätspersonen und ihren Negationen, so daß spätere Autoritätsgesten und Negationsdrohungen zunächst als etwas Natürliches erscheinen, zu dem sich jasagen läßt. Das subjektive Ja zu der objektiven Ja- und Nein-Potenz von autoritativen Einordnungen (re-)konstituiert eine egozentrische Ordnung von Realität und, mit dem subjektiven Niederschlag von Autoritätserfahrungen, die in nichtdiskursiven zentralen Vorstellungsbildern strukturierte Wahrnehmung von Realität:

> "Die egozentrischen Ordnungen, als Stützen des Selbstvertrauens begriffen, sind als solche bejahend, affirmativ. Die Negation gilt der Außenwelt, die einen 'außer sich bringen' kann. Die Entscheidung, *wie* symbolisiert wird, ist mit dieser affirmativen Ordnung belastet, sie neigt dazu, hineinzunehmen, was 'hineinpaßt', das 'etwas vorstellt', und mit einem intuitiven 'Nein' zu belegen, was anders ist. Das diskursive, durchdachte 'Nein' muß sich gegen die präsentative Wahrnehmung in einem mühsamen Prozeß durchsetzen. Von Hause aus ist der Mensch ein Ja-Sager, der an seinen Zeichen hängt."[17]

In existentiellen Bezügen ist die egozentrische Ordnung die Realität der Selbstbilder, in der Nein-Kosten virulent bleiben. Sie werden in Ja- und Nein-Phantasien gegeneinander abgewogen, wobei auch das erwachsene Selbstwertgefühl von sozialer Anerkennung abhängig und in existentiellen Fragen autoritätsgebunden ist. Denn weil sich das selbstbehauptende Nein genetisch herleitet aus der Konfrontation mit Autorität überhaupt, kann sich das Ja- und Neinsagen des Erwachsenen zu Existenz-

---

17 Pross 1974, S. 64

fragen stets nur im affirmativen Rückgriff auf autoritativ abgesicherte Gewißheiten vollziehen. Auch die Auflehnung gegen Autorität bedarf der Abstützung durch Gegenautorität, z.B. durch die Autorität einer Idee, die, ohne an personale Präsenz und Vermittlung gebunden zu sein, dann autoritativ bedeutend ist, wenn sie mindestens einen der vier Aspekte des Selbstbildes abdeckt und das heißt negationspotent ist. Mit dem Selbstbezug in Existenzfragen, der im Horizont von autoritativ aufgeladenen Ordnungsvorgaben und Negationen steht, ist Selbstbild die eminente Bedeutungsdimension einer Autoritätssymbolik. Ihre Verarbeitung bedeutet die Generierung von existentiellen Wenn-Wirklichkeiten, deren Fokus das aus der Ontogenese erwachsene Selbstbild als Medium des Managements von Nein-Kosten ist. Gleichzeitig wird es zum Mittelpunkt des Wiedererlebens beispielhafter vergangener Normerfahrung angesichts einer aktuellen, lebenswichtigen normativen Erwartung. An diese gekoppelt ist dann die Virulenz typischer, oft frühkindlicher Lebensszenen, die die Erfahrung von Nichtanerkennung, Ungehorsam und Hilflosigkeit, aber auch von Gehorsam, sozialer Aufwertung und existentieller Bereicherung spiegeln. Der individuelle Niederschlag dieser Erfahrungen determiniert durch das Selbstbild den späteren Umgang mit Nein-Kosten und die Art der Anpassungsbereitschaft an Ordnungsvorgaben.

Bei jeder neuen Autoritätserfahrung ist die ursprüngliche Struktur der Autoritätsverarbeitung, über die dem frühkindlichen Bewußtsein situative Verhaltenskompetenz vermittelt wurde, potentiell angesprochen, um neu aufgefüllt zu werden. Eine unterschwellig spontane selbstbildgebundene Affirmation zur Autoritätsgeste wird sich da um so leichter vollziehen, wo eine Symbolik Selbstbezüge auslöst, die strukturelle und inhaltliche Analogien mit den ersten fundamentalen Ordnungsvorgaben aufweisen, z.B. mit dem patriarchalischen Nein, das als Einengung oder Erweiterung der Lebenswelt erfahren werden kann. Die Zweiwertigkeit der Negation bleibt stets allen existentiellen Schlüsselsituationen und ihrer Symbolik verhaftet, die damit auf das Ursprungsparadigma zurückweisen. Entsprechend werden existentielle Sinnangebote durch die Ambivalenz der Negation strukturiert: bei einem ablehnenden 'ungehorsamen' Nein des Rezipienten im Sinne einer existentiellen Kostendrohung und bei seinem Ja zur vielversprechenden autoritativen Vorgabe im Sinne einer Selbstaufwertung.

Im Horizont der ambivalenten Negation steht auch das Selbstbild, das in kostenkalkulierender Funktion je angstvermittelnde oder vielversprechende Wenn-Wirklichkeiten egozentrisch ordnet. In dieser Ordnung offenbart sich die subjektive Antriebskraft des normativen Gehalts von Sinnangeboten, dessen Ausgangs- und Zielpunkt das Selbstbild ist: Ausgangspunkt im funktionalen Sinne, da um Selbstbilder als eminente Bedeutungsdimension einer Autoritätssymbolik jeweilige, den Existenzkalkülen zweckdienliche, Wenn-Wirklichkeiten generiert werden; Zielpunkt in dem Sinne, daß der Fokus einer Individualgeschichte und damit des Reaktionspotentials gegenüber normativem Druck zu okkupieren ist.

Mit dem Brückenschlag von der ideologisch existentiellen Autoritätserfahrung des Erwachsenenlebens zur ursprünglichen ist die Instrumentalisierbarkeit ihrer strukturellen Analogie gewährleistet, trotz lebensgeschichtlicher und inhaltlicher Unterschiede individueller Autoritätsverarbeitungen. Allen gemeinsam ist das latente oder manifeste Angebot, sich mit den autoritativen Vorgaben existenzerhaltend zu identifizieren, mit ihrer ausgrenzenden, Lebenswelt erweiternden Negationspotenz. Der Ausgangspunkt der erwachsenen Autoritätserfahrung ist zwar die ideologische Objektebene mit ihren Ordnungsvorgaben, doch mit dem regressiven Brückenschlag geht es nicht nur um die manifesten Ja/Nein-Ebenen einer Symbolik. Zum Negationshorizont gehört gleichermaßen die individualgeschichtlich fundierte, selbstbildbezogene und -inszenierte latente Verarbeitungswirklichkeit, die nicht nur von der Objektebene determiniert ist, sondern auch durch die Eigengesetzlichkeiten, die den subjektiven Teil der Verarbeitungsgeschichte ausmachen. Mit diesem kann die hermetische imaginative Verarbeitung von existentiellen Selbstbezügen die gleiche subjektive Bedeutung haben für das Management normativen Drucks wie sozial erfahrene Resonanz. Nur dem Anschein nach offenbart sich hier eine durchgängige und systematische Gegensätzlichkeit zwischen der Bedeutung sozialer Resonanz und der Bedeutung hermetisch imaginativen Durchspielens von selbstbildzentrierten Wenn-Wirklichkeiten für ein jeweiliges Selbstverhältnis. Doch hat auch die Individualität des Selbstbildes, die sich in individuellen Verarbeitungsweisen und Schwankungen zwischen Anpassung und Selbstbehauptung gegenüber einer Ordnungssymbolik zeigt, soziale Ursachen, die freilich von einer besonderen intersubjektiven Qualität sind. Denn es ist im Normalfall ausschließlich das familiale Umfeld, in dem sich die Ontogenese des Selbstbewußtseins und damit die Genese von Selbstbildern durch die Konfrontation mit autoritativer Macht vollzieht. Die erste grundlegende und lebenslang bedeutende Prägung des Kindes geschieht durch eine Machtkonstellation, deren Intensität und Unausweichlichkeit sich nur äußerst selten wiederholt, und wenn, dann noch am ehesten in einer späteren Familiengründung, die analoge Machtstrukturen, -formen und -bedürftigkeiten zur ursprünglichen aufweist.

So ist unter - auch erwachsener - Individualität, neben der Einmaligkeit des genetischen Erbguts, hier der individuelle Niederschlag einer familialen Machtverteilung zu verstehen, in der man aufwächst und die auch die eigene Positionalität mit ihren Machtchancen umfaßt. Deren Erfahrung generiert die subjektive Bedeutung einer objektiven Machtsymbolik innerhalb einer Machtperspektive. Folglich ist das

Profil des Selbstbildes das Resultat von zunächst vor allem familialen Machthändeln und damit das eines Machtschicksals.[18]

Weil zur Generierung von Selbstbildern die Erfahrung familialer Machtkonstellationen konstitutiv gehört, ist die Grundfunktion des Selbstbildes eine macht- und nein-kosten-kalkulatorische. Machtstrategisch wird das eigene Verhalten wie das familialer Autoritäten nach seiner Dienlichkeit oder Bedrohlichkeit im Hinblick auf jeden der vier Aspekte des Selbstbildes be- und verwertet. Dann bewegen sich die Selbstbilder als Medium existentieller Erfahrung und Orientierung in Komplementarität zu den Machtgesten, die Machtspiele entscheiden und entschieden haben. Implizit sind somit Machtbedürfnisse als bedeutend anerkannt.

In machtstrategischer Funktion meint Selbstbild keinen statischen, unvermittelten Selbstbezug, sondern den Nachhall der magisch vielversprechenden Bedeutung einer Machtgeste, in deren bewährter Ordnung sich ein involviertes Selbst aufgewertet oder bedroht sieht. In der angepaßten Aufwertungs- oder Bedrohungsperspektive begegnet sich das Selbst so, wie es die Ordnung vorsieht. Selbstaufwertung ist hier nur insofern autonomes Verhalten, als es sich um die eigenständig phantasierte Anpassung an vielversprechende Ordnungsvorgaben handelt. Ihrer Machtorientierung unterliegt eine subjektive Ideologie der Macht als subjektive Bereitschaft für Hierarchieerfahrung.

Mit dieser Subjektivität des Selbstbildes, die im Spannungsfeld zwischen den normativen Vorgaben des Zeitgeistes und den individualhistorischen Bedingungen von Selbstbehauptung liegt, ist die Möglichkeit der Relativierung von Autorität gegeben. Strukturell ergibt sich diese Möglichkeit mit der Herausbildung des Selbstbildes, das sich nur als Wertverhältnis zur Realität denken läßt. Mit der existentiell kalkulatorischen Verfügbarkeit der vier Stufen ist Autorität ersetzbar, denn das existentielle Bewußtsein ist mittels Selbstbildern in der Lage, selbständig die Versprechens- und Bedrohungsdimension von Autorität durchzuspielen, selbst Autorität imaginativ zu generieren. Auf personale Erscheinung ist es nicht mehr angewiesen, und erst wenn die Geberautorität entpersonalisierbar ist, wird Ideenautorität möglich. Letztere erlangt dann autoritative Bedeutung, wenn sie, analog zur personalen Autorität des Vierstufenmodells, deren existentielle Bedrohungs- und Versprechensdimension abdeckt. In dem Maße, wie Ideenautorität die gleiche Zugriffsmacht auf Realität ha-

---

18 Natürlich klingt das kriegerischer als es in den meisten Fällen ist, denn gerade die Indirektheit einer gewachsenen, machtbedeutenden Symbolik verhindert meist die Manifestierung von Konflikten. Wichtig ist, daß dem hier verwendeten Selbstbildkonzept ein Menschenbild unterliegt, das nicht vom psychoanalytischen Triebmodell ausgeht, welches die Verarbeitung der Ödipuskonstellation als *die* individuelle Prägung betrachtet. Individuelles Schicksal im Sinne einer seelischen Prägung und frühen Strukturierung der Persönlichkeit ist vielmehr die Erfahrung der Verteilung und Handhabung autoritativer Macht. Selbstbild-Wirklichkeiten sind als Reaktion darauf und als Basis für spätere existentielle Kalküle zu betrachten.

ben kann, stellt sie auch einen entsprechenden Identifikationsimpuls für das existentielle Bewußtsein dar.

Im Gegensatz zur situationsgebundenen personalen Autorität ist Ideenautorität nie als unvermittelter direkter Zugriff erfahr- *und damit verifizierbar*, sondern bedarf stets der Vermittlung, die sie allgegenwärtig verfügbar sein läßt. Gerade aber aus der Identität des in selbstbildzentrierten Wenn-Wirklichkeiten Vermittelnden und Rezipierenden von Ideenautorität ergibt sich die Anfälligkeit für die Ambivalenzen manipulativer Wirklichkeitsdarstellungen. Die Verarbeitung von Ideenautorität bietet meist eine größere Erwartungsfreiheit, die Bezüge zur Autorität sind flexibler. Negationen erscheinen in der Selbstvermittlung und das heißt in der steten Nähe zur Autorität als naheliegend und evident.

Die Subjektivität der Autoritätsbedürftigkeit und -imaginierung verhindert, daß jeder Rezipient in uniformen Selbstbildern auf existentielle Sinnangebote reagiert.[19] Die Sogkraft subjektiver Ordnungsbedürftigkeit kann die historische Wahrheit als Korrektiv für Wirklichkeitsentwürfe nicht nur verzerren, sondern auch gänzlich hinter alles bedeutenden Selbstbildern verschwinden lassen. Ihre Größe korrespondiert mit dem Existentialwert jeweiliger Sinnangebote. Deren autoritative Aufladung bedrängt ein Bewußtsein in Selbstbildern als Fokus potentieller Negationen, angstbesetzter Selbstbezüge und entsprechender Aufhebungen in Form von Versprechen. Die Erscheinungsbilder von existentiellen Gebrauchswerten können sowohl selbstbildzentrierte Regression in frühkindliche Sicherheits- oder Sanktionserfahrungen als auch selbstbildzentrierte Progression von diesen Erfahrungen weg anbieten oder androhen. Die Negationskapazität der Symbolik blockt so andere Wirklichkeiten ab und grenzt Fremdes aus.

Aus der Perspektive eines massenkommunikativen Verwertungsinteresses haben derart gesteuerte Selbstbilder die Funktion, Negationspotenzen zu repräsentieren. Unter negativem Aspekt gilt das für den Fall der Nichtanpassung oder Verfehlung des einzig richtigen existentiellen Wegs, Verhaltens oder Meinens. Andererseits stehen Selbstbilder auch im Mittelpunkt von positiven Instrumentalisierungen von Negationen, über die Aus- und Abgrenzungen zu bewerkstelligen sind.

Auch diese präsentieren Selbstbilder kostenverzerrend insofern, als sich der Gratifikationseffekt von ausgrenzenden Negationen scheinbar kosten- und mühelos aus der in Selbstbildern manifestierten Nähe und dem Gehorsam in bezug auf eine hierarchisch ordnende Ideologie ergibt. Ihre Ausgrenzungskapazität schließt sich kurz mit dem Selbstwertkonzept ihrer Vertreter. Indem Realität nicht nur verdrängt, son-

---

19 Damit soll aber nicht geleugnet werden, daß bei den historisch verifizierbaren Erfolgen massenkommunikativer Sinnangebote auf massenhaft identische Bedürfnislagen geschlossen werden kann. Die beiden letzten Beispiele dieser Arbeit dokumentieren dagegen die Unterschiedlichkeit der Inhalte und Formen von eigenideologischer Selbsttäuschung und das heißt die Geschichtlichkeit von Selbstbild und Machtbedürfnissen.

dern als zu verneinende dargestellt wird, ist dort Selbstaufwertung in Aussicht gestellt, wo Selbstbilder an eine Ideenautorität gekoppelt sind. Damit ist Selbstanerkennung nicht mehr vor allem von direkter sozialer Anerkennung abhängig, sondern von imaginativer aus der Perspektive der Idee. Ihre Negationsstärke verdeutlicht sich in selbstbildzentrierten Wenn-Wirklichkeiten, so daß Selbstbilder dieser Art affektive Sicherheit bedeuten, weil sie latent subjektive Maßstäbe des Selbstwerts sind. Basis und Ausgangspunkt von Selbstbild und Selbstwert sind Werte und Wertungen auf der Objektebene des Sinnangebots. Erst mit seinen Eindruckswerten scheinen die Wertungen und der Anspruch des Richtigkeitsmonopols eines Sinnangebots begründet.

Zudem hängt das Ankommen von Angeboten davon ab, inwieweit sie sich in eine egozentrische Ordnung fügen, inwieweit Berückung und Nähe zu ihr herstellbar sind, indem sich Sinnstrukturen mit der Aufbaustruktur kurzschließen. Denn unabdingbar für die Etablierung einer egozentrischen Ordnung im Kontext von existentiellen Fragen ist die Auslösung von Selbstbildgenerierungen deshalb, weil durch diese in Selbstbildern die primäre, kognitiv-bewußte Trennung zwischen Selbst und Objektebene eines Sinnangebotes aufgehoben ist, also auf der latenten, präsentativen Ebene des Bilddenkens keine Entsprechung hat. Nur so können Eindruckswerte nichtdiskursiv zu berückenden Aspekten der eigenen Existenz werden. Sind Außen- und Innenwelt derart verschmolzen, ist die ideologische Wirklichkeit am Ziel. Wenn sie in Selbstbildern zur egozentrischen Ordnung arrangiert ist, dann ist das objektive Angebot in einer subjektiven Verpflichtungsperspektive aufgegangen. In dieser Funktion ist Selbstbild die Schlüsselkategorie für die Analyse einer beeinflussenden oder manipulativen Symbolik.

c) Selbstbild und Eindruckswert

Soll sich die hierarchische Ordnung eines Sinnangebots in selbstbildzentrierten Wenn-Wirklichkeiten innerhalb eines individuellen Wertesystems niederschlagen, so müssen die Implikate einer eindruckswertig inszenierten Wirklichkeitsdarstellung Selbstbezüge für das existentielle Bewußtsein bedeuten.

Die lebensgeschichtlich erste Rangordnung der Werte konstituiert sich mit der frühkindlichen Erfahrung autoritativer Leitbilder. Erst aufgrund dieser Erfahrung können künftige Gesten oder Symbole als Eindruckswerte verstanden werden. Mit der frühkindlichen Autoritätserfahrung ist der Komplementärzusammenhang von Selbstbild und Eindruckswert installiert. Jener begründet die Selektivität der Selbstbilder, die Realität egozentrisch ordnen. Schon die Ontogenese des Selbstbewußtseins spiegelt die Unausweichlichkeit der Autoritätsbegegnungen, die dem Kind den Eindruck autoritativer Allgegenwart und Dominanz vermitteln. Die Lebenswelt wird in wesentlichen Bereichen als autoritativ geordnete wahrgenommen. In ihr greifen Autoritäten flexibel und prägnant ein, so daß Autoritätsansprüche als unmittelbar zur eigenen Existenz gehörende soziale Natur erscheinen müssen.

Die ersten Erfahrungen von Autoritätssymbolik und damit der ersten existentiell grundlegenden Eindruckswerte bestimmen Strukturen und Formen des frühkindlichen Selbstverhältnisses. Für dieses ist das Selbstbild nicht nur im funktionalen Sinne von entscheidender Bedeutung, als aktiver Fokus von Wenn-Wirklichkeiten bei der Verarbeitung normativer Erwartungen. Ergänzend zu der bisher erörterten Verarbeitungsstruktur Selbstbild handelt es sich bei diesem um eine eher passiv-statische Größe. Gemeint ist der aus dem Gesamt von Hierarchieerfahrungen resultierende Selbstbezug; er basiert - ebenso wie die Möglichkeiten sozialer Existenzbewältigung - auf dem individuellen Reservoir von subjektiv verarbeiteten Eindruckswerten.

Diese zweite Charakterisierung impliziert weniger den Aspekt eines bewußt die Eindruckswerte abwägenden Selbstkonzepts, wenn sie auf das persönlichkeitsprägende, in Tiefenstrukturen sich niederschlagende Machtschicksal abzielt. Es ist deshalb entscheidend für die Relativierung eines rational-autonomen Handlungskonzepts, weil es die latente Komplementarität zwischen Eindruckswert und den in Wenn-Wirklichkeiten mobilen Selbstbildern aktiviert. Jedes existentielle Kalkül unterliegt der daraus resultierenden Selektivität der Selbstbilder, wenn sie Wirklichkeit nach den durch das individuelle Machtschicksal bedingten Hierarchiebedürfnissen gewichten und aus der Perspektive seiner Vermittlungs- und Adaptionsfunktion zwischen dem Vorwissen früherer Hierarchieerfahrungen und aktuellen Hierarchieangeboten klassifizieren.

So können Hierarchiesymbole Selbstbilder auslösen, die ein Selbstverhältnis aktualisieren, das mit dem (latenten) Wissen um die eigene Inferiorität zurechtkommen muß. Entsprechend erfordert die Spannung zwischen Hierarchiesignal und dem Bild eigener Unzulänglichkeit einen existentiellen Ausweg, der nur über Selbstbilder führen kann. Denn einerseits fokussiert alles Bedrohungspotential von Hierarchien in Selbstbildern, in die andererseits auch jede Versprechensperspektive mündet, vom Schutzangebot bis zur Größenphantasie. An das Hohe gekoppelt werden Selbstbilder magisch:

> "Die Höhe einer Sache, einer Person, eines Verhältnisses symbolisiert deren Überlegenheit über weniger hohe Personen, Sachen und Verhältnisse. (...) Überall, wo das Hohe beschworen wird, symbolisiert es den physiologischen Unterschied der menschlichen zur tierischen Haltung. Daraus erklärt sich die Unwiderstehlichkeit dieses Symbols, sei es in der Sprache, als Totempfahl, Fahnenstange, Turm oder

Geste der erhobenen Arme, und seine Unentbehrlichkeit als Manipel für alle Absichten, Menschen zu kummulieren."[20]

Überall, wo das Hohe symbolisiert ist, markiert es Inferiorität, die als existentielle im Horizont des Veränderungswürdigen und (Selbst-)Befremdlichen steht. Das existentielle Bewußtsein von der Negativität und damit von der Aufwertungsbedürftigkeit des Inferioren schließt sich kurz mit und hat ihren Ursprung in den frühkindlichen Orientierungsnotwendigkeiten mittels Selbstbildern, in der Erfahrung der 'Richtigkeit' des Hohen und seiner dominierenden Symbolik. Diese ersten Eindruckswerte stehen für das Hohe und die Verinnerlichung der existentiellen Bedeutung des Hohen. Eindruckswerte sind damit Fixpunkte von Kosten-Nutzen-Kalkülen, die Anpassung als vielversprechend erscheinen lassen, denn sie sind im subjektiven Wertesystem die Erfahrungsabdrücke von objektiven autoritativen Verhaltensweisen und von der Macht autoritativer Symbolik, deren Ansprüche auf reale Sanktionsmöglichkeiten verweisen. D.h. hinter jedem die Hierarchie symbolisierenden Eindruckswert lassen sich sowohl Autoritätspersonen als auch existentiell bedeutende Konsequenzen denken. Über den Gebrauchswert und die inszenatorische Prägnanz des Erscheinungsbildes können Eindruckswerte deshalb eine besondere Negationspotenz signalisieren, weil mit ihrer Symbolik des Hohen latent die lebensgeschichtlich primären Erfahrungen mit dem Hohen anklingen. Analog zu den frühkindlichen Erfahrungen externer Zugriffe auf die eigene Existenz und damit verbundenen Gratifikationen und Sanktionen kann auch das erwachsene Bewußtsein existentiell Bedeutendes von der Nähe zu einer exklusiven Symbolik erwarten.

In beiden Fällen initiieren existentielle Eindruckswerte, als Auslösereize für Selbstbilder, ein positiv oder negativ gefärbtes Erleben mit dem Gefühl subjektiver Betroffenheit. Dabei begünstigt Ideenautorität in größerem Maße als personale Autorität mögliche Selbstmanipulation, indem sie, scheinbar machtdefensiv, dem anpassungsbereiten Rezipienten ermöglicht, sich sozialen Imperativen unterzuordnen und *gleichzeitig* eine Autonomie in Verarbeitungs- und Ausschmückungsphantasien so zu bewahren, daß die Absolutsetzung der Ideenautorität auf die eigene Existenz abfärben kann. Die prägnant inszenierte Wirklichkeit der Objektebene verweist den Rezipienten auf eine dort meist latent antizipierte Wertkalkulation, deren Anpassungsdruck sich subjektiv in Selbstbildern manifestiert und mit einer individuellen Wertehierarchie kurzschließt. Dabei reaktualisiert ideologische Wertsprache die subjektive Geschichte der Erfahrung des Hohen und jeweiliger Nein-Kosten, wenn sie die von Defiziten oder Versprechungen autoritativ geprägten vier Seiten des Selbstbildes anspricht.

In seiner Entlastungsfunktion stellt der Zusammenhang Selbstbild und Eindruckswert eine Diskrepanz her zwischen einer defizitären Realität und dem ideologischen

---

20 Pross 1974, S. 76

Angebot, führt also vom Nicht-Hohen zum Soll-Hohen einer künftigen Realität. Derart in den Prozeß der Herstellung von Diskrepanzen eingebunden, fällt das mobile Selbstbild als Bezugspunkt für eine diskursive Selbstkorrektur in existentiellen Fragen (zunächst) aus. Dennoch entscheidet es sich mit der Ausbildung von Selbstbildern, ob dieses Angebot des Soll-Hohen in dauerhafte subjektive Realität umgesetzt wird. Denn Selbstbilder organisieren Wenn-Wirklichkeiten zwischen der Logik einer aktuellen Hierarchiesymbolik und der Logik des existentiellen Vorwissens, d.h. mit den symbolischen Vorgaben des statischen Selbstbildes. Dabei ist das statische Selbstbild die Folie für das existentielle Bewußtsein, auf der das funktionale Selbstbild zwischen der subjektiven Konzeption des Hohen und der sozialen Hierarchie von Eindruckswerten Orientierung sucht. In seiner Funktion des Abwägens zwischen subjektiver und materieller Wirklichkeit ist das flexible Selbstbild direkt von der Merkantilität des Hohen, vom Handelscharakter der Eindruckswerte betroffen. Um das Für und Wider zu ordnen, sind Selbstbilder auf die Angebotsnatur einer Wertsprache ausgerichtet. In bezug auf die aus dem individuellen Machtschicksal resultierenden Bedürftigkeiten der vier Seiten des Selbstbildes erweisen sich Wertangebote als adäquat oder nicht.

Dieser innere Handel ist grundlegend für soziales Handeln. Beim latenten Abwägen bzw. Adaptieren von sozialen und subjektiven Eindruckswerten können Selbstbilder soziales Verhalten steuern und im Extremfall blockieren. Der Anteil der subjektiven Freiheit an dem inneren Wertehandel tritt allerdings da in den Hintergrund, wo soziale Eindruckswerte komplementär zu Inhalt und Struktur subjektiver Eindruckswerte sind. Dann entspricht das Angebot automatisch und jenseits aller Kalkulation einer durchgängigen Bedürfnis- und Erwartungslage, die sich von den das Machtschicksal definierenden biographischen Schlüsselszenen ableitet. Auf dieser Folie offenbaren die von mobilen Selbstbildern strukturierten Wenn-Wirklichkeiten, was die individual-historischen Werte noch und was die aktuellen sozialen Eindruckswerte schon bedeuten.

Es hängt von der latenten Nähe zum Eindruckswert ab, inwieweit daraus ideologische Selbstermächtigungen resultieren können. Denn nicht allein seine merkantile Raum- und Zeitmächtigkeit bestimmt über die Sogkraft eines Eindruckswerts, sondern vor allem die Kurzschließung mit Selbstbildern. Mitentscheidend ist hier, in welchem Maße ein Eindruckswert Bedürfnisse und Strukturen aktiviert, deren Genese ursächlich an Autoritätserfahrung gekoppelt ist. Selbstbildadäquate Eindruckswerte besitzen subjektive Schutz- und Aufwertungsfunktion, wenn mit der Flexibilität von Selbstbildern das Entlastungsversprechen durchspielbar ist. Der Funktionszusammenhang Selbstbild und Eindruckswert generiert so subjektive Wahrheiten und Klassifikationen, die in die magische Perspektive der eigenen Wichtigkeit münden können.

Indem ein Eindruckswert sich mit den genetischen Strukturen des Selbstbildes kurzschließt, erlangt er existentielle psychoökonomische Bedeutung. Der Eindruckswert als das Hohe und Surrogat von (auch personaler) Autorität entspricht der psychoökonomischen Exklusivität der frühkindlichen Autoritäten. Diese Analogie umfaßt auch die Negationsreichweite, mit deren Ordnungskraft es Eindruckswerten gelingt, Selbstbilder an eine umfassende Ordnung zu binden. Die Ideologie und Logik einer hierarchisierenden Ordnung wird dann zur eigentlichen existentiellen Realität.

Als Resultat der subjektiven Verarbeitung objektiver Ordnungsvorgaben spiegelt das eindruckswertgebundene Selbstbild die Identität ideologischer Anschauung und existentiellen Selbstbezugs. Hierarchiesymbole als Abstraktionen des Seins lösen Vorstellungsbilder aus, die Selbstbezüge an den ideologischen Kontext der Hierarchie binden. Im Wirkungsbereich des vermeintlich oder tatsächlich Hohen, in dem Eindruckswerte die historische Realität dominieren und von ihr abstrahieren, wird der imaginative Zusammenhang von Selbstbild und Eindruckswert als Existenzerleichterung erlebt. Damit unterbindet der Eindruckswert eine mögliche Betroffenheit durch die von ihm nicht abgedeckte und also defizitäre Realität, die allenfalls als Negativhintergrund für die Exklusivität der höheren, 'eigentlichen' Ordnung dient. Die Anpassung an diese soll als lebenspraktische Tüchtigkeit und existentielle Selbstverständlichkeit vermittelt werden, denn als Gratifikation winkt die Teilhabe an der besseren Wirklichkeit und deren Nutznießung. Auch aus den Wenn-Wirklichkeiten, die Verbotskonflikte repräsentieren, erwachsen Wenn-Wirklichkeiten, die Versprechensperspektiven ausgestalten und in denen Selbstbilder die individuelle Wertigkeit zu bezeugen scheinen im Falle der Anpassung an Verbote, die einer besseren Wirklichkeit dienen. In der Anpassung fungieren Selbstbilder als Projektionsfläche für Eindruckswerte, die im imaginativen Selbstbezug das Ja zur eigenen Existenz zu begründen und die Bedrohung einer Selbstnegation dauerhaft zu verbannen versprechen. Das statische Selbstbild kann durch das selbstbildzentrierte Durchspielen der Reichweiten von Eindruckswerten einen Bedeutungsschub erhalten, der als Derivat einer sozialen Realität in die Glückseligkeit einer oft hermetischen Selbstgewißheit führen kann, die die Möglichkeit besseren Wissens oder Wissenwollens verdrängt. Ein sozial überragender, monopolhaft erfolgreicher Eindruckswert kann also ein existentielles Kostenbewußtsein mit seinen kostenabwägenden Selbstbildern täuschen. Der existentielle Selbstbezug ist dann mehr als eindruckswertorientiert, nämlich -abhängig. Ein wichtiger Grund dafür, daß der Funktionszusammenhang Selbstbild und Eindruckswert eine Abhängigkeit von und einen Verlust an Wirklichkeit produzieren kann, liegt in der Ambivalenz des Eindruckswerts selbst, der eine Art unterschwelligen selbstbildgebundenen Zirkelschluß initiiert: einerseits begründet der Eindruckswert eine existentielle Anspruchsdynamik und Fürsorge, deren Logik mit der Stigmatisierung einer defizitären und erfolgslabilen aktuellen Realität individuelle Unsicherheit bis zur Hilflosigkeit erwachsen lassen kann; andererseits ist der Eindruckswert die Größe, die den Erfolg verspricht, indem sich über ihn die Realität imaginativ vorwegnehmen läßt, so daß sie existentielle Gebrauchswerte suggestiv veranschaulicht.

Die Ambivalenz der Eindruckswerte ähnelt der der frühkindlichen Erfahrung mit Autoritätspersonen. Ein analoges Gefühl von Geborgenheit und sicherer Entlastetheit können auch ideologische Grundgewißheiten vermitteln und dies mit allen affektiven Attributen einer Seinsaufwertung. Raumzeitlich flexibler und deshalb potentiell ubiquitär kann Ideenautorität wie Wasser überall eindringen und für einen mitreißenden existentiellen Bedeutungsschub sorgen. Hinter ihr stehen Eindruckswerte, die über das Versprechen sozialer Machtteilhabe hinausgehen können. Denn sie sind Kernpunkte existentieller Weltdeutung, die als Abstraktionen von der historischen Realität nicht nur eine Realität höherer Ordnung, sondern auch Selbstbilder höheren Seins in Aussicht stellen. Die Logik der Ordnung überträgt sich auf die Logik der Selbstbilder, so daß diese selbst zu Eindruckswerten werden. Sie stehen für Abstrakta wie Autonomie, Überlegenheit, aber auch für Schwäche, Unterlegenheit. In beeindruckenden Selbstbildern, die dann ebenfalls Abstraktionen von der Realität sind, erfährt der Selbstbildner seine eigene (Un-)Wichtigkeit. Positive oder negative Eindruckswerte, von zentraler Bedeutung für das existentielle Bewußtsein, sind somit allumfassende Existentialwerte.

Die manipulative Dynamik solch existentieller Aufladung entsteht also durch Eindruckswerte, die als Entrückungsimpuls zu einer Selbstbildrealität führen, deren Bereich, durch Eindruckswerte gleichzeitig (auch) abgegrenzt, einen Freiraum für die kühnsten Phantasien über die eigene Bedeutung bieten, in dem kritische realitätsreflexive Negationen keinen Platz haben. Die ideologische Realität dieses Freiraums, mit der Autoritätssymbolik des Hohen aufgeladen und als natürliche Wahrheit auf den Selbstbildner zugespitzt, wird als ein einziger existentieller Imperativ begriffen:

> "Nichts löst das Messianische - das Gefühl des Heiligseins - mehr aus, als die Hörigkeit einem 'höheren' Ziel gegenüber. Der Aufruf, für einen Gott, eine Nation, eine Idee Blut zu vergießen, löst Gefühle der inneren Reinheit aus, eine Extase absoluter 'Liebe', einen Taumel von tugendhafter Selbstverliebtheit."[21]

Die totale Selbstüberantwortung unter eine heilige Sache begründen Existentialwertversprechen, die oft dem Kontext sozialer Machthändel entrückt sind. Der Zusammenhang von Existentialwert und Selbstbild blendet alle Wirklichkeit, die nicht zur eigenen Existenz gehört, aus und eröffnet den Horizont der endgültigen Aufhebung von Nein-Kosten. Die Anpassung an eine Hierarchiesymbolik und die resultierende Nähe zu Existentialwerten transzendieren den vierstufigen Versprechens- und Bedrohungsaspekt, in dem autoritative Macht virulent ist. Damit ist die, auch retro-

---

21 Gruen, Arno: Der Verrat am Selbst. München 1986, S.104

spektive, Erlösung von jeglicher Schuld- und Negationsfrage gegenüber der eigenen Existenz verdrängt.

Selbstbilder als Vehikel von Machtperspektiven sind aber auch hier 'Vollzugsorgane' auf dem Weg zu Hörigkeit und Ekstase, das Selbstbild ist auch hier die Schlüsselkategorie der Selbsttäuschung. Denn bevor es zur Verliebtheit in die eigene Existenz kommt, müssen über Selbstbilder die Bedeutungsdimensionen einer hohen Idee erfaßt werden. Nur in den von Machterfahrungen geprägten Selbstbildern kann die Be- und Verwertungsperspektive einer hohen Idee sich niederschlagen. Nur indem die vierstufige Machtdimension von mobilen Selbstbildern durchlaufen und hinter die Heiligkeit der Idee zurückgetreten ist, kann das existentielle Bewußtsein sich und seine Bodenhaftung verlieren.

Analog zur inhaltlichen Chronologie des theoretischen Teils sollen bei der folgenden Analyse von vier Beispielen die beiden ersten für die alltägliche Praxis massenkommunikativen politischen Werbens stehen; die zwei weiteren konzentrieren sich als Beispiele von Selbsttäuschung auf den engen Zusammenhang von Selbstbild und Täuschung.

d) Methodologische Anmerkungen zum Selbstbild

Gegenüber dem normativen Druck existentieller Vorgaben orientiert sich ein Subjekt in Selbstbildern, deren Genese aus lebensgeschichtlich prägenden Erfahrungen von Autoritätspersonen und Autoritätssymbolik stets unterschwellig virulent ist. Als Fokus subjektiver Angemessenheitsabwägungen von Handlungen und Realitätsentwürfen ist das Selbstbild eine existentielle Schlüsselkategorie. Das gilt sowohl für die Anbieterseite, die ihre Angebote eindruckswertig auf existentielle Selbstbildansprachen zuspitzen muß, als auch für den Rezipienten in seinen Prozessen von Selbstbezügen, die von normativen Orientierungsvorgaben ausgehen. Die Selbstbildansprache kann nur deshalb zu Vereinnahmungen und Bewußtseinsmacht führen, weil die frühere Autoritätserfahrungen transportierenden Selbstbilder dadurch sowohl Teildeterminationen des existentiellen Bewußtseins aktualisieren, die vereinnahmungsstrategisch zweckdienlich sein können, als auch, im versichernden Rückgriff auf bewährte Autoritätsstrukturen, die Möglichkeit eröffnen, sich in Handlungsspielräumen von Wenn-Wirklichkeiten vor und für sich zu vergewissern. Denn einmal ausgebildet, strukturieren Selbstbilder die Rezeptions- als Aktualisierungsprozesse von je neuen autoritativen Erfahrungen und Sinnangeboten. Dabei spiegeln Selbstbilder individuell erfahrene Bedingungsverhältnisse von Determination und Freiheit, von autoritativ bedingter Fixiertheit und Selbstbehauptung, die als Möglichkeiten wesentlich von der jeweiligen Positionalität innerhalb der familialen Machtkonstellation abhängen. Mit der frühkindlichen autoritativen Prägung ist existentielles Bewußtsein gegenüber weiteren Autoritätserfahrungen zumindest voreingenommen.[22]

Neben den individualgeschichtlich generierten und aktualisierten Selbstbildern determiniert der situative Kontext von Sinnangeboten und Selbstbehauptungen deren Bedeutung für den einzelnen Anbieter und Rezipienten. Über die selbstbildzentrierten Wenn-Wirklichkeiten existentieller Sinnangebote stellt der Rezipient einen Bezug zu einzelnen existentiellen Situationen seiner Lebenswirklichkeit her, die *als existentielle* stets eine autoritative Grundstruktur besitzen. Deshalb sind derartige Sinnangebote, neben einer Analyse der historisch-situativen Kontextvariablen, einer Autoritätsanalyse zu unterziehen. Die Autoritätsanalyse verfährt dabei analog zur vorbewußt subjektiven Bedeutungsverleihung, die der Rezipient eines Sinnangebots durchführt, das als existentielles die Rekonstruktion von latenten autoritativen Sinnstrukturen auslöst. Beim autoritätsanalytischen Vorgehen geschieht dies freilich auf der Ebene der bewußten, kritisch-distanzierten Rekonstruktion von Autoritätsstrukturen, die erst dann eine vollständige ist, wenn die Autoritätsstrukturen der symbolischen Objektebene als spezifische Objektivierung der Strukturen ihres situativen Kontextes herausgearbeitet sind. Die Rekonstruktion der individualgeschichtlichen Autoritätsstrukturen ist, wie im Falle Heideggers, die präziseste Form der Rekonstruktion des Kontextes. Damit ist aber keinesfalls das Menschenbild eines mechanistischen Reproduzenten elterlicher Autoritätssymbolik mit entsprechenden totaldeterminierten Verarbeitungsmustern unterstellt. Vielmehr sind Selbstbilder durch die durchgängige Ambivalenz von Autoritätserfahrung zwar einerseits prästrukturiert, andererseits aber ansprechbar für selbstaufwertende Autoritätsangebote, die als vielversprechende auch potentiell selbstmanipulativ sind, und für emanzipatorische autoritative Alternativverfahren, die frühere relativieren können.[23]

Mit dem Begriff Rekonstruktion ist eine Parallele in methodologischer wie auch handlungstheoretischer Hinsicht zur Begrifflichkeit von Oevermanns Methodologie einer "objektiven Hermeneutik"[24] gegeben. Nach dieser Theorie ist die

---

22 Die Tragweite des Konstrukts Selbstbild muß sich in den folgenden Autoritätsanalysen erweisen. Am deutlichsten läßt sich bei der Rekonstruktion der frühkindlichen Autoritätskonstellation Heideggers zeigen, inwieweit die Strukturen seiner Autoritätserfahrungen die Determinanten seiner existentiellen und ideologischen Selbstbehauptungen bilden.
23 So läßt sich am Beispiel Heideggers zeigen, daß er die Autoritätsstrukturen seiner frühkindlichen Prägung zeitlebens reproduziert, wobei ihm aber in unterschiedlichsten sozialen und ideologischen Kontexten ein großer Handlungsspielraum bleibt. Insofern handelt das prästrukturierte, reproduktive Individuum in durchgängiger Selbstbestimmung.
24 Oevermann,U./ Albert, T./ Konau, E. et al.: Die Methodologie einer 'Objektiven Hermeneutik' und ihre allgemeine forschungslogische Bedeutung in den Sozialwissenschaften. In: Soeffner, H.-G. (Hrsg.): Interpretative Verfahren in den Sozial- und Textwissenschaften. Stuttgart 1979, S. 352-434

"Bildung der Strukturen des Subjekts (...) das Ergebnis von Rekonstruktionen (...), die das sich bildende Subjekt an den unabhängig von seinen Vorausstattungen konstituierten Strukturen seines praktischen Handelns, eben jenen Struktureigenschaften sozialisatorischer Interaktion vornimmt." (S. 353)

Auch der Rezipient von existentiellen Sinnangeboten handelt weder schlichtweg rezeptiv noch monadisch, sondern rekonstruktiv und interaktiv, d.h. sich in bezug setzend zu vorgegebenen Sinnstrukturen. Im Gegensatz zu den Oevermannschen Analysen von Interaktionsprotokollen, deren Sinnstrukturen apriori nicht qualifizierbar sind, grenzt die autoritative Dimension *existentieller* Sinnangebote deren wesentliche Sinnstrukturen qualitativ ein. Oevermann protokolliert konkrete Interaktionen ("Interaktionstexte"), während hier massenkommunikative, politisch-werbliche Sinnangebote im Hinblick auf Anbieterintentionen und Vereinnahmungsstrategien analysiert werden. Das lenkt das Hauptaugenmerk auf den Sachverhalt, daß, im Zusammenhang individueller Vereinnahmungsstrategien bzw. -absichten und konkreter Wirkungsbedingungen, latente Sinnstrukturen selektiv-kalkuliert aktualisiert werden.

Ungeachtet dieser unterschiedlichen Schwerpunkte im Forschungsgegenstand gilt auch für die Autoritätsanalyse der Oevermannsche Interaktions-Begriff, der weiter als im Sinne "konkreter Handlungs-Bewegungen" zu fassen ist, nämlich "allgemeiner zur Bezeichnung von Bedeutung tragenden Relationen zwischen Handlungseinheiten innerhalb eines Zeitintervalls" (S. 379). Die Relationen selbst als symbolische Materialisierungen auf der Objektebene sind der analytische Ausgangspunkt. Primär geht es weder um eine Motivations- noch um eine Rezeptionsanalyse, sondern um Bedeutungsrekonstruktionen, die, als der "objektiven" Sinnebene nachgeordnete, eine Strukturanalyse an und zu etwas "objektiv" Vorgegebenem erfordern. Der forschungspraktische Idealfall der "objektiven Hermeneutik" ist die *vollständige* Rekonstruktion *aller* objektiven Bedeutungen, aller objektiven latenten Sinnstrukturen der Interaktionsebene, die der verstehenden Rekonstruktion, der subjektiven latenten Sinnstrukturen deshalb vorangehen muß, weil sich, folgt man dem Meadschen Konzept der Konstitution von Bedeutung, subjektive nur aus objektiven Sinnstrukturen ableiten können.[25]

Die Latenz der Sinnstrukturen verweist darauf, daß die Rekonstruktion des Ungesagten zum vollständigen Verständnis des Gesagten unabdingbar ist, weil latente Sinnstrukturen auf der Ebene des Unterschwelligen Wirkungen entfalten, die subjektiv bewußt nicht intendiert sein müssen und gleichzeitig intersubjektiv unterschwellig 'gewußt' sind und zum Verständnis gehören, ohne daß die Interagierenden "einen voll entwickelten, intentional repräsentierten Begriff davon (...) hätten" (S. 370). Das Unterschwellige ist als Reservoir nicht-intentional gewußter Inhalte

---

25 vgl. hierzu ebd., S. 380

gesehen, die jedoch lebenspragmatisch virulent sind. Das gilt auch für das existentielle Bewußtsein, den Gegenstand der Autoritätsanalyse, bei dem sich wesentliche Ordnungs- und Wirkungsprozesse unterschwellig bildsprachlich vollziehen. Mit Oevermann ist hierzu festzuhalten, daß die Grenze zwischen dem Bewußten und Vorbewußten entscheidender als die zwischen dem Unbewußten und Vorbewußten ist. Dabei wäre das

> "(...) Vorbewußte Teil der intuitiven Erkenntnis in dem Sinne, daß die latenten Sinnstrukturen des Handelns zwar nicht besonders explizit und aufmerksam, jedoch auch nicht verzerrt und verschoben wahrgenommen werden." (S. 378)

Diese Wahrnehmungsebene unterliegt auch der Ein-Weg-Kommunikation existentieller Sinnangebote mit den Relationen zwischen der Realität der objektiven latenten Sinnstrukturen und der "Realität von subjektiv intentional repräsentierten Bedeutungen eines Texten auf seiten der handelnden Subjekte" (S. 367). Handelnde Subjekte sind hier der rekonstruierend probehandelnde Rezipient einerseits und andererseits der auf Wirkungsmöglichkeiten abzielende Anbieter, der entweder Strategien des Ankommens bewußt kalkuliert oder der um die Bedingungen des Ankommens intuitiv 'weiß'. Allen Relationen zwischen "objektiver" Latenz und subjektiver Repräsentanz unterliegt als entscheidende gemeinsame Basis das Verhältnis von psychischer Ausstattung und "objektiver" Gegenstandsstruktur, so daß die Intentionalität der Angebotsebene nur gänzlich zu erfassen ist als latenter Bezug zwischen Sinnstruktur und subjektiver Verarbeitung. Dabei werden die strukturellen Bedingungen des rezeptiven Rekonstruierens kaum bewußt problematisiert, sind vielmehr im Rückgriff auf soziale Eindruckswerte vom Anbieter latent-habituell gewußt, weil diese als solche die Strukturbedingungen existentiellen Bewußtseins implizieren. Denn existentielle Eindruckswerte werden rekonstruiert, indem der Rezipient sie in Wenn-Wirklichkeiten stets durchspielt vor dem Hintergrund des lebensgeschichtlich grundlegenden Zusammenhangs von Autoritätssymbolik und Selbstbezug, dem auf der Ebene des Nicht-Bewußten der Komplementärzusammenhang von Autoritäts- und Selbstbildern entspricht.

Diese Präklassifikation, die vor jeder Rekonstruktion der gesamten objektiven Sinnstrukturen darauf verweist, daß der Brückenschlag zwischen der "objektiven" und der subjektiven Latenz *existentieller* Sinnangebote notwendigerweise unter dem Strukturzusammenhang von Selbstbild und Autoritätsbild steht, verstößt freilich gegen die methodologischen Kriterien der "objektiven Hermeneutik". Denn:

> "Die Kategorie der latenten Sinnstrukturen selbst zielt letztlich auf eine transzendentallogische, dem Peirceschen Konzept des Erkennbaren - im Unterschied zum Erkannten - analoge Konstruktion einer *vollständig* expliziten und konsistenten Rekonstruktion der Realität von Bedeutungs*möglichkeiten* (Herv. v. mir, KGW) ab, die in einem Text gewissermaßen schlummern." (S. 390)

Dagegen ist für die Autoritätsanalyse, die in ihrer Perspektive die Gesamtheit von Bedeutungsmöglichkeiten hierarchisiert, eine Totalrekonstruktion des Erkennbaren zu vernachlässigen. Durch den Funktionszusammenhang Selbstbild - Autoritätsbild sind latente Sinnstrukturen klassifiziert und auf ihren existentiellen Stellenwert hin eingeordnet. Hinter dieser klassifikatorischen Eingrenzung steht die Behauptung, daß *jede* normativ-existentielle Objektivierung einen autoritativen Ordnungsrahmen besitzt, von dem aus Selbstbezüge strukturiert werden im Nachhall der Genese des Selbstbewußtseins. Sind für die "objektive Hermeneutik" "die Bildungen des Vorbewußten (...) Sedimente einer freischwebenden Wahrnehmung von Handlungstexten" (S. 378), so ist das Schweben im autoritativen Latenzkontext weit weniger frei. Denn der Nicht-Beliebigkeit einer nachträglich möglichen Rekonstruktion entspricht auf der Latenzebene ein immer schon intrapsychisch lebensgeschichtlich vorgegebener Grad an Wertigkeit. Indem der Zusammenhang Selbstbild - Autoritätsbild aktiv ist, ist er als (be-)wertender aktiv und läßt keine existentiellen "Sedimente einer freischwebenden Wahrnehmung" zu. Und da zudem der analytischen Rekonstruktion dieses Zusammenhangs ein Konzept von Individualität zugrundeliegt, das Individualität als Machtschicksal, als Verarbeitung familialer Machtverteilung und der entsprechenden Positionalitäten darstellt, das existentiell weitreichender ist als das aus ihm resultierende Triebschicksal, hat gerade dasjenige autoritätsanalytische Vorgehen, welches das Macht- und Anspruchsprofil nur *eines* Urhebers von Sinnangeboten in den Blick nimmt, bei der Analyse des situativen Kontextes immer auch den familialen einzubetten. Schon in der Phase frühkindlicher Sozialisiation kann es im Zusammenspiel mit dem familialen Umfeld, aus den Asymmetrien familialer Machtverteilung zu "Verzerrungen" (Oevermann) im kindlichen Wahrnehmungs- und Anspruchsprofil kommen, aus denen sich lebensdurchgängige Ordnungsmuster des existentiellen Bewußtseins ableiten.[26] Diese Sichtweise offenbart ein unterschiedliches Sozialisationsverständnis im Vergleich zur "objektiven Hermeneutik". Ihr zufolge kennzeichnet Sozialisation das Ausgerichtetsein des Kindes bis zur Pubertät auf äußere, *verzerrungsfreie* Verläufe, deren Deutungen schematisch übernommen werden (müssen), weil die

> "Sinninterpretationskapazität entwicklungsspezifisch eingeschränkt (ist), und entsprechend sind die Voraussetzungen für die volle Realisierung der latenten Sinnstrukturen von Interaktionen noch nicht erfüllt."

---

26 Wie wichtig es ist, beim analytischen Zugriff auf die Selektivität latenter Sinnstrukturen vom familialen Kontext auszugehen, wird die Heidegger-Untersuchung zeigen. So ist sein Denken und Handeln, das Heidegger-Kenner durch die Konstanten Ambivalenz bzw. Zerrissenheit gekennzeichnet sehen, vor allem autoritätsanalytisch erklärbar.

So

> "(...) daß für die humane Ontogenese die stellvertretende Deutung der latenten Sinnstrukturen durch sozialisierte Bezugspersonen (Eltern und Lehrer) konstitutiv ist. (...) Verzerrungen in der Wahrnehmung treten erst später potentiell als Folge der Übernahme restringierender, ideologischer oder neurotoider sozialer Normen und Deutungen auf (...)." (S. 384)

In Frage steht, inwieweit die "volle Realisierung der latenten Sinnstrukturen von Interaktionen prinzipiell (...) erfüllt" (ebd.) sein muß, bevor die Bedeutung von Interaktionen frühkindlich verstehbar sein kann. Mit der Genese der Selbstbilder, deren Strukturen weit vor der Pubertät ausgebildet sind, ist das Kind schon früh in der Lage, sich im (Macht-)Kontext der Familie nicht nur deutungsrezeptiv zu verhalten, sondern auch die wesentlichen latenten Sinnstrukturen dieses Kontextes eigenständig latent zu realisieren und zur Verhaltensorientierung im existentiellen Bewußtsein einzuordnen. Damit ist es zweifelhaft, ob Verzerrungen "erst später" als individualgeschichtlich bedingte Ausrutscher gegenüber grundsätzlich verzerrungsfreien "objektiven" Vorgaben entstehen, und nicht schon mit den Bedeutungen selbst und ihren Vermittlungen im verzerrungsträchtigen Machtkontext. Im autoritätsanalytischen Verständnis kennzeichnet Sozialisation die frühkindliche, prinzipiell auch ambivalente Erfahrung normativ-autoritativer Vorgaben, die Individuierung in Anpassungs- und Selbstbehauptungsprozessen notwendigerweise ambivalent strukturiert. Die Autoritätsanalyse würde zu kurz greifen, wenn sie latente Sinnstrukturen als bloße Sinndeutung und nicht im Kontext der in jeweiliger Machtkonstellation und -positionalität stattfindenden Interaktionen sehen würde. Denn die Regeln der innerfamilialen Entstehung von Individualität sind zwar sozial, ohne daß aber Individualität sozial vorausberechenbar wäre als Summe der Übernahme verzerrungsfreier existentieller Vorgaben. Existentiell sind die Vorgaben nicht schon und ausschließlich auf der Inhaltsebene, sondern erst bezogen auf eine intrapsychische individuelle Bedeutsamkeit im Sinne einer lebensgeschichtlichen Unausweichlichkeit, die in, oft unterschwelligen, Schaden-Nutzen-Abwägungen zu verarbeiten ist. Mit jeder existentiellen Vorgabe ist der Horizont des Autoritativen latent als Zusammenhang von Selbst- und Autoritätsbild eröffnet, der sich mit der Ontogenese des Selbstbewußtseins konstituiert hat und deshalb die Möglichkeit von Selbstbehauptung gegenüber dieser existentiellen Ambivalenz impliziert. In diesem Zusammenhang bilden Selbstbilder den Fokus existentieller Kalküle, weil sie der Fokus des latenten Wissens um die autoritativen Ambivalenzen sind.

Es sind also nicht nur die Intentionen der Produzenten von existentiellen Sinnangeboten, die diese hierarchisieren und die gleiche Wertigkeitsverteilung aller im Text virulenten latenten Sinnstrukturen ausschließen. Auch das Selbstbild als Fokus ihrer Wirkungsbedingungen, auf die hin Anbieter von existentiellen Gebrauchswerten und Erscheinungsbildern strukturieren, hierarchisiert Bedeutungsmöglichkeiten nach dem Grad ihres Stellenwerts für Selbstbildansprachen. Eine derart hierarchisierte Intentionalität der latenten Sinnstrukturen, die aus der existentiellen Bedeutung der symbolischen Vorgaben resultiert, legitimiert die Selektivität einer Autoritätsanalyse, die sich, wegen deren qualitativen Sonderstatus', auf existentielle latente Sinnstrukturen beschränkt.

3. Erstes Anwendungsbeispiel: SDI-Werbung

a) Der Realitätstypus der Fraglosigkeit

Mit dem politischen Werben für SDI versuchen Verwertungsinteressenten, eine öffentliche Meinung zu installieren, die eine sowohl materielle wie auch ideologische Verwertung von Rüstung zumindest nicht in Frage stellt. Zu diesem Zweck produziert politisches Marketing den Anschein von Legitimität der Ansprüche politisch Herrschender, indem es die Handlungskonsequenzen aus einer massenkommunikativ angebotenen Werbewirklichkeit inszenatorisch begründet und drängend macht.

Eine der wesentlichen Voraussetzungen für die Infragestellung der SDI-Werbewirklichkeit durch die Öffentlichkeit läge darin, daß die Regierungsseite und ihre Anhänger nicht fast monopolhaft über die Marktressource Fernsehzeit verfügen könnten. In der Realität der Machtverhältnisse aber reicht der Einfluß der Nutznießer des SDI-Projekts so weit, daß jede Fernsehnachricht zu dem Projekt im Rückbezug angebunden wird an die jeweils medial präsentierte und als grundlegend und primär suggerierte Wirklichkeitsebene des Trickfilms. Damit ist das Thema institutionalisiert und hat den Anschein des Offiziell-Objektiven, der eine Überordnung bedeutet, an die sich einzelne Nachrichten anschließen. Mit dieser hierarchisierenden Sequenz erhält die Trickfilm-Wirklichkeit die Qualität des Fraglosen.[27]

Die formale Struktur dieser Trickfilmsequenz dezentriert die Aufmerksamkeit vom fiktionalen Charakter der vielversprechenden Botschaft. Für ein selbstdefiniertes Problem soll das Irreale als das Fraglose der einzige und selbstverständliche Lösungsweg sein. Jede Aufmerksamkeit, die sich auf Nachrichten, z.B. Detailfragen oder Entwicklungsschritte, zu dem Projekt bezieht, erhöht die latente Fraglosigkeit

---

27 In Anlehnung an die "mere exposure"-Hyopthese, nach der die Wähler diejenigen Kandidaten wählen, die in den Medien öfter zu sehen sind als ihre Konkurrenten, würden von den Fernsehrezipienten des Themas SDI eher die häufig gesehenen Werbebilder und -symbole assoziiert als andere selten gesehene. In diesem Fall ließe sich aufgrund der Häufigkeit der Bewußtseinsbesetzung die Korrelation von Vertrautheit und Fraglosigkeit unterstellen.
Zur "mere exposure"-Hypothese vgl. Six,B./Schäfer,B.: Einstellungsänderungen, Stuttgart 1985, S. 90

der phantastischen Überordnung der Trickfilmrealität, deren Zeichensprache Wirklichkeit anstrengungslos und nichtdiskursiv präsentiert.

In der Produktionslogik von Fraglosigkeit zielt der Werbecomic nicht darauf, den Rezipienten etwa mittels der Erzeugung einer Traumwelt zu involvieren. Deshalb werden keine Symbole verwendet, die den Rezipienten seiner Alltagswelt entrücken. Vielmehr soll die phantastische Wirklichkeit des SDI-Comics signalisieren, daß der Rezipient sich um geostrategische Sachverhalte nicht zu kümmern brauche, weil von kompetenter und verantwortlicher Seite alle Aspekte der Problemlage erkannt und Handlungskonsequenzen auf den Weg gebracht scheinen. Berücken sollen die Spots nur insofern, als sie den Bedrohlichkeitsaspekt der Sachlage vor Augen führen. So bietet die Veranschaulichung auf der Trickfilmebene oder als Kinderzeichnung zwar eine Projektionsfläche für mögliche existentielle Ängste angesichts der Möglichkeit eines Raketenangriffs, gleichzeitig erhöht aber die nichtdiskursive Comic-Symbolik die Schwelle für kritisches Nachfragen. Zudem will der enorme Medienaufwand für SDI den Rezipienten gerade dazu anhalten, sich, ohne zu fragen, auf die Tüchtigkeit einer scheinbar kritisch interessierten öffentlichen Meinung zu verlassen. Das Sicherheitsangebot besteht eben darin, den 'Experten', die die Bedrohungszusammenhänge so und nicht anders sehen (müssen), das Vertrauen des Laien zu schenken und ihnen die politische Realität und das heißt die Realisierung von Konsequenzen zu überlassen.

Beeinflussung im Sinne einer Wirklichkeitsdiskriminierung liegt also deshalb vor, weil die Werbebotschaft zwei verschiedene Realitätsebenen aneinanderkoppelt, wobei die entscheidende, die Realität der politischen Konsequenzen, als die einzig mögliche suggeriert ist. Indem die formalen Aspekte der Realitätstypen Trickfilm und Kinderzeichnung eine dem Anschein nach nicht in Frage zu stellende Wirklichkeit definieren, bleibt die Fragwürdigkeit des SDI-Projekts hinter den Realitätsfragmenten des Spots kaschiert. Mit diesem Realitätstypus soll dem amerikanischen Durchschnittsrezipienten die Mühe des Nachfragens und -denkens erspart bleiben. Schon die Form der werblichen Objektebene antizipiert das rezeptiv-unterschwellige Bilddenken. Phantasieerzeugte Märchenbilder der Mühelosigkeit erübrigen das - angesichts eines existentiellen Themas - naheliegende Durchspielen von Gegen-Wirklichkeiten. Und in bezug auf die Exklusivität der SDI-Wirklichkeit scheint jede aktuelle Detailnachricht über den jeweiligen Entwicklungsstand von SDI der unproblematische Beleg für den Realitätssinn derer zu sein, die das Märchen von der Unverwundbarkeit zu verwirklichen vorgeben. Es ist eben die Wirklichkeitsebene des Märchens, die nicht nur Fraglosigkeit erzeugen, sondern auch eine implizite, stillschweigende Loyalität sichern soll. Weil ein existentieller politischer Sachverhalt auf der Märchenebene angemessen symbolisiert scheint und damit dem untergeordneten politischen Tagesgeschehen entrückt ist, soll sich die Frage nach besseren Lösungen oder nach Handlungslegitimation gar nicht erst stellen.

b) Die Hierarchisierung von Wirklichkeit

Für die wirklichkeitsdiskriminatorische Absicht, einen politischen Sachverhalt von existentieller Bedeutung im Realitätstypus eines Märchens mit dem Anspruch einer angemessenen Darstellung zu präsentieren, haben wertorientierende und bewertende Symbole eine Schlüsselfunktion. Sie können gleichzeitig Fraglosigkeit erzeugen und existentielle Gebrauchswerte, z.B. das Versprechen einer Existenzsicherheit, bedeuten. Sie bewerkstelligen die Eindruckswertigkeit der Spots, die hierarchische Ordnung der Wirklichkeitsangebote, wodurch Fraglosigkeit oder gar aktive Anpassung nahegelegt werden. Zu ihrer Analyse ist von der im theoretischen Teil erläuterten Annahme auszugehen, daß trotz des merkantilen Charakters politischer Symbolik deren Spezifik durch die bloße Übernahme der Haugschen Begrifflichkeit der Warenästhetik nur partiell, aber nicht hinreichend erfaßbar ist. Ein Eindruckswert im politisch-werblichen Kontext geht über die Analogie zum "Befriedigungsversprechen des Warenschönen" (vgl. Haug 1980, S. 171) hinaus, indem er vor allem sozial hierarchisierende Potenzen und deren Ansprüche mittels Erscheinungsbildern repräsentiert, die als werbliche Symbolorganisation eher der Fiktion als der Realität von Gebrauchswerten zuarbeiten. So bedeuten negative Erscheinungsbilder keine unmittelbaren Gebrauchswerte für den Rezipienten, sondern verweisen auf positive Erscheinungsbilder. Erst aus dieser Spannungsrelation soll sich der eigentliche existentielle Gebrauchswert für den Rezipienten ableiten. Auch in den Spots stehen negative und positive Erscheinungsbilder in einem Spannungsverhältnis, wobei letztere durch die Negativität der ersteren ihren Gebrauchswert erhalten. Politische Sachverhalte sind hier so arrangiert, daß Gut und Böse als Entweder-Oder-Wirklichkeiten aufeinanderstoßen.

Für den Anbieter haben somit negative Erscheinungsbilder ihren positiven instrumentellen Wert, indem sie verschleiern, daß erst das Verwertungsinteresse des amerikanischen Rüstungskapitals zu einem Interesse am Mythos der Unverwundbarkeit und damit zu dem Anliegen führt, absolute existentielle Geltungsansprüche zu inszenieren, die als politischer Sachzwang kaschiert und legitimiert sein sollen. Deshalb werden Lebensmuster ethisch so zu Eindruckswerten aufgeladen, als liefe politisches Handeln auf sie zu, als sei damit die Exklusivität der politischen Position erst begründet, die schon durch das Verwertungsinteresse vorgegeben und definiert ist. In der Logik der Werbebotschaft aber sollen absolute politische Geltungsansprüche als existentielle Gebrauchswerte verstanden und als realisierbar eingeschätzt werden.

Bei der Inszenierung des Erscheinungsbilds des Bösen ist Realität als Sequenz geordnet, die ihren Impuls von der Veranschaulichung der Totalität eines Bedrohungspotentials empfängt, um dann unausweichlich in die heilbringende Komplementarität eines als perfekt dargestellten Abwehrsystems zu münden. Aus einer so polarisierten Realität erwachsen zwangsläufig und alternativlos Gebrauchswertfiktionen, die Sicherheit und Fürsorge versprechen. Die Fiktionen kaschieren ihren fiktiven Charakter dadurch, daß sie auf der Objektebene der werblichen Phantasiewirklichkeit Potentialitäten der realen Weltpolitik als schon gegeben präsentieren. Der werbliche Kurzschluß lautet: Weil es eine weltweite gegenseitige Bedrohungslage gibt, ist das SDI-Projekt realistisch. Dieser Logik erwächst die Schein-Solidität der nach dieser Ansicht gewichteten Werberealität, deren implizite Botschaft damit auch lautet, an der Nutznießung eines existentiellen Gebrauchswertversprechens, der Perspektive von Schutz und Sicherheit, zu partizipieren. Die so montierte Medienrealität symbolisiert die mühelose Selbstverständlichkeit einer Soll-Wirklichkeit kurz vor ihrer greifbar nahen Realisierung.

Der Werbe- als Sollwirklichkeit unterliegen Hierarchisierungen, die die Erlösung vom Bösen nicht nur in Aussicht stellen, sondern als notwendig zu realisierende erscheinen lassen. Wirklichkeitsfragmente in Märchenform werden zu einer kriegerischen Wenn-Wirklichkeit montiert, wobei der Trickfilm vor allem Bedrohung und Gegenwehr, die Zeichnung darüberhinaus das schützenswerte Gute darstellen. Die märchenhafte Werbewirklichkeit konfrontiert die Anspruchshaltung der Anbieterseite an keiner Stelle mit der Frage nach ihrem Realitätsbezug. Während beim Trickfilm eine politische Alltagsrealität ausgeblendet ist, thematisiert die Zeichnung zwar eine Lebenswelt, die allerdings als Weichzeichnung ebenfalls überzogen, der Alltagsrealität und damit einer Problem- und Kostenfrage in bezug auf SDI enthoben ist. Diese soll angesichts der im Trickfilm bedeuteten Mühelosigkeit und Erfolgssicherheit ebenso in den Hintergrund treten wie angesichts der in der Form des kognitiven Kindchenschemas präsentierten Schlüsselsymbole zu Familie, Leben, Welt. Diese Verniedlichungsformen reduzieren Sachverhalte auf Gefühle und Empfindungen und appellieren mittels der Kinderperspektive unterschwellig an die Fürsorgepflicht des (erwachsenen) Rezipienten. Die Voraussetzung und der Angemessenheitsnachweis für diesen Appell liegen in der einseitigen Zuordnung der existentiellen Metaphorik (mit den Werten Familie, Leben, Natur) auf die Seite der 'guten' Welt.

Diese wertsprachliche Akzentuierung polarisiert nicht nur Gut und Böse, Sieger und zu Besiegende, sondern präsentiert Wirklichkeit als invariante, der eine historische Gesetzlichkeit zu unterliegen scheint nicht allein im Sinne von: wenn das Böse angreift, wird es durch das Gute vernichtet, vielmehr auch im Sinne von: *daß* das Böse angreift. Derartig ideologisch markiert, wird und soll das Böse seiner gerechten Vernichtung durch diejenigen zugeführt werden, auf denen Gottes Segen ruht. Die hierarchisierte Wirklichkeit symbolisiert, daß in ihr eine heilige Herrschaft waltet, die mit göttlicher Macht im Bunde steht. Somit erscheint SDI als göttlicher Auftrag, der Reagan demiurgische Möglichkeiten verleiht, wie die Wandlung des grauen Bogens in einen Regenbogen zeigt.

c) Zivilreligion als Normsystem

Vor allem der nichtamerikanische Kritiker begnügt sich bei der Analyse der symbolischen Objektebene vorschnell damit, Reagan mit dem Status eines schauspielernden Märchenonkels zu etikettieren, der als unpolitischer Medienstar für bloßes werbliches Entertainment steht, um einen 'general support' zu erhalten, einen unspezifischen, vertrauensvollen Zuspruch, der in bezug auf künftige politische Einzelmaßnahmen die Legitimitätsfrage erübrigen soll. Dementsprechend würde die Analyse von Form und Inhalt der Werbespots sich in der Erkenntnis erschöpfen, daß diese in ihrer Schlichtheit lediglich den Verständniskategorien der Disneyland-geprägten Rezipientenmehrheit gehorchten.

Der amerikanische Rezipient steht jedoch im Geltungsbereich eines spezifischen Normsystems, dem auch die Herstellung der SDI-Spots gehorcht. Ihre latenten Botschaften berühren die Wurzeln amerikanischer Mentalität und amerikanischen Selbstverständnisses. Diesem unterliegen Normen, die in ihrer Gesamtheit zwar nicht bewußt reproduziert werden, die aber die werbliche Objektebene standardisieren und die Übereinstimmung zwischen ideologischer Botschaft und politischer Praxis absichern. Vor diesem Hintergrund sind werbliche Sinnangebote als Anweisungen zu verstehen, daß technische Innovationen als politische Optionen existentiell adäquat, d.h. in der Logik der Geschichte und des Selbstverständnisses der USA, zu nutzen sind.[28] In diesem Kontext hat Ronald Reagan die politisch-werbliche Funktion, die Botschaft und damit das Normsystem als quasireligiöse Führungs- und Projektionsfigur zu verkörpern. Auch der fundamentalistischen Reagan-Ära unterliegt jene Vorstellung einer religiös-zivilisatorischen Leitfunktion, jenes Selbstverständnis, nämlich im Bunde mit Gott zu stehen und deshalb 'dem Guten'

---

28 "Entgegen den Prognosen hat nicht die Modernisierung den Fundamantalismus verschwinden lassen, sondern der Fundamentalismus hat die technisch-organisatorische Seite der Modernisierung genutzt, um seinen Wertkonservativismus effektiver zu vertreten." (Riesebrodt, Martin: Fundamentalismus und 'Modernisierung'. S. 121, in: Kodalle, K.-M. (Hrsg.): Gott und Politik in USA. Frankfurt 1988, S. 112-125
Hier ist wohlmeinende Therapie verfehlt, die Lübbe, eurozentriert und in normativ psychologisierender Manier, empfiehlt, wenn er der Gefahr totaler Vergesellschaftung durch die Moderne mit der Wiederbelebung religiöser Einstellungen und Erfahrungen begegnen will. Vgl. Lübbe, Hermann: Historismus oder die Erfahrung der Kontingenz religiöser Kultur. in: Wahrheitsansprüche der Religionen heute. Hrgg. v. W. Oelmüller. Paderborn/München/Wien/Zürich 1986.
Dagegen argumentiert Kodalle: "Solche globalen Erklärungsversuche mögen vielleicht einleuchten - die spezifische Eigenart der *amerikanischen* Situation bringen sie doch nicht vor den Blick. Besinnung auf religiöse Kräfte als Erinnerung der Herkunftsgeschichte bedeutet im Falle der USA jedenfalls nicht: *kompensatorisch* zum rasanten Modernisierungs- und Nivellierungsprozeß die kontingenten Herkunftsbestände museal oder modernitätskritisch zu vergegenwärtigen, wie manche unter Hinweis auf die Begrenztheit unserer 'Innovationsverarbeitungskapazitäten' unterstellen." (Kodalle 1988, S. 21)

allgemeine Geltung verschaffen zu sollen, die schon die ersten puritanischen Kolonisten beseelte. Deren universalistischer Wahrheitsanspruch kennzeichnet auch die zivilreligiösen Ideale der Moderne:

> "Die (...) Synthese von Modernisierungsprozeß und religiöser Sinnvergewisserung spiegelt sich im Bewußtsein des amerikanischen Durchschnittbürgers keineswegs als historische Besonderung kollektiver Identität! Diese Kontingenz wird nicht eingestanden, sie wird nicht als *relativ* gegenüber anderen, *auch* berechtigten Einstellungen vertreten. Vielmehr wohnt hier dem de facto partikularen Wahrheitsanspruch ganz traditionell immer noch eine Universalisierungsforderung inne. *Alle* sollen *dieser* 'ganzen' Wahrheit teilhaftig werden. In der Moralisierung politischer Optionen in den USA manifestiert sich diese Tiefendimension der göttlichen Rechtfertigung des eigenen Weges."[29]

Vor dem Hintergrund der so charakterisierten amerikanischen Bewußtseinstradition reflektieren auch die Werbespots zu SDI die Identität von politischem Sinnangebot und göttlichem Auftrag, nämlich den, durch innovatorische Aktivitäten die weltweite Erlösung vom Prinzip des Bösen zu verwirklichen. Die Universalität des zivilreligiösen göttlichen Geltungsanspruchs findet ihre werbliche Entsprechung in der Symbolisierung der existentiellen Abstrakta Leben, das Böse, das Gute, Überleben. Damit hat die SDI-Botschaft die Dimension einer göttlichen Verheißung, mit der nach dem zivilreligiösen Gottesverständnis - im Gegensatz zur christlichen, passiven Erlösungsperspektive - das auserwählte Volk der USA dazu verpflichtet ist, die zivilreligiöse göttliche Ordnung, ihre Gesetze und Rechte eigenständig unter dem Schutz göttlicher Vorsehung zu verwirklichen.[30] Der Glaube an die Effektivität hohen Kapitaleinsatzes und technisch-innovativer Potenz zur Realisierung der göttlichen Mission ist ebenfalls historisch fundiert und gehört zum politischen Normsystem der fundamentalistischen Reagan-Ära.[31] In der Logik der amerikanischen Mentalitätsgeschichte ist dann die Verheißung einer technischen Utopie wie SDI durchaus adäquat und vielversprechend in dem Sinne, daß der aktuell gefährlichste Gegner durch staatlich zu leistende materielle und technische Übermacht geschlagen wird mit einem geringen Risiko eigener menschlicher Verluste. Die Erfolgsperspektive von SDI soll im Dienste einer Vereinnahmungsabsicht als ein weiteres Indiz

---

29 Kodalle 1988, S. 21
30 Zum Verhältnis von zivilreligiöser und christlicher Gottheit vgl. Kodalle 1988, S. 26ff
31 Die historischen Ursprünge dieser Erfolgsgewißheit aufgrund technischer und materieller Überlegenheit liegen in der Zeit der Indianerkriege: "Der Westen (...) wurde nicht von Individualisten à la Benjamin Church oder Davy Crockett erobert, sondern durch einen enormen, organisierten Einsatz von Kapital und Militär. Nichts trug mehr zur Besiedlung des Westens bei als die Eisenbahnen. Hinter den Eisenbahngesellschaften aber stand die Regierung mit ihren Bürgschaften und ihrer Kavallerie." (Schulz, Dieter: Rothäute und Soldaten Gottes: Amerikanische Ideologie und Mythologie von der Kolonialzeit bis Ronald Reagan. S. 301, in: Kultur und Kritik. Hrgg.v. J. Assmann und D. Harth. Frankfurt 1990, S. 287-303

dafür verstanden werden, daß ein auserwähltes Volk, im Bunde mit Gott stehend, die Menschheit vor den größten Bedrohungen bewahren kann.

d) Reagans Erscheinungsbild und amerikanisches Selbstverständnis

Gerade das geschichtsmächtige Muster der bewährten, staatlich organisierten Schutzleistung und Konfliktbewältigung verspricht nicht nur die vertrauenswürdige Solidität des SDI-Projekts, sondern entbindet auch den umworbenen Einzelnen einer direkten Mitverantwortung. Auch nach der Logik der Spots hat der Staat mit seiner politischen Handlungstradition die zivilreligiöse Pflicht, dem Prinzip des Guten zum endgültigen Durchbruch zu verhelfen, zumindest aber, es zu bewahren. Obwohl also die Werbebotschaften zu SDI ihrer Symbolik nach und der zivilreligiösen Ideologie bzw. dem nationalen Identitätsverständnis Amerikas entsprechend eine existentielle Dimension haben sollen, signalisieren sie gleichzeitig, daß die Verantwortlichen des Staates in historischer Rollenverteilung das Richtige entschieden und bereits auf den Weg gebracht haben.

Wenn sich die Werbebotschaften zwar an historisch bedingte Strukturen koppeln, den Rezipienten aber nicht in die Verantwortung nehmen - beispielsweise über eine antizipierte Schuldzuweisung im Falle möglicher Nichtakzeptanz -, liegt mit den Spots eine eher beeinflussende denn manipulative Wirklichkeitsdarstellung vor (vgl. oben S. 46ff). Die Werbe-Welt ist schablonenhaft in Gut und Böse eingeteilt mittels gefühlsbeladener und simplifizierender Kategorien. Aber vereinnahmungsstrategisch erscheint es als nicht illegitim, einer wenig problemorientierten Rezipientenmehrheit einen politischen Zweck zu illustrieren, hier den, einen perfekten Schutz vor feindlichen Raketenangriffen zu bewerkstelligen.[32] In diesem Sinne bedeuten die Spots Identifikationsangebote mit einer vielversprechenden Option, die als Werbewirklichkeit zwar nur eine einzige Handlungsperspektive offenbart, deren Plus-Minus-Polarität aber nicht alles und jeden auf sich verpflichtet. Eine andere Ansicht der Dinge wird nicht in Form einer Schuldzuweisung stigmatisiert. Die hier vermittelte Ansicht bedeutet ein Sicherheitsangebot im Sinne eines Versprechens, von dem keine Sanktionsimpulse als Androhung antizipierter Negationskosten ausgehen, weil es sich nicht in Form einer unbedingten und absoluten Existenzfrage präsentiert. Mithin dürfte die Rezeption der Spots nur in Ausnahmefällen Selbstbilder generieren, die den Horizont der Selbstnegation eröffnen.

Weil für den werblichen Kontext von SDI bezeichnend ist, daß in ihm weniger eine akute existentielle Gefährdung inszeniert ist als vielmehr die Perspektive einer

---

32 Eher als die Zweckfrage auf der werblichen Darstellungsebene ist die Frage nach den Gründen für SDI von dem Verdacht der Vertuschung geleitet. Denn einer ihrer Hauptgründe, das Profitinteresse der amerikanischen Rüstungsindustrie, soll kaschiert bleiben.

vergrößerten Aktionsmacht gegenüber dem 'Reich des Bösen' bzw. der Ausgrenzung des nicht missionier- und zivilisierbaren 'Bösen'[33], sind Selbstbildgenerierungen wahrscheinlicher, die sich positiv identifikatorisch auf die geschichtlich fundierten Mythen des amerikanischen Selbstverständnisses beziehen, für das die identifikatorische Anpassung an das Erscheinungsbild einer vielversprechenden Leitfigur im ideologischen Rahmen des zivilreligiösen Nationalismus unabdingbar ist. Politisches Marketing zielt auf die rezeptive Komplementarität zu einer erscheinungsbildnerischen Symbolik, zu der inszenierten Selbstdarstellung einer Leitfigur, in der der amerikanische Rezipient seine Interessen realisiert zu sehen glaubt, weil sich auf einen aggressiven Einzelkämpfer und seine Konfliktbewältigungsversprechen jeweilige Ängste und Erwartungen projizieren lassen.

Mit der werblichen Symbolik des Lebens und des Hohen lautet die Botschaft der Spots: Reagan, der starke Held, kämpft erfolgreich gegen das Böse. Mit derartig inszenierten Erscheinungsbildern Reagans sind nicht nur die Strukturen nationaler Identität aktiviert, der Mythos des Einzelkämpfers befriedigt auch die individualistischen Ideologiebedürfnisse, so daß auch die werbliche Polarisierung von Retter und Schutzbefohlenen religiöse Konnotationen weckt. Wie es auf der Ebene der Werbewirklichkeit darum geht, zwischen Rezipient und sozialer Realität Distanz zu schaffen und damit Fraglosigkeit zu erzeugen, ist diese auch auf Werbeebene dargestellt, indem der Erlöser Reagan über den Dingen steht. Ihm scheint es möglich, bei Gefahr alles und alle unter seine Fittiche zu nehmen.[34] In dieser Rolle verkörpert Reagan die Identität der Nation:

> "Die Indianerkriege haben den Amerikanern ein ideologisches und mythologisches Modell geliefert, das ihr Selbstverständnis nach wie vor prägt."[35]

---

33 Zum historisch begründeten Grundmuster dieser Ideologie vgl. Schulz 1990, der eine Parallele zieht zwischen der amerikanischen Mentalität im Zeitalter von SDI bzw. 'star wars' und dem Amerika der Westexpansion im 19. Jahrhundert, als es die Indianerrasse, die 'unzivilisierbaren Wilden', gewaltsam ausgegrenzt und verdrängt hat. In Anlehnung an diesen erfolgreichen Handlungstypus haben "Generationen von Präsidentschaftskandidaten (...) das Image des Ex-Indianerkämpfers im weitesten Sinne zu projizieren versucht (...)." (Schulz 1990, S. 300)

34 Nicht nur für die Massenmedien reduzierte der TV-Präsident Reagan Politik konsequent auf die Heldenrolle, mit der sich die Konsumenten identifizieren konnten. Vereinnahmungstechnisch von Bedeutung für die Umsetzung des SDI-Projekts war das Erscheinungsbild Reagans auch gegenüber dem Kongreß und dem Repräsentantenhaus. Hedrick Smith spricht vom "John-Wayne-Syndrom: Politik als Western, in dem der gute Sheriff gegen die Bösewichter antritt." (vgl. Der Spiegel, Nr. 41/1988)
Politische Sachverhalte werden als (Western-)Episode inszeniert und verkauft, politisches Handeln ist symbolisches Handeln, bei dem der Held sich entweder symbolisch durchsetzt oder ein schlechtes Bild abgibt.

35 Schulz 1990, S. 296f

Die identische Grundstruktur von Reagans Erscheinungsbild als aggressiv omnipotenter Einzelkämpfer und der des amerikanischen Selbstverständnisses begründen die Eindruckswertigeit werblicher politischer Symbolik. Vor diesem Hintergrund erst läßt sich die volle Bedeutung solcher Äußerungen wie des als Mikrophontest bekannt gewordenen Ausspruchs begreifen: "Wir beginnen die Bombardierung Rußlands in fünf Minuten" oder gegenüber dem widerspenstigen Kongreß: "Im Geiste Rambos, diesmal werden wir siegen"[36].

In dem sich in symbolischer Politik amerikanisches Selbstverständnis manifestiert, sind die Reaganschen Erscheinungsbilder für den Konsumenten existentielle Gebrauchswerte, die als Wertkombinationen Eindruckswerte bedeuten, welche als solche dem Konsumenten zivilreligiöse Orientierungen und ihren politischen Anbietern Konsumentenbindung versprechen. Denn mit Reagan, wenn er in der Symbolik (film-)historischer Erfolgstypen agiert, werden werbliche Mythen wie Stärke, Vertrauen, Sicherheit und Schutz vermittelt. Die Vertrautheit hinsichtlich eigener Projektionen und Vorstellungsbilder erlebt der Konsument symbolischer Politik als existentiellen Zusatznutzen. Ob Indianer-, Cowboyfilm oder eine von Reagans Polit-Operas: die Erfolgsredundanz, die sich mit der Inszenierung jeweiliger Erscheinungsbilder veranschaulichend manifestiert, potenziert das Existentialwertversprechen derartig strukturierter Gebrauchswerte, die scheinbar kostenlos in der alltäglichen Medienrealität produziert werden. Die eindruckswertbegründende Identität der Strukturen unterschiedlicher Erscheinungsbilder reduziert abstrakte politische Sachverhalte auf den simplen Antagonismus von Gut und Böse und konstituiert eine alltägliche, zivilreligiöse Pseudointimität zwischen Retter und Schutzbefohlenen. Ihre Geschichtsmächtigkeit lädt die Heldenfigur in bezug auf die mythologische und ideologische Bedürfnislage 'des' Amerikaners zu einem Eindruckswert auf, auf den sich Regierende und Regierte bei dem Prozeß politischer Machtverteilung beziehen (müssen). Weil diese Medienrealität alltäglicher Dauerhintergrund der Lebenswelt ist, bietet die Identifikationsfigur des Helden nach Bedarf die Möglichkeit der identifikatorischen Dezentrierung der realen sozialen hin zu einer Egozentrierung der imaginativen Ordnung. Hinter dem vordergründigen Unterhaltungs- verbirgt sich der existentielle Gebrauchswert des Helden auf der Ebene von Wunschphantasien.

---

vgl. auch ebd., S. 288: "Amerikanische Identität konstituierte sich wesentlich in der Auseinandersetzung mit den Indianern. Die Indianerkriege wurden und werden in Amerika zu einer Ideologie und zu einer Mythologie verarbeitet, in der das, was Generationen von europäischen Einwanderern an Vorstellungen mitbrachten, spezifisch amerikanische Konturen gewann. Die *Ideologie* der Indianerkriege lieferte die Begriffe, den argumentativen Diskurs; die *Mythologie* der Indianerkriege entfaltete die symbolischen Formen - die Figuren, Bilder und Handlungsmuster -, in denen amerikanisches Selbstbewußtsein Gestalt angenommen hat. Und zwar bis heute, in einer Zeit, da der Indianer als realer Konfliktgegner schon lange keine Rolle mehr spielt."

36 vgl. Der Spiegel, Nr. 47/1985

Schon die Form der bildhaften Zeichen(-tricks) erbringt den Abstand zur negationspotenten realen sozialen Ordnung und damit ein gesteigertes Selbsterlebnis. Die nachhaltig entlastende Selbstvergewisserung leistet erst der im wesentlichen regressive Aspekt der Gebrauchswerte von geschichtlich bewährten Autoritätsfiguren, deren werbliche Inszenierungen das alltäglich benötigte und nachgefragte existentielle Sicherheitsgefühl versprechen und vermitteln.

In dieser entscheidenden Hinsicht stimmt dann Rick Sellers Diagnose der politisch werblichen Massenkommunikation:

> "Ich glaube, die amerikanische Öffentlichkeit will gar nicht belästigt werden mit dem Was, Wann und Wie (...). Ob diese Technologie etwas taugt oder wieviel sie kostet, das sind doch Nebensächlichkeiten (...)."[37]

4. Zweites Anwendungsbeispiel: Der Kommissionsbericht

a) Der Wissenschaftler als Marketing-Beauftragter

Mit dem besonderen Realitätstypus des SDI-Werbespots ist bezweckt, Distanz zu schaffen zur sozialen Realität, indem Aufmerksamkeit und Erwartungen in bezug auf die SDI-Thematik an eine werbliche Phantasiewirklichkeit gebunden und in Fraglosigkeit überführt sein sollen.

Die vom damaligen Ministerpräsidenten Lothar Späth einberufene Kommission erhebt dagegen den Anspruch, die soziale Realität selbst wissenschaftlich erfaßt zu haben und die in ihr angelegten

> "(...) kulturelle(n), politische(n), soziale(n) und wirtschaftliche(n) Entwicklungen, die die Zukunft eines Industrielandes im allgemeinen und Baden-Württembergs im besonderen wesentlich beeinflussen können, zu analysieren und in einem Bericht darzustellen."[38]

Anders als der präsentative Zuschnitt der SDI-Spots zielt der argumentative Charakter des Kommissionsberichts auf direkte Ansprache des begrenzten Adressatenkreises von meist universitär ausgebildeten (künftigen) Meinungsträgern und -multiplikatoren. Diese Form politischen Werbens hat ebenfalls den Zweck, Fraglosigkeit oder gar Konsens zu erzeugen, wenn auch mit anderen vereinnahmungstechnischen Mitteln und auf der Ebene eines anderen Realitätstypus als beim SDI-Werben. So wurde im Hinblick auf den Adressatenkreis der Typus des wissenschaftlichen Essays gewählt, dessen Prestige dem verwertenden Politiker zweckdienlich ist zur Akzentu-

---

37 vgl. S. 52f
38 Kommissionsbericht, a.a.O., S. 7; im weiteren direkt im Text unter Seitenangabe zitiert

ierung der Seriosität seiner Selbstdarstellung und -legitimation und darüberhinaus dem Rezipienten von dessen akademischer Sozialisation vertraut ist.

Auch jenseits des universitären Rahmens schlägt sich wissenschaftliches Prestige in Form des weit verbreiteten Images vom unabhängigen, nur 'seiner Sache' verpflichteten Wissenschaftlers nieder. Nach diesem Vorurteil sind Wissenschaftler durch die, oft karikierte, lebensdurchgängige Totalität ihrer Hinwendung zum Forschungsgegenstand einerseits den Zugriffsmöglichkeiten politischer und ökonomischer Machtinhaber entzogen und somit andererseits Bürgen und Garanten der Objektivität und des Eigenwerts ihrer Erkenntnisse, von denen deshalb (auch politische) Konsequenzen ableitbar sind, die dem Allgemeinwohl dienen. Diese Art von Anspruch und Selbstverständnis drücken auch die einleitenden Sätze des Berichts aus:

> "Die Kommission darf hoffen, daß ihre Erörterungen als das genommen werden, was sie sind: als sachverständige Beiträge zum Verständnis wahrscheinlicher Entwicklungen sowie als Optionen für politisches Handeln." (S. 8)

Ungeachtet dieses, für die Herstellung einer öffentlichen Meinung gut zu verwertenden Images sind wissenschaftliche Arbeiten wegen ihrer mitproduzierten ideologischen Implikate für Verwertungsinteressenten funktionalisierbar. In deren Interesse haben Wissenschaftler dann die Aufgabe, die Kluft zwischen den Interessen des Gemeinwohls und Partikularinteressen symbolisch-ideologisch zu überbrücken und idealiter mit einer Wirklichkeitskonstruktion so abzudecken, daß eine Interessenkongruenz hergestellt scheint. Nicht nur im politischen, auch im privatwirtschaftlichen Bereich lassen immer mehr Anbieter aus Legitimationsgründen ihre Ansprüche und Angebote wissenschaftlich einbetten.[39]

So wäre auch im Falle dieses Kommissionsberichts die Annahme naiv, es hätte eine Landesregierung Wissenschaftler nach rein fachwissenschaftlichen Kriterien zusammenkommen lassen, um sich Maßgaben politischen Handelns erarbeiten zu lassen, als seien erst *nach* einer wissenschaftlichen Beratung politische Optionen begründet. Vielmehr offenbaren nicht nur die politischen Skandale, sondern auch die politische Alltagspraxis den Widerspruch zwischen wissenschaftlichen Erkenntnissen und den Erfordernissen eines Machtmanagements, dessen politische Gestaltungsarmut gegenüber der innovativen Dynamik und der Machtfülle privatwirtschaftlicher Produzenten meist durch den Aktionismus einer symbolischen Politik verbrämt wer-

---

39 In dieser Funktion hat sich der Autor der meisten der für den ideologischen Aspekt des Berichts entscheidenden Seiten mannigfach bewährt und auch bei multinationalen Unternehmen, wie z.B. IBM, in zahlreichen, Legitimationsbedürfnissen zuarbeitenden Artikeln, einen Namen gemacht. Obwohl die individuellen Beiträge der Wissenschaftler als solche nicht gekennzeichnet sind, ist Hermann Lübbe mit hoher Gewißheit als Autor zu betrachten. Die Zwanghaftigkeit seiner Neologismen und seines allzeit energisch durchgehaltenen Optimismus schmückt seine Arbeiten wie eine Art Markenzeichen.

den soll. In einzelnen Fällen wird das Hinterherhinken der Politiker auch durch ihren vorauseilenden Gehorsam zur Tüchtigkeit hin kompensiert, was dazu führen kann, daß für politische Führungskreise nur noch diejenige universitäre Wissenschaft akzeptabel ist, die der Privatwirtschaft zuarbeitet. Als Belohnung für die anpassungsfähige Wissenschaft winken großzügige Mittelausstattungen und Berufungen durch die 'Beratenen'. Und wenn Lothar Späth für seine Initiative zu dieser Kommission ein Jahr später die Ehrendoktorwürde der Universität Karlsruhe verliehen bekommt, hat sich der Kreis wechselseitiger Legitimitätsversorgung geschlossen.

Der vom Schwindel dieses Kreislaufs erfaßte Wissenschaftler kann allem Anschein nach die Rolle des Marketing-Beauftragten für symbolische Politik problemlos mit dem oben zitierten Selbstverständnis in Einklang bringen, um dann, das zeigt das folgende Zitat in selbstgewisser Offenheit, gemäß den politischen Vorgaben Vollzug zu melden:

> "Das II. Kapitel beginnt, nach einleitenden Bemerkungen als erstem Abschnitt, mit einem Essay zur *Alltagskultur* in der Bundesrepublik. Dieser reflektiert - mit empirischer Evidenz - die außerordentlich vitalen kulturellen Lebensweisen des Volkes und die vielfältigen Optionen, die sich ihm in einer offenen Gesellschaft bieten. Er steht im Widerspruch zum 'Pessimismus', dem Grau in Grau, das sich z.Zt. in öffentlichen und veröffentlichten Kulturphilosophien nur allzu häufig äußert. *Er ist ein Beitrag zum gesellschaftlichen Bewußtsein* (Herv. v. mir, KGW)." (S. 9)

b) Pessimismus als negativer Eindruckswert

Diese programmatische Absichtserklärung provoziert die Frage nach den Vereinnahmungstechniken, die in der Wirklichkeitsdarstellung der Kommission die Rezipienten zum Optimismus gegenüber Zukunftstechnologien bekehren sollen. Denn offenbar ist die soziale Wirklichkeit nicht von der Art, daß sie immer und jeden optimistisch stimmt. Ganz im Gegenteil, sie macht Bewußtseinsbildung erst nötig, denn Lübbe muß feststellen:

> "Die Neigung, die Technologieplanungen öffentlicher und privater Instanzen mit dem politisch benötigten Vertrauenskredit auszustatten, nimmt ab, und Meinungen über Nutzen und Nachteil der technologischen Evolution polarisieren sich." (S. 27)

Lübbe übernimmt die Interessensperspektive von Politikern, wenn er schon deshalb für einen Vertrauenskredit plädiert, weil dieser 'politisch benötigt' ist, als sei politisches Handeln nur als von vertrauensvollem Optimismus getragenes denkbar. Mit dieser Setzung verschmelzen Wissenschaft und Politik in der Funktion politischen Werbens und in ihrer besonderen Verantwortung für die Gestaltung der Zukunft:

> "Um so gravierender wirkt es sich aus, wenn in technologiepolitischen Entscheidungszusammenhängen bedeutender Größenordnung sich Experten erster Geltung in

Fragen des Nutzens, der Sicherheit und der Abschätzung der Nebenfolgen öffentlich, bis zur wechselseitigen moralischen Erbitterung uneins zeigen." (ebd.)

Das heißt, nicht nur einer auf Marketing-Effekte zielenden symbolischen Politik, auch einer ebensolchen symbolischen Wissenschaft soll es mehr um die inszenatorische Nützlichkeit als um den substantiellen Wert wissenschaftlicher Erkenntnis gehen. Für Lübbe ist nicht die Tatsache der Unsicherheit unter Experten über die Bedeutung und Tragweite einzelner Erkenntnisse das Beunruhigende, sondern die Tatsache der *Öffentlichkeit* des Expertenstreits. Um den nötigen Vertrauenskredit nicht zu gefährden, soll die Öffentlichkeit mit möglichst wenig wissenschaftlichem Pessimismus konfrontiert werden. Mit den verschiedenen Zumutbarkeitsniveaus von negativen Erkenntnissen hierarchisiert Lübbe Gesellschaft in Bewußtseinsklassen. Nur wenige, nämlich wissenschaftliche Experten und politische Führungseliten, scheinen die ganze Wahrheit verkraften zu können und deshalb prädestiniert zu sein, Verantwortung für alle zu übernehmen. Den anderen kann nur zugemutet werden, sich einer unkritischen Zukunftsgläubigkeit zu befleißigen, damit Zukunft überhaupt stattfindet. Denn:

"Jede Zivilisation hängt vom Vertrauen in ihre Zukunftsfähigkeit ab. Für die technische Zivilisation gilt das in besonderem Maße." (ebd.)

Mißtrauen gefährdet die Zivilisation, wer die Zukunft will, soll Vertrauen haben. Dieser normativen Setzung, die auf dem Schema der 'natürlichen Wahrheit' basiert[40], hat sich jede weitere Erörterung der Problematik unterzuordnen. Sie ist der oberste Punkt einer wertenden Ordnung, deren selektiv hierarchisierender Zugriff auf Realität die latente Drohung einer Schuldzuweisung an Kulturpessimisten impliziert. Explizit wird das öffentliche Wirken, das begriffliche Erscheinungsbild, v.a. der Sozialwissenschaften, als unverantwortlich zensiert:

"Sie (die Analysen der Kommission, KGW) sind sich der Unschärfe sozialwissenschaftlicher Begriffe, der Gefahr 'sich selbst erfüllender Prophetien' und der Begrenztheit von Prognosen durchaus bewußt. Häufig sind es wissenschaftliche Konstruktionen und Spekulationen selber, die beobachtbare Schwierigkeiten zu Krisenvisionen überhöhen: die Thesen über die drohende Ökokatastrophe, die atomare Apokalypse, die Grenzen des Wachstums, die Legitimations-, Motivations- und Fiskal-

---

40 Diesem Schema entsprechen scheinbar grundlegende, solide Wahrheitssätze wie: "Die Geschichte aller bisherigen Gesellschaft ist eine Geschichte von Klassenkämpfen" (vgl. Haffner, Sebastian: Anmerkungen zu Hitler. München 1978, S. 85) oder: "Alles weltgeschichtliche Geschehen ist nur die Äußerung des Selbsterhaltungstriebes der Klassen" (ebd.). Diese Sätze sollen in ihrer oberflächlichen Eingängigkeit, in ihrer diktatorischen Unduldsamkeit möglichem Widerspruch vorbeugen.

krise usw. sind selbst wissenschaftliche Kreationen, deren Wirkung nicht nur warnend, sondern auch lähmend, 'sich selbst erfüllend' sein kann." (S. 26f)[41]

Am Anfang so manchen Unglücks steht also der falsche wissenschaftliche Begriff. Als pessimismusverseuchter transportiert er Desorientierung und stürzt den Adressaten ins Unheil. Diese wertende Verkürzung hierarchisiert die Kaste der zur Verantwortung berufenen Wissenschaftler in gute und schlechte. Letztere setzen mit ihren sprachlichen Kreationen zu den verschiedenen Krisenperspektiven unheilvolle Entwicklungen in Gang und verstoßen gegen die Pflicht zur positiven Öffentlichkeitsarbeit, der nur positive Prophetien nützen. Lübbes normativ-dichotome Setzung von guter und schlechter Wissenschaftssprache enthebt ihn auf den ersten Blick der Beweisnot. Er scheint keine Kritierien angeben zu müssen, von welchem Punkt an eine pessimistische, analytische Sichtweise der "beobachtbaren Schwierigkeiten" noch oder nicht mehr zulässig ist. Denn nur allzu leicht wachsen sich diese Schwierigkeiten in den wissenschaftlichen Prognosen zu Krisenvisionen aus. Angesichts einer verheerenden, nämlich sich selbst erfüllenden Wirkung dieser Art Zukunftsbezug erscheint öffentliches Schweigen das verantwortungsvollere wissenschaftliche Verhalten vor allem deshalb zu sein, weil es die notwendige optimistische Zukunftsperspektive nicht unterminiert. Diese ist um so nötiger, weil für den Durchschnittsadressaten das Thema Zukunft immer weniger Bekanntes beinhaltet.

> "Es ist evident, daß die temporale Struktur der dynamischen, wissenschaftlich-technischen Zivilisation Folgen für unsere kulturelle Befindlichkeit in ihr haben muß. Diese Folgen lassen sich als Schwund der Zukunftsgewißheit kennzeichnen. Damit ist nicht gemeint, daß die Zahl der Gründe zunähme, die wir hätten, schwarzzusehen. Gemeint ist schlicht, daß der Blick in die Zukunft an Klarsicht verliert. Damit wird aber die Zukunft geeigneter, als Raum der Einbildung von Ängsten zu dienen.

---

41 Mit dieser Kritik eröffnet Lübbe einen Nebenkriegsschauplatz und überdeckt damit die eigentliche Problematik wissenschaftlicher Rationalität: "Die Reaktorsicherheitsstudien beschränken sich auf die Schätzung bestimmter *quantifizierbarer* Risiken anhand *wahrscheinlicher* Unfälle. Die Dimensionalität des Risikos wird also von vornherein bereits auf *technische Handhabbarkeit* eingeschränkt. Bei breiten Teilen der Bevölkerung und Kernenergie-Gegnern steht dagegen gerade das *Katastrophenpotential* der Kernenergie im Zentrum. Auch eine noch so gering gehaltene Unfallwahrscheinlichkeit ist dort zu hoch, wo *ein* Unfall die Vernichtung bedeutet. Ferner spielen in der öffentlichen Diskussion Risikoeigenschaften eine Rolle, die in den Risikostudien gar nicht behandelt werden, etwa die Weiterverbreitung von Atomwaffen, der Widerspruch zwischen Menschlichkeit (Irrtum, Versagen) und Sicherheit, Langfristigkeit und Irreversibilität getroffener großtechnologischer Entscheidungen, die mit dem Leben zukünftiger Generationen spielen. Mit anderen Worten, in Risikodiskussionen werden die Risse und Gräben zwischen *wissenschaftlicher und sozialer* Rationalität im Umgang mit zivilisatorischen Gefährdungspotentialen deutlich." (Beck, Ulrich: Risikogesellschaft. Frankfurt 1986, S. 39)

Um so mehr ist, kompensatorisch, gerade die technische Zivilisation auf Zuversicht und Vertrauen im Verhältnis zur Zukunft angewiesen." (S. 27)[42]

Wenn Lübbe als Mittel gegen die '"Einbildung von Ängsten" für einen Optimismus plädiert, der sich über wissenschaftliche Analysen hinwegsetzt und objektiven Maßstäben entzieht, scheint dem Wissenschaftler in erster Linie eine fast therapeutische Funktion zuzukommen, auch gegenüber den pessimistisch verzagten Wissenschaftskollegen. Die Angst, die mit der "Unbekanntheit der Zukunft" zunimmt, wenn die "Zukunft an Klarsicht" verliert, nivelliert den Unterschied zwischen dem wissenschaftlichen und nicht-wissenschaftlichen Pessimisten. Gleichzeitig zementiert diese Zuordnung das hierarchische Wertgefälle vom optimistischen zum pessimistischen Wissenschaftler, für den, 'unter der Einbildung der Ängste leidend', der Optimist die Verantwortung mitübernehmen muß.

Mit der Rolle des zukunftsgewissen seelischen Betreuers installiert Lübbe in seiner hierarchisierten Darstellungswirklichkeit eine parafamiliale Klassifikation. Denn die eingebildeten Ängste vor dem Dunkel einer unbekannten, schwarzgesehenen Zukunft scheinen so irrational wie die Ängste von Kindern, die sich im Dunkeln fürchten. Weil Kinder nicht alles wissen können, haben sie Angst. Erst das durch Erfahrungen erwachsen gewordene Bewußtsein kann Anlehnungs- und Orientierungsbedürfnisse befriedigen. Die über Zukunft entscheidenden Dinge liegen jenseits des kindlichen Horizonts.

Der latente Appell des werblichen Sinnangebots lautet: Wer sich vor der Zukunft fürchtet, soll sich der von Experten getragenen, das Gemeinwohl garantierenden Ordnung mit entsprechender (parafamilialer) Rollen- und Zuständigkeitsverteilung überlassen, anstatt über eine ungewisse Zukunft zu grübeln. Mit der Strukturanalogie zwischen einer so gewonnenen Zukunftssicherheit und vergangenen kindlichen Geborgenheitsempfindungen ist in psychoökonomischer Hinsicht die Zukunft mit der Vergangenheit gleichgesetzt. Die Reaktualisierung eines familialen Konfliktbewältigungsmodells impliziert auch den vertrauten, selbstbildzentrierten Appell, nicht an dem guten Willen der Fürsorgenden zu zweifeln. Denn Lübbe, der stellvertretend für die 'technische Zivilisation' spricht, repräsentiert wie Elternautorität das, hier patriarchalische, Angebot an Schutz und verantwortungsvoller Kompetenz in bewährter Ordnung. Er argumentiert als jemand, der für das Hohe steht

---

42 Mit dem gütig-seelsorgerischen Rat an den zivilisierten Menschen, einer ungewissen Zukunft mit Zuversicht und Vertrauen zu begegnen, präsentiert sich Lübbe als Anhänger und Vertreter einer "vollständigen, Theorie und Praxis umfassenden Lebensphilosophie", die laut F. Fellmann, "den höchsten Ansprüchen genügt, die an ein philosophisches System gestellt werden können. Sie ist wahr, universal und zudem ansprechend in der Form, da sie die Harmonie des Dreischritts bewahrt. Die drei Sprüche, aus denen die ganze Philosophie besteht, lauten: So ist das Leben. Das Leben geht weiter. Damit muß man fertig werden." (Fellman, in: FAZ v. 15.10.1986)

und das Beste für alle will. Gegenüber dem Hohen von Anspruch und Ordnung erscheint der Zweifler und Pessimist als das Negative, das Niedere. Zwar ist auch für Lübbe Angst das Naheliegende angesichts der Realität, doch menschlich vernünftig ist eigentlich nur ihre Kompensation durch Optimismus, denn

> "(...) mit wissenschaftlichen Ableitungen allein, ohne ein gewisses Maß an 'anthropologischem Optimismus', wird man positive Entwicklungstrends so leicht nicht finden." (S. 26)

Wie weit die seelische und bewußtseinsbildende Fürsorge reicht, zeigt der Hinweis auf die Begrenztheit der Wissenschaften, der nur scheinbar den Charakter einer Selbstrelativierung Lübbes hat. Ein richtiger Mensch ist optimistisch über wissenschaftliche Ableitungen hinaus. Auch ein Kommissionsbericht, von Wissenschaftlern erstellt, wird dem Rezipienten als Mensch nur mit derart optimistischen Grundlegungen gegenüber negativen Perspektiven gerecht, nämlich dann, "wenn man positive Entwicklungstrends so leicht nicht findet". Die zweifelhafte Logik dieser zweiseitigen Argumentation ('zwar gibt es viele negative Entwicklungen, aber...') will mit der scheinbaren Selbstdistanz eines Wissenschaftlers um so mehr dessen Glaubwürdigkeit suggerieren. Wer derart kritisch seinem Berufsstand gegenüber denkt, sollte Vertrauen verdienen, weil er im Zweifelsfall Mensch bleibt. Hier aktiviert die Argumentation eine Gefühlsebene, auf der der Pessimist als befremdlicher Miesmacher, als Un-Mensch erscheint, dem die anthropologische Normalausstattung fehlt und dem somit zu recht die Schuld für das Schlechte, für sich selbst erfüllende Prognosen gegeben werden kann: "für die Ökokatastrophe, die atomare Apokalypse, die Grenzen des Wachstums, die Legitimations-, Motivations- und Fiskalkrise".

Damit waltet in der Lübbeschen Welt ein Pseudorealismus, der diese über die dichotome Setzung von anthropologischem Optimismus vs. unmenschlichem Pessimismus zur eindruckswertigen Polarisierung von Gut und Böse auflädt, wobei Menschsein und Optimismus dem Guten zugeschlagen sind. Zum Positiv-Pol dieses Ordnungsschemas gehört nicht nur explizit der Zusammenhang Optimismus und Menschsein, sondern für die bewährte Ordnung stehen implizit auch existentielle Schlüsselbegriffe wie technische Zivilisation, Industriekultur, aber auch Familie und Familienvater (dessen vereinnahmungsstrategische Bedeutung noch unten analysiert wird). Aus der Fraglosigkeit dieser positiven Wertigkeiten leitet sich ihre werbliche Funktionabilität ab. Indem sie in der werblichen Gesamtinszenierung ihre jeweilige Eindruckswertigkeit wechselseitig begründen - Lübbes positive Ordnung der Dinge erscheint wie aus einem Guß -, konstituieren sie im Rückbezug auf sich die negative Eindruckswertigkeit und damit den Bedrohlichkeitsaspekt des Pessimisten, des Unmenschlichen. Pessimismus wird so als mehrfach begründeter negativer Eindruckswert in den Bereich des evident Undiskutierbaren verbannt, während Vertrauen und Optimismus zu (Über-)Lebensbedingungen erklärt sind, analog zur alles bedingenden elterlichen Fürsorge in der kindlichen Realität. Entsprechend baut die regressive Logik der Lübbeschen Fürsorge auf ein

> "Wiedererstarken der ideologischen und politischen Resistenz gegen intellektuelle Utopiepropaganda und somit (auf) zunehmende Prädisposition für erfolgversprechendes Handeln in einer Lage, in der die Abwehr voraussehbarer, wohlbekannter Übel wichtiger ist als das Engagement bei Bewegungen, die zum Unbekannten, ganz Anderen aufbrechen." (S. 29)

Hier offenbaren sich auch explizit die regressiven Grundzüge seiner Argumentation, wenn Lübbe vorgibt, daß die Handlungsweisen der Vergangenheit erfolgversprechend auch für die Zukunft sein müssen und werden. War weiter oben im Bericht (S. 27) noch die Rede von der "abnehmenden Prognostizierbarkeit der näherrückenden, gegenwartsverändernden Zukunft, die an Klarsicht verliert", so sind die Übel jetzt voraussehbar und wohlbekannt. In ordnungsschematisch willkürlicher Setzung müssen sich erfolgreiches Handeln und das Durchspielen von Utopien, das Abwägen ihrer Realitätsgehalte, ausschließen, eine Fähigkeit also, die zum Menschsein gehört und ebenso wie Angst rationales Handeln oft erst ermöglicht. Erfolgreiches Handeln, ansonsten nicht näher charakterisiert, ist das Handeln, das sich mit den Strategien der Vergangenheit auf die Probleme der Gegenwart beschränkt. Unter dem Etikett "Zukunftsperspektiven" ist der Kommissionsbericht zunächst als Projekt zur Bewußtseinsbildung und als solches ein Plädoyer für das Bewahren von vorgeblich fraglos Bewährtem. Die Stigmatisierung des "ganz Anderen" und damit bedrohlich Fremden begründet sich lediglich dadurch, daß es nicht das Bewährte ist. Indem er für das Bekannte plädiert, suggeriert Lübbe, daß es auch das verläßlich Zukünftige ist.[43] Mit dem regressiven Appell zur Zuflucht zu Bekanntem demonstriert er gerade Angst vor der Zukunft als dem Unbekannten.

Lübbes Plädoyer für das Bestehende impliziert stets auch das Votum für das politisch Bestehende, für vorherrschende Macht- und Energieverhältnisse und deren Ra-

---

43 "Auf der anderen Seite liegt die eigentliche soziale Wucht des Risikoargumentes in *projizierten Gefährdungen der Zukunft*. Es sind in diesem Sinne Risiken, die dort, wo sie eintreten, Zerstörungen von einem Ausmaß bedeuten, daß Handeln im Nachhinein praktisch unmöglich wird, die also bereits als Vermutung, als Zukunftsgefährdung, als Prognose im präventiven Umkehrschluß Handlungsrelevanz besitzen und entfalten. Das Zentrum des Risikobewußtseins liegt nicht in der Gegenwart, sondern *in der Zukunft*. In der Risikogesellschaft verliert die Vergangenheit die Determinationskraft für die Gegenwart. An ihre Stelle tritt die Zukunft, damit aber etwas Nichtexistentes, Konstruiertes, Fiktives als 'Ursache' gegenwärtigen Erlebens und Handelns." (Beck 1986, S. 44)
Lübbe vermeidet kausale Deutungen (im Sinne Becks, vgl. S. 36) dieser bekannten Probleme und Risiken, die z.B. von industriellen Produktionsweisen *systematisch* mitproduziert werden deshalb, weil dann die 'Bewegung zum ganz Anderen' als notwendig begründet sein könnte. In dieser Hinsicht sind sowohl Lübbes angestrengter Optimismus und v.a. seine Kritik am Pessimismus gegenüber dem Bestehenden nicht mehr nur ideologisch einäugig, sondern auch erkenntnislogisch blind.

tionalitäten. Das fällt ihm um so leichter, weil er den gleichen Normen und Weltbildern verpflichtet ist wie seine Auftraggeber. Auch als Wissenschaftler will er seine Rolle als common-sense-Prophet über die Zeit retten und hat die gleiche Interessenlage wie seine Auftraggeber, denen an pessimistischen Prognosen ebensowenig gelegen ist wie am Erstarken von 'Bewegungen zum ganz Anderen'.

Schuld können demnach immer nur die ganz Anderen haben, die Zukunftsverhinderer. Und dies sind bei Lübbe durchgehend intellektuelle Utopiepropagandisten, die verantwortlich sind für eine

> "Überschätzung der Gefahren und (...) unausgenutzten Chancen des technischen Fortschritts (...). Neuere Formen des Orwell'schen anthropologischen Pessimismus - ein beliebter Gegenstand von Film und Fernsehen - haben sicher dazu beigetragen, das Akzeptanzproblem zu verschärfen." (S. 19)

Um den unheilvollen Wirkungszusammenhang von Systemkritik und Utopie zu demonstrieren, greift Lübbe stets auf dasselbe Beweisstück zurück, auf Orwells Roman "1984":

> "Nicht wenige Systemkritiker - wenn sie nicht gleich die Ökokatastrophe oder die atomare Katastrophe für unvermeidlich halten - wählen George Orwells Roman "1984", um die Zukunftsperspektiven der westlichen Gesellschaften zu bezeichnen. Keine derartig negative Utopie aber entspricht der Realität und auch den Schwächen der westlichen Gesellschaften weniger als Orwells "Oceania". Orwells Gesellschaft ist die visionäre Verlängerung totalitärer Mangelwirtschaft, bestehend aus einem riesigen, ungebildeten Proletariat, einer kleinen Funktionärsklasse ohne Privatleben, die in ständigem Terror gehalten wird, und aus einer unangreifbaren Machtelite, die das Nationalprodukt im permanenten Krieg verschwendet und ein perfektes Überwachungssystem installiert hat. Wer die Probleme der heutigen Gesellschaft, etwa die Gefahren der neuen Informationstechnologien, als Bestätigung der Orwell'schen Visionen bezeichnet, will nichts von der Realität totalitärer Gesellschaften wissen." (S. 8)

Die implizite Botschaft dieser Argumentation lautet: Weil Oceania nicht Wirklichkeit geworden ist, ist die Diktatur des Sachzwangs nicht so problematisch, daß Pessimismus zur Systemkritik werden darf. Mit diesem 'Beweis' will Lübbe den mangelnden Realitätsbezug *jeglicher* Negativutopien dargelegt haben, als könne Totalität nur nach dem Muster Oceania gedacht werden. Nicht zufällig führt Lübbe nie Huxleys "Schöne neue Welt" an, in der eine subtile Bewußtseinsdiktatur herrscht, die das Bewußtsein von Untertanen okkupiert, die in formaler Freiheit, ohne Mangelwirtschaft und in diktatorischer Glücksversorgung leben. Auch wenn diese negative Utopie nicht der gesellschaftlichen Wirklichkeit entspricht, könnten rudimentäre Problemanalogien zwischen ihr und der Utopiewirklichkeit zu einem Risikobewußtsein führen, das die Totalität des Optimismus, der ersten Pflicht des Öffentlichkeitsarbeiters, konterkariert.

c) Realismus als eindruckswertige Inszenierung

1. Gefällige Realitätsfragmente als Faktenbasis

Ein so ausgeprägt optimistisches Weltbild provoziert die Frage, woher Lübbe seinen Optimismus gegenüber der Realität in Nicht-Oceania nimmt, auf welchen Fakten sein Vertrauensüberschuß gründet. Dabei ist alles trotz allem nicht so schlimm:

> "Die Bundesrepublik ist heute - wie andere Gesellschaften - von schweren Problemen, ja Erschütterungen bedroht. Wir interpretieren diese Probleme als 'Entwicklungskrise' und weisen die Interpretation als 'Systemkrise' zurück. Eine Systemkrise wäre eine Kummulation von sich verschärfenden Widersprüchen, die innerhalb der bestehenden Grundinstitutionen prinzipiell nicht bewältigt werden können. Davon kann keine Rede sein; denn unsere Probleme rühren nicht vom Versagen dieser Institutionen her, sondern gerade von ihren Erfolgen." (S. 8)

Von welcher Art und Konsequenz diese schweren Probleme sind, wird aus optimismuslogischen Gründen nicht weiter ausgeführt. Anstatt eine Problembeschreibung vorzunehmen, soll die wertende Etikettierung "Entwicklungskrise" die Problemlage als vorübergehend-temporäre Erscheinung, als etwas Uneigentliches suggerieren. Beschwichtigend und pseudorealistisch wird der kleinen Problemlage das größere Übel, die Systemkrise, als mögliches, aber beruhigenderweise irreales Krisenszenario entgegengehalten. So hierarchisiert und untergeordnet scheint von den schweren Problemen keine existentielle Bedrohung auszugehen. Das heißt, dem System kann man ebenso vertrauen wie den derart realistischen Interpreten der Problemlage, sie sind ihr übergeordnet. Wie vertrauenswürdig das System ist, zeigt sich in den Augen der Interpreten vor allem dadurch, daß erst das Übermaß seiner Erfolge das vorübergehende Problem zeitigt. Mit der verführerisch positiven Wertung 'Erfolg' ist die Darstellungsrealität zusätzlich hierarchisch geordnet: auf der obersten Realitätsebene waltet das so erfolgreiche System, dessen überragende Bedeutung auch keine untere Ebene mit 'Entwicklungskrisen' in Frage stellen kann.

Dabei betreffen die auf zwei Ebenen zielenden Begriffe sowohl denselben Sachverhalt wie auch dieselbe Ebene, denn Entwicklungskrisen sind systemimmanent, bilden einen Funktionszusammenhang. Lübbes eindimensionale, hierarchisierende Argumentation stellt 'Erfolg' als abhängige Größe von 'Institution' dar und verschleiert, daß Erfolge, die zu Sachzwängen oder Machtmonopolen werden, eine Bedeutung erlangen können, die die Gewaltenteilung und damit die Kontrollfunktion der Institutionen leicht außer Kraft setzt. Dann dominieren Entwicklungen das System. Ob eine Systemkrise vorliegt, hängt nicht von den theoretischen Potenzen eines Systems ab. Insofern müßte von einer Systemkrise dann die Rede sein, wenn die sich verschärfenden Widersprüche innerhalb der Institutionen nicht praktisch gelöst werden, sondern nur theoretisch und prinzipiell gelöst werden *könnten*.[44]

Eine besondere Bedeutung kommt vereinnahmungstechnisch dem Wort 'prinzipiell' zu, das hier als Leerformel Tranquilizerfunktion hat. Indem sie die Solidität des Grundsätzlichen und als Möglichkeit das Versprechen der Bewältigung der Krisen suggeriert, fingiert sie den Realismus dieser Sichtweise. Für den Realisten Lübbe deckt 'prinzipiell' okkupativ Realität ab, um Freiraum für weitere argumentative Setzungen zu schaffen und den impliziten Appell zu begründen, daß man nur den festen Willen haben muß. 'Prinzipiell' verweist auf die potentiell bessere Realität, bedeutet somit eine Aufwertung der Realität, des Systems und gleichzeitig dessen Entschuldung im Falle von Mißerfolgen. Dann hat nicht das System, sondern der es nicht optimal unterstützende Mensch versagt, denn der Realist sieht:

> "Die neuen Technologien spielen hier in ihrer Wirkung auf die möglichen und wahrscheinlichen Veränderungen in der Arbeitswelt eine besondere Rolle. (...) Die alte Welt der Industriegesellschaft verändert sich. Und: bei allen Problemen, sie verändert sich (prinzipiell, KGW) zum Besseren, nämlich zu mehr Humanität, mehr Freiheitlichkeit und letztlich mehr Solidarität." (S. 20f)

Obwohl sie eine pseudorealistische Entschlossenheit signalisieren, sind 'prinzipiell' und 'letztlich' Ausweichwörter vor der aktuellen Realität. 'Prinzipiell' verweist sowohl auf die Vergangenheit, in der etwas Gutes angelegt wurde, als auch, wie 'letztlich', auf eine ferne, bessere Zukunft. Beide Ausweichwörter entbinden den Interpreten von der Begründungspflicht zu seinen Behauptungen, und beide entlasten die Gegenwart, die pseudorealistisch zwar von 'allen Problemen' gekennzeichnet ist - als Unterordnung unter das Erwartbare, Bessere, Zukünftige -, aber durch die Solidität und Positivität des Vergangenen und damit Zukünftigen (Potentiellen) aufgewertet ist.

Die Verhältnisse werden als von heilbringenden neuen Technologien dominierte dem Menschen übergeordnet, sie scheinen Leistungen zu erbringen, zu denen nur Menschen fähig sind: Humanität, Freiheitlichkeit, Solidarität.

Legitimiert sind bei Lübbe die Risiken der technologischen Evolution durch die Aufzählung von unbestreitbaren Industrialisierungsgewinnen der Vergangenheit. So kann er die Gegenwart und die sich schon deutlich abzeichnenden Ambivalenzen und den Preis elementarer Lebensvorzüge vernachlässigen:

---

44 vgl. dazu Popitz: "Aber auch eine nüchterne Überlegung zeigt, daß eine Kontrolle technischen Handelns als Kontrolle von ungeheuren und weiter ungeheuerlich ansteigenden Machtpotentialen nicht ohne schwierige, schwer vorstellbare Veränderungen denkbar ist, vergleichbar etwa den ideellen und institutionellen Innovationen, die den modernen Verfassungsstaat hervorgebracht haben." (Popitz, Heinrich: Phänomene der Macht. Tübingen 1986, S. 129)

"Um welche Lebensvorzüge handelt es sich? Es handelt sich um Dinge trivialer, aber lebenspraktisch fundamentaler Art: Befreiung von Zwängen physisch niederdrückenden Arbeit; Steigerung der Produktivität der Arbeit; dadurch Mehrung der Wohlfahrt; über Mehrung der Wohlfahrt Mehrung der sozialen Sicherheit und dadurch schließlich Mehrung des sozialen Friedens. Die Zustimmungsfähigkeit, ja Zustimmungspflichtigkeit dieser Dinge macht die Fortschrittsnatur der Industriekultur aus, und ihre Geltung ist insoweit keineswegs brüchig geworden, vielmehr in hohem Maße gemeinsinnsfähig geblieben. Nicht, daß die Lebensvorzüge der Industriekultur sich als Illusionen erwiesen hätten, ist als Quintessenz der Krise dieser Kultur auszumachen. Krisenhaft ist vielmehr der rasche Anstieg der Kosten, den Gewinn und Steigerung dieser Lebensvorzüge uns heute abverlangen - zumeist in Gestalt unvorhergesehener oder unvorhersehbarer, ja sogar unvermeidlicher Schädlichkeitsnebenfolgen." (S. 29f)

Die Bezeichnung 'krisenhaft' soll untermauern, daß bei der Lübbeschen Wirklichkeitsdarstellung Realitätssinn und Problembewußtsein walten. Tatsächlich aber sollen "krisenhaft" ebenso wie "Schädlichkeitsnebenfolgen" Entwarnungen für das Bewußtsein bedeuten, auf daß kein allzu pessimistisches Risikobewußtsein entstehe, welches den gewohnten Gang der Dinge und damit die Zukunft gefährde. Mit diesen Etikettierungen werden Sachverhalte verniedlicht, die weder unvorhersehbar noch unvermeidlich sind. Wenn lebensgefährdende Entwicklungen lediglich Nebenfolgen sind, dann rückt der risikoreiche Sachverhalt unter die Kategorie von Nebensächlichkeiten, die man um der Hauptsache willen zu akzeptieren hat.

Dieser implizite Imperativ ist selbstbildzentriert. Er will mit der Unumstößlichkeit und normativen Kraft des Faktischen das Rezipientenbewußtsein in die Pflicht nehmen. Die vergangenen Erfolge der Industriegesellschaft münden in eine generelle, unspezifisch auf künftige Entwicklungen bezogene Zustimmungspflicht. Damit ist die Negationslabilität des Selbstbildes angesprochen. Die latente Botschaft lautet: Wer will zu den Erfolgen der Vergangenheit schon nein sagen? Dies käme einer Selbstnegation gleich. Also soll die Fortschrittsnatur als solche bejaht werden. Wer hier nein sagt, wer der Zustimmungspflicht nicht genügt und die Akzeptanz der unvermeidbaren Nebenfolgen verweigert, der gefährdet die Zukunft. Die Androhung, nicht in den Genuß künftiger Errungenschaften zu kommen, hat den Charakter einer existentiellen Drohung in Form von Selbstnegationen: derjenige hat keine Zukunft, der nicht akzeptiert, daß Lebensvorzüge auch ihren Preis haben.

Ein derart inszenierter Pseudorealismus hierarchisiert mögliche Selbstbilder über die eindruckswertige Verlockungsprämie, über das existentielle Gebrauchswertversprechen künftiger Lebensvorzüge. Wer die Prämie will, muß auch den Gesamtentwurf dieser Realität und somit auch die implizite Preis-Leistungs-Kalkulation in Kauf nehmen. Eine andere Zukunft scheint ebenso befremdlich wie der ordnungs- und systemgefährdende Nein-Sager.

2. Das Menschenbild des zukunftsfähigen Ja-Sagers

> "Demokratische Politik heißt auch, mit nicht leicht lösbaren Problemen leben zu lernen und auf ihre Lösung geduldig zuzuarbeiten zu können." (S. 9)

Der demokratische Mensch hat je geduldiger zu sein, desto schwerer die Probleme sind. Unter dem Deckmantel der fraglosen Wertigkeit des Schlüsselbegriffs Demokratie sollen die Diktatur des Sachzwangs legitimiert und schwer lösbare Probleme akzeptabel sein. So, als sei mit Technikpessimismus und kritischer Auflehnung das demokratische System selbst gefährdet. Letztlich und prinzipiell bleiben Unangepaßtheit, Pessimismus und Protestmentalität als unbegründet zurückgewiesen, selbst angesichts der Tatsache,

> "(...) daß die neuen Informationstechniken die Gesellschaft in ihren Grundlagen verändern und eine kulturell neue Gesellschaft entstehen wird." (S. 12)

Wie selbstverständlich und unausgesprochen wird unterstellt, daß die Veränderungen positive sind und die neuen Grundlagen die besseren sein werden. Ob die nebensächlichen Nebenfolgen dieser Veränderungen dem Wesen des Menschen zuträglich sein und gerecht werden, bleibt undiskutiert. Die Imperative der Wirtschaftspolitik sollen sich möglichst ungehindert durchsetzen, ganz im Sinne der klassischen Wirtschaftsdoktrin, die in hohen Wachstumsraten das Allheilmittel für Probleme sieht. Dem haben sich auch die Ordnungsvorgaben der Politik unterzuordnen. Der Mißstand ist der

> "(...) einer fehlenden Bereitschaft, die nationale Politik im Bewußtsein 'zunehmender' Eigendynamik der Weltwirtschaft zu gestalten. Somit liegt die Notwendigkeit eines Umdenkens auf der Hand: Statt 'Reglementierung' muß die Handlungsmaxime 'Flexibilisierung' lauten." (S. 14)

Flexibilisierung heißt Anpassung an die Eigendynamik und zunehmende Prädominanz einer nach Eigengesetzlichkeiten funktionierenden Weltwirtschaft. Von der Anpassung an diese eindeutigen Machtverhältnisse verspricht Lübbe (sich) den größten Nutzen. Eigenständige politische Zielvorgaben scheinen damit zur Lösung von Problemen überflüssig.

Dem Diktat des Systems hat sich der Mensch aber nicht nur als (potentiell) politisch Gestaltender, sondern v.a. als unmittelbar Betroffener, als Berufstätiger zu unterwerfen. Angesichts kumulierender Sachzwänge ist die Prognose eine optimistische Schönfärbung, wenn es heißt:

> "Neue Technologien zeigen jedoch keine einseitigen und im vorhinein determinierten Auswirkungen, sondern entwickeln ihre Formen und Wirkungen in einem Prozeß der wechselseitigen Anpassung von Mensch und Technik. Sein Ergebnis läßt sich nicht im einzelnen vorhersagen." (S. 19)

Gerade dann aber rechtfertigt sich eine erhöhte Sensibilität für Gefahren, die Lübbe freilich als "Überschätzung" stigmatisiert. Er beklagt die Tatsache von "nicht zuletzt wegen dieser Überschätzung unausgenutzten Chancen des technischen Fortschritts" (ebd.)

Einerseits gibt Lübbe vor, auf die Lebenstüchtigkeit und den gesunden Menschenverstand eines jeden zu vertrauen, andererseits beklagt er die Tatsache wachsender Kritik und eines deutlich gestiegenen Technikpessimismus in der Bevölkerung. Dies muß eben derjenige beklagenswert finden, der sich allen Segen für die Menschheit aus dem freien Walten der eigendynamischen Weltwirtschaft und der Bejahung der ungehemmten Umsetzung allen technischen Innovationspotentials verspricht.

Daß dieser Segen seinen Preis haben muß und darf, scheint für die realistische Weltsicht desjenigen zu sprechen, der im Sinne seines Auftrags Optimismus und Vertrauen als oberste Werte argumentativ zu inszenieren hat, von denen sich alles andere ableitet. Daraus resultiert auch die Selbstverständlichkeit und Beiläufigkeit, mit denen unbestreitbare Belastungen neuer Informationstechniken als nicht weiter zu problematisierende präsentiert werden, denn

> "Konsens besteht am ehesten in der Einsicht, daß mit zunehmender Anwendung der Mikroelektronik Belastungen durch körperlich schwere, gefährliche, ungesunde und monotone Arbeit abnehmen und seelisch-nervliche Belastungen zunehmen." (ebd.)

Die inhaltliche und quantitative Gewichtung dieser Aussage offenbart ihren bewußtseinsbildnerischen Appellcharakter im Dienste des Votums der Kommission für die schöne neue Welt. Der "Konsens" ist erscheinungsbildlich so proportioniert, daß der Eindruck entstehen kann und soll, die Vorteile überwögen die Nachteile, als seien seelisch-nervliche eben keine schweren, gefährlichen und ungesunden Belastungen, die bis zur seelischen Deformation reichen können.

Mit der so inszenierten Maximierung der Vorteile scheint die Minimierung der Nachteile implizit ebenso evident wie die entsprechende Zuordnung und Hierarchisierung von Optimist und Pessimist. Nur der belastungsintolerante Pessimist könnte dann auf den abwegigen Gedanken kommen, daß der durch technische Innovationen seelisch belastete Mensch, nach außen frei, ob unter Orwell'schen Bedingungen oder nicht, entsprechend den Vorgaben und Sachzwängen in erster Linie zu funktionieren hat. Das einfache Rezept der Kommission lautet: Wenn die Wirtschaft floriert und deren Bedürfnisse erfüllt sind, hat der Gang der Dinge seine Ordnung. Wer dagegen rebelliert, reagiert in ihren Augen *irrational*. Der bessere Mensch ist derjenige, der seine Funktionstüchtigkeit unter Beweis stellt,

> "der angesichts der Erfahrung von Widersprüchen zwischen seiner Wertausstattung und den sich anbietenden Möglichkeiten der Wertverwirklichung nicht resigniert oder *irrational rebelliert, sondern 'rational' reagiert* (Herv. v. mir, KGW). Es kommt hierbei auf die Förderung 'instrumenteller' Werte und Fähigkeiten an, die

sich mit Begriffen wie 'Frustrationstoleranz', 'Rollendistanz' und 'Fähigkeit zum Befriedigungsaufschub' wie auch 'Fähigkeit zur angemessenen Situationserkennung und -auswertung', 'Flexibilität bei der Auffindung äquivalenter Befriedigungsmöglichkeiten' und 'Fähigkeit zum Aufbau von Handlungspotential zur aktiven Beeinflussung von Situationsbedingungen' kennzeichnen lassen."[45] (S. 45)

"Rational" signalisiert hier die Aufforderung zum Ja-Sagen, zur Akzeptanz dessen, was vorgegeben ist. Dagegen muß Rebellion stets irrational sein. Die erste Pflicht ist die, zu funktionieren. Deshalb kann Rebellion nicht auch existenzerhaltend, muß Frustrationsintoleranz nur eine kontraproduktive und damit zukunftsgefährdende Verhaltensweise sein und nicht etwa die Manifestation von seelischer Gesundheit und Selbstbehauptung. Nur der Ja-Sager scheint das Beste aus sich und seiner Situation machen zu können. Resignation oder gar Rebellion bedeuten Nicht-Leben angesichts der vorgeblichen Unumstößlichkeit der Verhältnisse. Sie sind nun mal so, Widerstand scheint zwecklos. Unter dem Zauberwort Selbstverantwortlichkeit sind die lebensnotwendigen Fähigkeiten 'Rollendistanz', 'Frustrationstoleranz' und 'Befriedigungsaufschub' so inszeniert, als sei defizitäre Realität nur auf seiten des Individuums zu finden, als ließen sich Defizite dieser Art nur durch Affirmation und Anpassung kompensieren. Die 'Wertausstattung' der technisch-wissenschaftlichen Risiko-Realität scheint fraglos, in die Pflicht genommen ist der 'Selbstverantwortliche'.

Entsprechend scheint auch einzig und allein das Individuum über Art und Höhe seines Lebensglücks entscheiden zu können. Es hat den Anschein, als fände der Mensch nur über die Anpassung an die Verhältnisse zu sich und seinem Glück. Für den Ja-Sager ist das kein Problem, er verfügt ja über die Fähigkeit zur "Auffindung äquivalenter Befriedigungsmöglichkeiten". Den Nein-Sager stellen die Verhältnisse ins Abseits.

---

45 "Die 'Irrationalität' der 'abweichenden' öffentlichen Risiko-'wahrnehmung' liegt (...) darin, daß in den Augen der Techniker die Mehrheit der Bevölkerung sich noch wie Ingenieurstudenten im ersten Semester oder davor benimmt. Sie sind zwar ignorant, aber gutwillig, bemüht, aber ahnungslos. In diesem Bild setzt sich die Bevölkerung aus lauter einzelnen Möchtegern-Ingenieuren zusammen, die noch nicht über genügend Kenntnisse verfügen. Man muß sie nur mit technischen Details vollstopfen, dann wird sie sich dem Standpunkt und der Einschätzung der Experten über die technische Handhabbarkeit und damit Risikologiskeit der Risiken anschließen. Proteste, Ängste, Kritik, Widerstände in der Öffentlichkeit sind ein *reines Informationsproblem*. Wenn die Leute nur wüßten, was die Techniker wissen und wie sie denken, wären sie beruhigt - oder sind eben hoffnungslos irrational.
Diese Auffassung ist *falsch*. (...) Die Nichtakzeptanz wissenschaftlicher Risikodefinition ist nicht etwas, was man der Bevölkerung als 'Irrationalität' vorhalten könnte, sondern verweist genau umgekehrt darauf, daß die kulturellen Akzeptanzprämissen, die in technisch-wissenschaftlichen Risikoaussagen enthalten sind, *falsch* sind." (Beck 1986, S. 76)

3. Das Glück wachsender individueller Entscheidungsfreiräume

Das Glücksversprechen begründet sich mit der Setzung einer 'natürlichen Wahrheit':

> "Die Geschichte einer freien, offenen Gesellschaft ist 'nach vorne' offen; das Ergebnis einer Vielzahl individueller Entscheidungen und von Entscheidungen sozialer Organisationen oder politischer Institutionen läßt sich konkret nicht prognostizieren." (S. 8f)

In der Logik seiner individualistischen Ideologie suggeriert der Bericht, daß alles möglich sei und das Glück des einzelnen aus der Freiheit der Gesellschaft erwüchse. Freiheit signalisiert existentiellen Gebrauchswert: weil alles offen ist, soll alles möglich sein. Alles Mögliche soll hier als alles Gute verstanden werden. Der Glanz des Schlüsselworts Freiheit soll die Egoismen von Individuen und Subsystemen entproblematisieren, die immer mehr Freiheit zu produzieren scheinen, so, als sei Freiheit gesellschaftlich stets wertpositiv und konstruktiv. Wenn Zukunft "sich konkret nicht prognostizieren" läßt, dann lautet die beruhigende Botschaft, daß sie sich immerhin zur Freiheit hin entwickelt. Und wenn es auch die Freiheit des Sachzwangs ist, denn alles Gute hat seinen Preis.[46]

Diese Art von vielversprechendem Realismus ist charakteristisch für die bewußtseinsbildnerische Intention des Kommissionsberichts, der auch eine pseudorealistische Einschränkung eher zuarbeitet:

> "Vor einer bloß voluntaristischen Sicht bewahrt uns die Einsicht, daß sich geschichtliches Handeln im Rahmen vorgegebener Strukturen vollzieht, sich solche Strukturen, etwa die soziale Schichtung, nur graduell ändern lassen, es aber den Menschen gegeben ist, sich innerhalb solcher Strukturen und Ordnungen zu entfalten." (S. 9)

Der selbstverantwortliche Mensch soll sich auf sich beschränken, anstatt rebellisch vorgegebene Ordnungen in Frage zu stellen. Dieses konservativ-beschwichtigende, 'menschliche' Weltbild kaschiert den struktur- und ordnungsbedingten Globalcharakter nivellierender Risiken. Dieser Appell bedeutet - da die Adressaten des Berichts eher aufstiegsorientiert sind - ein großes Versprechen der Selbstverwirklichung für den tüchtigen Realisten.

Hinter diesem Versprechen steht nicht nur fachwissenschaftliche Autorität, sondern scheinbar auch die Evidenz und Logik geschichtlicher Gesetzmäßigkeiten. Man

---

46 Freiheit und Sachzwang bzw. Industriegesellschaft und Risiko entsprechen dem Verhältnis von Feudaladel und Wirtschaftsbürgertum: "Ebenso wie der Feudaladel vom Wirtschaftsbürgertum lebte (über die lehnsabhängige Vergabe von wirtschaftlichen Handels- und Nutzungsrechten sowie Gewerbesteuern) und es aus Eigeninteresse förderte und auf diese Weise ungewollt und notwendig den immer mächtiger werdenden Nachfolger schuf, ebenso 'nährt' sich die entwickelte Industriegesellschaft von den Risiken, die sie produziert, und schafft auf diese Weise soziale Gefährdungslagen und politische Potentiale, die die Grundlagen bisheriger Modernisierung in Frage stellen." (Beck 1986, S. 75)

reihe sich also ein in die Ordnung, deren Unausweichlichkeit dem Realisten kein Hindernis persönlichen Glücks ist. Und was ist nicht alles daraus entstanden:

> "Selbstverwirklichung ist eine lebenspraktische Folge zunehmender Dispositionsfreiheit; ihre Chancen, aber auch ihre Risiken wachsen. Die Alltagskultur in ihrer Vielfalt ist eine individuelle und soziale Form der Sinngebung unter heutigen Bedingungen; sie hat eine Blüte des Vereinslebens, den Breitensport, private Gartenkultur, Nachbarschaftshilfen, auch sich neu verlebendigende religiöse Werte hervorgebracht." (S. 10)

Pseudorealistisch wird zwar von Risiken gesprochen, aber ausgeführt und vor Augen gehalten wird die individuelle und soziale Idylle. Wer von den anonymen, übermächtigen Strukturen nichts wissen kann und will, sollte in jedem Fall an den Segnungen der nach vorne offenen Geschichte und das heißt der Alltagskultur teilhaben. Die Vielfalt der Alltagskultur soll als Beleg dafür dienen, daß v.a. die Chancen, und nicht die Risiken, auch künftiger Selbstverwirklichung Anlaß sein sollten, Vertrauen in die Zukunft zu haben. Dieser rückwärtsgewandte Optimismus verdrängt politisches (Risiko-) Bewußtsein, reduziert weichzeichnerisch die Lebenstüchtigkeit des Subjekts auf Selbstverwirklichung in der Idylle, als sei diese die Belohnung für pragmatisches Verhalten. Die Alltäglichkeit dieser Idylle dokumentiert einerseits die Angemessenheit der Selbstbeschränkung auf das überschaubare Private bzw. vertraute Soziale. Und andererseits veranschaulicht die Idylle die Erfolgsgewißheit des Naheliegenden, so daß die Logik der Selbstbeschränkung begründet und das Naheliegende für die Selbstverwirklichung das Eigentliche zu sein scheint. Das anonyme soziale Eigentliche kann man vertrauensvoll den Experten überlassen.[47] Darüberhinaus bietet aber auch die Gesellschaft genügend Anreiz zur Selbstbestimmung:

> "Es wäre ein Irrtum zu glauben, daß (...) Hilfen zur kulturellen Selbsthilfe schließlich egalisierend wirken würden. Sie werden ganz im Gegenteil dazu beitragen, Residuen höchst ungleich verteilter und zugleich gleichverteilungsunfähiger, bemühungsresistenter Inkompetenzen freizulegen, zu denen als einzig vernünftige Weise des Verhaltens Religion als Kultur der Akzeptanz all dessen, was nicht zu unserer Disposition steht, übrig bleibt." (S. 35)

Die (künftigen) Zugehörigen zu Positionseliten brauchen also keine Angst vor egalitären Tendenzen haben, Inkompetenz bleibt Inkompetenz und Oben bleibt Oben.

---

47 "Dem politischen Subjekt der Klassengesellschaft - dem Proletariat - entspricht in der Risikogesellschaft nur die *Betroffenheit aller durch mehr oder weniger greifbare Mammutgefahren.* So etwas läßt sich immer leicht verdrängen. Dafür sind alle und niemand zuständig. Jeder im übrigen auch nur mit einem Bein. Mit dem anderen steht er im Kampf um *seinen* Arbeitsplatz (sein Einkommen, seine Familie, sein Häuschen, seine Autoliebhabereien, seine Ferienwünsche usw. Wenn das verlorengeht, sitzt man - Gift hin, Gift her - in jedem Fall in der Tinte." (ebd., S. 65)

Und demjenigen, dem es angesichts der hierarchisierten Realität und der Fehlbarkeit von Experten auch noch an Möglichkeiten der Selbstbestimmung in der Idylle mangelt, dem bleibt immer noch die Zuflucht zu dem einen oder anderen Gott als "einzig vernünftige (!, KGW) Weise" der Selbstverwirklichung. Hier ist der Philosoph des existentiellen Dreischritts ganz nahe bei seinen christlichen Auftraggebern. Hier wird Selbstbeschränkung auf höchster Ebene kompensiert. Nur sie egalisiert alle in der Akzeptanz dessen, "was nicht zu unserer Disposition steht", und dies ist vor allem Irdisches. Angesichts von Ungleichheit, Inkompetenz und schwer zu ertragender Realität ist das Überirdische das Einzige, das einem übrig bleibt.

Indem Lübbe Inkompetenz anthropologisch herleitet, legt er die Hinnahme der Überordnung, der Kompetenz der Experten nahe, deren Lösungen auch noch als Sachzwänge unbestritten sein sollen. Anonyme Datensetzungen bekommen somit die Aura des Natürlichen wie die Wertausstattung des Menschen oder die Eigengesetzlichkeiten der Natur, die ebenfalls (noch) nicht (ganz) zu unserer Disposition stehen. Und über allem schwebt die letzte Instanz und oberste Ordnung, von der in kultureller Selbstseelsorge tröstende Fraglosigkeit ausgeht gegenüber der trostlosen Komplexität des Irdischen. Damit muß man prinzipiell fertig werden.

Bei seinen Bemühungen um Bewußtseinserziehung und Vertrauensbildung tröstet Lübbe aber auch mit der Beschreibung exemplarischer Selbstbestimmung im kleinen und realistischer Selbstbeschränkung auf das Machbare. Die Unwiderstehlichkeit der Alltagsvernunft, die das Individuum mit wachsenden Entscheidungsfreiräumen auch innerhalb der technischen Evolution beglückt, zeigt sich für Lübbe darin,

> "(...) daß unter dem wachsenden Druck von Erfahrungen mit Nebenfolgenproblemen der technischen Evolution die Rationalität in der praktischen Validierung dieser Evolution zunimmt und nicht etwa abnimmt. Das gilt im ganzen unserer Zivilisation nicht anders als in unseren persönlichen Lebenswelten: Rascher Kostenanstieg, zum Beispiel in der häuslichen Energieversorgung, läßt uns schärfer kalkulieren, und man entdeckt, daß mit der Absenkung der Raumtemperaturen nicht allein überproportional wachsende Einsparungen, sondern überdies, innerhalb ungewisser Grenzen, sogar Zugewinne an Erkältungsresistenz und Wohlbefinden verbunden sind." (S. 28)

Wer die Raumtemperatur senkt, ist für die Probleme der technischen Evolution gewappnet. Als sei damit schon erwiesen, daß die Rationaliät des einzelnen in seiner Lebenswelt, die ja längst nicht der alltägliche Normalfall verantwortlichen Handelns ist, immer auch die Rationalität "im ganzen unserer Zivilisation" ausmacht. Durch diese vorgebliche Kongruenz scheint evident, daß wachsende Lebensfreiräume und die "Erfahrungen mit Nebenfolgenproblemen" zu immer mehr Rationalität im Sinne des verantwortungsvollen Umgehens mit technologischen Innovationen führen müssen. Mit dem Beispiel der Senkung der Raumtemperatur soll belegt sein, daß, analog zu den Zusatznutzen "Erkältungsresistenz" und "Wohlbefinden", jede Form von subjektiver Rationalität als Reaktion auf Fälle von Kostenerfahrung *immer* eine Belohnung für den einzelnen und vor allem einen gesamtzivilisatorischen Zusatznutzen darstellt. Die Problematik beschränkt sich nicht nur auf persönliche Lebenswelten, sondern nimmt ihren Anfang da, wo die Manager der technischen Evolution deren gesellschaftliche Gesamtkosten vertuschen und gleichzeitig den einzelnen für ihre Interessen zu vereinnahmen suchen, indem sie ihm das *Erlebnis* wachsender Dispositionsfreiheit mitverkaufen.

Lübbe steht und argumentiert als Marketing-Beauftragter in der Logik dieses problematischen Funktionszusammenhangs, den er kaschiert bzw. entproblematisiert mit einer werbespotähnlichen Illustrierung des Glücks wachsender individueller Freiräume:

> "Produktiver ist es, nach der Vernunft dieses Vorgangs (daß die Bereitschaft, aus Gründen der Berufskarriere den Wohnort zu wechseln, geringer geworden ist, KGW) zu fragen, da heißt zu unterstellen, daß es sich um rationale, lebensbilanzorientierte Einstellungsänderungen handelt. Das wird exemplarisch am Fall eines nicht-fiktiven, abhängig beschäftigten Mannes deutlich, der mit der Chance konfrontiert ist, durch beruflichen Aufstieg sein Jahreseinkommen, das bereits gegenwärtig beachtlich über dem regions- und branchenspezifischen Durchschnitt liegt, in einem Sprung um mehr als ein Drittel zu verbessern. Nach einigem Zögern schlägt unser (!, KGW) Mann diese Chance, die mit dem Umzug in eine dreihundert Kilometer entfernte und südlicher gelegene Großstadt verbunden ist, definitiv aus. Warum tut er das? Kündigt sich eine 'midlife-crisis' an, oder protestiert er gegen verkrüppelnde Wirkungen beruflichen Leistungsdrucks? So will es das kulturkritische Feuilleton. In Wahrheit ist unser Mann ein Pragmatiker. Erstens hat ihn das Ergebnis eines Vergleichs der Lebenshaltungskosten ernüchtert. Zweitens ist ihm die Progression der öffentlichen Einkommensabzüge wohlvertraut. Drittens scheut seine Tochter, die fürs Abiturzeugnis Brucheinserzehntel im Hinblick aufs beabsichtigte Medizinstudium sammelt, den Schulwechsel über Kulturhoheitsgrenzen hinaus. Viertens sind die Aussichten sehr gering, daß die als Lehrerin tätige Ehefrau im anderen Bundesland erneut eine Anstellung fände. Fünftens schließlich fallen, da unser Mann ja auch in seiner jetzigen Position sich weit jenseits der Armutsgrenze befindet, um so stärker sonstige Lebensvorzüge ins Gewicht, die er hat, wo er ist, und die dort, wo er hin soll, sich nur schwer kompensieren ließen - die gartenlustadäquat großzügige Bemessung der gegenwärtigen Eigenheimparzelle, die Freizeitfreuden, die er jetzt hat, die Mitgliedschaft in einer Landschaftsversammlung und so fort. So bleibt er also, wo und was er ist." (S. 30)

Die weichgezeichnete Familien- und Lebensidylle des mustergültigen Pragmatikers dient der werblichen Verstärkung des ideologischen Anliegens von Auftraggebern und Beauftragtem. Die Redundanz von Lübbes Botschaft, d.h. die veranschaulichend inszenierte Projektion von Lübbes Expertenautorität auf 'unseren Mann' (beide werben für 'Vertrauen in die Zukunft'), weist Analogien zum kommerziellen

Werbespot auf.[48] Eine Struktur- und Funktionsanalogie liegt schon mit der inszenatorischen Anschaulichkeit vor, in der die werbliche Zentralfigur existentiell wichtige Dinge als diejenige ordnet, die weiß, worauf es ankommt. Die Realität der werblichen Lebensszenen hat Lübbe, in Anlehnung an den Realitätstypus Werbespot, nach dem Prinzip eingerichtet, daß jemand das bekommt, was er *verdient*, und das, was er verdient, auch *bekommt*. Voraussetzung für die Nutznießung dieses Belohnungszusammenhangs scheint lediglich die Tugend Realismus zu sein.

Im Hinblick auf den Adressatenkreis von Lübbes politischem Werben, der aus faktischen und potentiellen Meinungsträgern besteht, die sein Weltbild bewußtseinsbildend vervielfältigen sollen, ist die Expertenautorität auf zwei Ebenen manifest. Auf der werblichen Metaebene durch Lübbe selbst, der Realismus nicht nur schildert mit dem Beispiel der Mustermenschen, sondern auch erklärt und auswertet. Sein Anliegen ist die Schilderung der existentiellen Tragweite von Selbstverwirklichungswerten. Er will Experte sein für common-sense-Pragmatismus. Auf der Anschauungsebene ist der lebenserfüllende Nutzenzusammenhang von Berufs- und Privatleben dokumentiert. Das Porträt des beispielhaften Familienvaters verweist auf die zeitlose Wertigkeit des segensreichen Waltens der Familienautorität. Darin liegt das existentielle Gebrauchswertversprechen einer selbstbestimmten Lebensführung, die nur an zwei Voraussetzungen geknüpft scheint. Daß man zum einen sich nicht verzettelt mit Dingen, die sich nicht ändern lassen, und daß man zum anderen die Normen der herrschenden Pflicht- und Leistungsethik erfüllt, wie es beispielhaft die Musterfamilie vorlebt und wie Lübbe es in den fünf Begründungspunkten angemessenen Verhaltens festlegt.

Lübbes Sinnangebot und dessen existentielles Gebrauchswertversprechen werden mit der erscheinungsbildlichen Konkretisierung und Illustrierung des handelnden Realisten und Pragmatikers eindruckswertig zugespitzt. Mit der werbespotähnlichen Inszenierung wird Expertenautorität ebenso anschaulich begründet wie deren Lebenstüchtigkeit und die Versprechensdimension autonomer Lebensgestaltung. Das werbliche Angebot existentieller Wegweisung soll für den Adressaten das Versprechen der Selbstaufwertung implizieren, das Versprechen ähnlich souveränen Über-den-Dingen-Stehens mit der Übernahme dieser Weltsicht. Der Adressat kann am Modell lernen, wie weit Realismus, Pragmatismus und Optimismus reichen.

---

48 Wie beim Spot für die richtige Zahnpasta, in dem Kinderängste vor möglichem Bohren als Drohung im Raum stehen, die aber durch das clevere Verhalten eines kleinen Mädchens im Nichts verpufft, das immer schon durch das Benutzen *nur dieser* Zahnpasta in vorbildlicher Weise selbstverantwortlich ihr großes Kinderglück gesichert hat. Komplett wird dieses Glück aber erst mit dem versichernden Kommentar des Experten, der in der Rolle des Zahnarztes die Botschaft des Spots autoritativ auflädt und es ursächlich mit der einzig vernünftigen Wahl *dieser* Zahnpasta in Verbindung bringt. Die kindliche Szene 'Zahnarztbesuch' wird erst durch den ordnend-erklärenden Nachspann mit der Expertenautorität zur Botschaft. Die Dinge werden in der Ordnung gezeigt, die für Solidität und Vertrauenswürdigkeit steht.

Diese individualistisch inszenierten Tugenden reflektiert das Erscheinungsbild des vorbildlichen Familienvaters. Dieser ist die oberste, ordnungsstiftende Instanz der Familienhierarchie, die anderen dürfen von seinem Pragmatismus profitieren. Es dominiert das Erscheinungsbild des Patriarchen, der Lebenschancen schenkt, existentiellen Mehrwert sichert nach dem klassischen Muster der über familiale Perspektiven entscheidenden Autorität.

Dieses Erscheinungsbild symbolisiert Negationsresistenz. Man ist gegen die midlife-crisis ebenso gefeit wie gegen berufliche Überforderung. Auch mit der innerfamilialen Ordnung ist Fraglosigkeit gesichert. Alle werblich arrangierten existentiellen Schlüsselsymbole sind auf 'ihren Mann' verweisend ausgerichtet: die Mutter/Lehrerin, die Tochter/Abiturientin, seine finanzkalkulatorische Kompetenz, seine Kompetenz in der Freizeitgestaltung.

Daß er bleibt, wo und was er ist, symbolisiert zudem seine Negationskompetenz. Der Pragmatiker bleibt autonom, läßt sich selbst von Aufstiegsperspektiven nicht vereinnahmen. Er steht in jeder Hinsicht im Mittelpunkt als Verkörperung des Realisten. Vordergründig will Lübbe anhand dieses Beispiels den stattfindenden Wertewandel illustrieren, implizit aber soll mit der Idylle begründet sein, daß gesunder Menschenverstand nicht nur mit dem Leben fertig wird, sondern daß der Mensch auch, weil er Vertrauen in seine Zukunft hat, zu recht auf der Sonnenseite des Lebens steht.

d) Beeinflussende und manipulative Vertrauensbildung

Bewußtseins- und vertrauensbildend soll die werbliche Objektebene nicht nur mit der Inszenierung dieser Familienidylle sein. Beeinflussende und/oder manipulative Wirklichkeitsdarstellung findet sich auf allen bisher genannten Seiten des Kommissionsberichts. Dieser Bericht verwendet fast alle jene Stereotype und Argumente, auch das der Allheilwirkung steigender Wachstumsraten (vgl. S. 16), mit denen politische und privatwirtschaftliche Positionseliten die alltägliche 'Bewältigung' von Risiken betreiben, indem sie sie wegrationalisieren.

"Diejenigen, die die Risiken aufzeigen, werden als 'Miesmacher' und Risikoproduzenten diffamiert. Man hält ihre Darstellung der Risiken für 'nicht erwiesen'. Die Auswirkungen für Mensch und Umwelt, die sie aufzeigen, für 'maßlos übertrieben'. Mehr Forschung sei nötig, bevor man wisse, was der Fall sei und entsprechende Maßnahmen ergriffen werden können. Nur ein rasch wachsendes Sozialprodukt könne die Voraussetzung für einen verbesserten Umweltschutz schaffen. Das Vertrauen in Wissenschaft und Forschung wird beschworen. Deren Rationalität habe bislang noch für alle Probleme Lösungen gefunden. Wissenschaftskritik und Zukunftsängste werden demgegenüber als 'Irrationalismus' gebrandmarkt. Sie seien die eigentlichen Ursachen allen Übels. Das Risiko gehöre nun einmal zum Fortschritt wie die Bugwelle zum Schiff auf großer Fahrt."[49]

Jenseits dieser herrschenden Bewältigungsrationalitäten, aber durchaus im Sinne der Ausblendung dissonanter, pessimistisch stimmender und damit vereinnahmungstechnisch wenig zweckdienlicher Risikorealität, liegt beeinflussende Wirklichkeitsdarstellung schon da vor, wo, um die Plausibilität der ideologischen Botschaft zu erhöhen, je nach Bedarf die Realitätsebenen und Perspektiven des Berichts wechseln:

So soll am Anfang mit dem Vertrauensappell dem Wissenschaftler und seiner fachwissenschaftlichen Kompetenz eine besondere realitätsanalytische Stellung zukommen. Damit soll Abstand zu laienhaften Grau-in-Grau-Tristessen symbolisiert werden.

Innerhalb der Wissenschaft aber muß zwischen guter (optimistischer) und schlechter (pessimistischer) unterschieden werden. Zur Zukunftssicherung können wissenschaftliche Erkenntnisse weniger wichtig sein als die Wirkung öffentlicher Auseinandersetzungen zwischen Wissenschaftlern, an deren gesellschaftliche Verantwortung appelliert wird. Gegenüber den wissenschaftlichen Prognosen, v.a. den negativen, wird an den gesunden Menschenverstand appelliert und zu anthropologischem Optimismus geraten. Damit wird Wissenschaft untergeordnet.

Für die Seriosität der Wissenschaft, die optimistisch und zukunftsorientiert im Sinne des Kommissionsberichts argumentiert, soll die Irrealität der Orwellschen Utopie sprechen, obwohl sie weniger Wissenschaft ist als eine Romanrealität. Allein weil "1984" nicht Wirklichkeit ist, soll Pessimismus irreal sein. Optimistisch soll dagegen die reale soziale Wirklichkeit stimmen, veranschaulicht durch die Schilderung der Familienidylle. Sie ist ein Musterbeispiel für realistischen Pragmatismus und soll als Verlockungswirklichkeit mit einer ungewissen Zukunft versöhnen. Wen eine derartige Idylle nicht gegen individuelle Ohnmachtsempfindungen gegenüber der komplexen Wirklichkeit und ungewissen Zukunft wappnet, dem bleibt als einzig vernünftige die Beschäftigung mit Gott. Diese Perspektive trägt zur Entlastung und Harmonisierung von Realität bei.

Die argumentative Elastizität und der Perspektivenreichtum dieser Wirklichkeitsdarstellung deckt viele Adressatenbedürfnisse ab. Das gilt auch für einen weiteren Aspekt von Beeinflussung innerhalb des Berichts, für die Argumente nämlich, in denen Realität individualistisch geordnet ist. Als könne der individuelle gesunde Menschenverstand im Privaten die anonymen technischen Evolutionsrisiken kompensieren. In der werblichen Realität ist die Vereinzelung als Erfolgsbedingung existentieller Kalküle inszeniert. Damit ist suggeriert, daß jeder seines Glückes Schmied sei und daß jeder die Gesamtheit seiner Lebensrisiken bei entsprechender Verhaltens-

---

49 Beck 1986, S. 60f

kompetenz bewältigen könne. Auch Negatives (Pessimismus, Technikkritik) wird nur als individuelles Defizit dargestelllt, als käme das Negative vor allem vom einzelnen und nicht aus der Anonymität der Sachzwänge und Risikostrukturen. Von dieser individualistischen Ideologie getragen ist auch das folgende Beispiel sowohl beeinflussender als auch manipulativer Wirklichkeitsdarstellung, das exemplarisch die pars-pro-toto-Technik der intendierten Bewußtseinbildung offenbart:

> "Durch Vertrauen kompensieren wir die wachsende Inkongruenz von Sachabhängigkeit und individueller Sachkompetenz. Vertrauen in diese Sachkompetenz des jeweils anderen ist als Sozialkitt in der technischen Zivilisation um so nötiger, je mehr die Evidenz unserer Abhängigkeit von zuverlässig erbrachten Leistungen anderer zunimmt. Bis in unsere Alltagswelt hinein leben wir heute aus diesem Vertrauen: Vom frühmorgendlichen Konsum des ärztlich verordneten Medikaments bis zur Flugzeugbenutzung nach Konferenzende am Abend machen wir dutzendfach Erfahrungen von Verläßlichkeiten, durch die uns jenes Vertrauen zur Selbstverständlichkeit werden (sic!)." (S. 27)

Beeinflussend ist die Darstellung in ihrem Kurzschluß: Weil auf Sachkompetenz nicht verzichtet werden kann, soll diese bedingungslos bejaht werden. Zukunftsprobleme werden verniedlicht durch die Senkung des Risikoniveaus auf die Stufe von Alltäglichkeiten. Als sei die Sachkompetenz, mit der ein Flugzeug bewegt wird oder Arzneien verschrieben werden, vergleichbar mit der apriori segensreichen Sachkompetenz eines Nuklear- oder Biotechnologen. Daß die "Abhängigkeit von zuverlässig erbrachten Leistungen anderer zunimmt", spricht noch nicht für eine vertrauensselige Blanko-Scheck-Akzeptanz jeglicher von Sachkompetenz getragenen Innovationen, v.a. dann nicht, wenn sie in anthropologische Dimensionen eingreifen. Die hier in Szene gesetzten Zuverlässigkeiten scheinen die unendliche Reichweite von Vertrauen zu untermauern, weil mit diesem den Alltag umfassende Wohltaten und Leistungen verbunden sind, hinter denen Prestige und Autorität(en) stehen. Wirklichkeit ist hierarchisch so präsentiert, daß das ubiquitär effektive Wirken von Expertenautorität ausschließlich segensreich zu sein scheint. Wie natürlich und organisch ergänzen sich Lübbes vertrauensvolle Prognosen und seine beweiskräftig zugespitzten Wirklichkeitsausschnitte. Wo Autorität ist, herrscht Vertrauen, gibt es Zukunft. Von Autorität gehen Fraglosigkeiten als Unterordnungen aus, die sich mit den Perspektiven des Gemeinwohls zu decken scheinen. Verläßlichkeit und Sicherheit verspricht die stark nachgefragte Kunst des Arztes und des Piloten. Damit wird Sachkompetenz illustriert und zur Vertrauensformel. Auf der Basis dieser Eindruckswerte soll Expertenautorität in die Zukunft hinein generalisiert werden. Fraglos muß es somit den Positionseliten überlassen bleiben, die Weichen richtig zu stellen.

Derartige Ordnungsvorgaben können in ihrer Selbstbildzentrierung zu Anpassungsimpulsen werden. Das durch die werbliche Objektebene zu Zukunftsproblemen

Nahegelegte wird zum vielversprechend Naheliegenden durch den auf drei Ebenen virulenten Bedeutungszusammenhang von Autorität und Selbstbild, der die Anpassung an Sinnangebote verstärkt.

Die, auch chronologisch, erste Ebene betrifft die Selbsteinschätzung der wissenschaftlichen Autoritäten. Im Mittelpunkt ihrer Selbsteinschätzung, die dem entspricht, was im allgemeinen Verständnis mit Selbstbild gemeint ist, steht der Eigenanspruch, Sachverstand zu garantieren. Dabei arbeitet die implizite Gleichsetzung von Sachverstand und Objektivität der expliziten Koppelung von Wissenschaftsethos und Optimismus zu (vgl. im Kommissionsbericht S. 8 und hier S. 91f). Die Urheber 'sachverständiger Beiträge' wollen also nicht wegen der Zweckdienlichkeit ihrer Menschen- und Weltbilder in die Kommission berufen worden sein. Für das bewußte Adressatenselbstbild, z.B. des Rationalisten, soll so der Anschluß an bewährte Ordnung und an die Perspektiven von Positionseliten in Aussicht stehen. Damit ist aber auch das Selbstbild im Verständnis der theoretischen Herleitung in dieser Arbeit angesprochen, die den Machtkontext von Sinnangeboten impliziert. Für die Adressaten des Kommissionsberichts könnten dessen Ordnungsvorgaben unter anderem die Perspektive versprechen, daß der Besitz der 'richtigen' Ansichten die Macht bedeutet, als Autorität Wirklichkeit zu gestalten und in Ordnung zu bringen.

Auch auf der zweiten, der argumentativen werblichen Objektebene ist das Selbstbild als Projektionsfläche für die Macht- und Negationsimplikate von autoritativer Symbolik angesprochen. Hier sind mit der Pflicht zum Optimismus die hinter diesem stehenden autoritativen Ansprüche und Reichweiten inszenatorisch konkretisiert. In der hierarchischen Ordnung von ausgrenzender und ausgegrenzter Realität ist Negationspotenz symbolisiert mit den entsprechenden (oft latenten) Gratifikations- und Sanktionsperspektiven. Die inszenatorisch prägnante Zuspitzung auf privilegierte Pragmatiker grenzt den zukunftspessimistischen Nein-Sager aus. Übergeordnet ist, gemäß der herrschenden und von Anbieterseite vertretenen individualistischen Ideologie, die Lebenstüchtigkeit des einzelnen, der als Vorbild zum Ausphantasieren der zu ihm gehörenden Wenn-Wirklichkeiten und das heißt zur Anpassung an die ihnen unterliegende Ordnung einlädt.

Das verweist auf die dritte Ebene, die Selbstansprache des Adressaten, dessen Nacherleben der Autoritätssymbolik bis zur Eigengenerierung von Autoritätsbildern und ihren Perspektiven zwischen (Selbst-)Aufwertung und (Selbst-)Negation führen kann. Das werbliche Angebot der Identifikation mit der Autorität von Wissenschaftlern und privilegierten Pragmatikern verspricht bei Anpassung eine erfolgsträchtige Orientierung. Wer gut und oben sein will, muß sich ähnlich optimistisch und lebensbejahend verhalten, dann stehen alle Möglichkeiten offen, und die Schuldfrage von zukunftsgefährdenden pessimistischen Einstellungen stellt sich nicht.

Die drei Ebenen sind als bewußtseinsbildnerischer Funktionszusammenhang zu verstehen. Latent reaktualisieren die angebotenen Autoritätsbilder die frühkindliche Erfahrung autoritativer Leitbilder bzw. die Erfahrung erster eminenter Eindruckswerte, die auch die individuelle Geschichte und Verarbeitung von Nein-Kosten einschließt. Dieser Funktionszusammenhang ist durch ideologische Wertsprache aktivierbar, wie sich exemplarisch an der zitierten manipulativen Setzung zeigen läßt:

> "Vetrauen in diese Sachkompetenz des jeweils anderen ist als Sozialkitt in der technischen Zivilisation um so nötiger (...)." (S. 27)

Als könne der Wissenschaftler Lübbe derart kategorisch über die Zukunft der Risikogesellschaft befinden, in der auf Dauer Mißtrauen die Voraussetzung für zuverlässig zu erbringende Leistungen sein könnte. Seine Botschaft lautet dagegen: Ohne Sozialkitt keine Zukunft. So versucht der Botschafter des Vertrauens Zweifler selbstbildzentriert unter den Druck existentieller Nein-Kosten zu setzen. Manipulativ ist die Koppelung Vertrauen - Sozialkitt - Zukunft. Der mißtrauische Nein-Sager gefährdet demnach die Zukunft. Indem er negativ zum existentiellen Schlüsselbegriff schlechthin, zur Zukunft, in Bezug gesetzt wird, scheint er wie selbstverständlich mit der Schuld- und Sanktionsfrage konfrontiert zu sein. Wer nicht für den Sozialkitt sorgt, gefährdet die Zukunft aller. Lübbes Weltbild impliziert kategorisch die Notwendigkeit und die Pflicht zum Optimismus. Positiv schließen sich die Autoritätsfigur des Wissenschaftlers als kompetenter Prognostiker und Realist und dessen autoritative Setzung existentieller Werte als Orientierungssignal ausschließlich mit den Selbstbildern optimistischer Ja-Sager kurz, die als Meinungsträger damit eine besondere Bedeutung erlangen. Lübbe nutzt die Tatsache prinzipieller Zukunftsungewißheit für ideologische Okkupationen, indem er sich als Autorität aufbaut, die kompetent über Lebens- und Zukunftschancen befinden will. Latent zielt er auf Zukunftsängste, um sie manifest mit dem Optimismus- und Vertrauensappell ideologisch zu kompensieren. Das Votum gegen ein pessimistisches Nein zu den Risiken der technologischen Evolution versucht dieses Nein an existentielle Angst zu koppeln: das Nein-Sagen zu den Technikrisiken soll eine Selbstnegation bedeuten.

Die latenten Bedeutungen der politisch werblichen Sinnangebote sind deshalb weitreichender, als sich das inhaltsanalytisch auf der Objektebene darstellt, weil in existentiellen Fragen mit dem Selbstbild eine Kategorie des unbewußten Existenzmanagements angesprochen ist, die den Machtaspekt einer Autoritätssymbolik betrifft. So muß auch jener verniedlichende Pseudorealismus ('Die Zahl der seelischen Erkrankungen wird zunehmen') in seiner instrumentellen Funktion für die optimistisch getönte Gesamtbotschaft gesehen werden. Gerade vor dem Hintergrund von Massenarbeitslosigkeit und Zukunftsungewißheit trifft die nicht weiter problematisierte Diagnose, daß es für immer mehr Menschen keine (menschenwürdige) Zukunft gibt, ins Schwarze. Hinter der Diagnose steht der herrschende Geist, der demjenigen Adressaten ein Identifikationssignal setzen soll, der auf der Seite des Erfolgs stehen will, der rational den eigenen sozialen Aufstieg anvisiert. Wer realistisch ist, gehört zu den Gewinnern und läuft nicht Gefahr, die soziale Hierarchie hinabzurutschen und ein unwürdiges Leben zu führen.

Der herrschende Geist manifestiert sich imperativisch adäquat in der Prosperität der Familienidylle. Die Chancen von Lebensglück scheinen mit der Ausrichtung auf den gesunden Menschenverstand zu steigen. Mit der werbespotähnlichen Inszenierung des Musterpragmatikers ist aber mehr symbolisiert als nicht-fiktive Lebenstüchtigkeit. Die Logik dieser Wirklichkeitsdarstellung suggeriert, daß derart erfolgreiche Autoritätsfiguren - das betrifft auch die wissenschaftlichen Autoritäten, die ebenfalls in ihrer Kongruenz mit der 'heiligen' herrschenden Ordnung prosperieren - im Besitz des Monopols von Gewißheiten über Lebenschancen seien. Auch Lübbe gibt mit dem Gestus autoritativer Reichweite vor, die (Darstellungs-)Realität nach Lebenschancen zu gewichten. Er will Selbstbildstrukturen aktivieren, indem er existentielle Wertkalkulationen so in Szene setzt und antizipierend nahelegt, daß existentielle Gewißheiten als Selbstgewißheiten erlebt werden sollen. Es scheint so, daß aus der Übereinstimmung mit der herrschenden Ordnung, die sich in Status und Prestige niederschlägt, sich die Richtigkeit und Angemessenheit von Lebensschicksalen ableiten. In der werblich versprochenen Erfolgssicherheit scheint das Lebensglück des hochgestellten Privilegierten nur eine Frage seines bloßen Willens und damit seiner selbst zu sein. Dem Adressaten soll die Anlehnung an diese autoritativen Vorgaben die Gewißheit versprechen, existentiell auf dem Weg in die richtige Zukunft zu sein, nachdem Übereinstimmung herrscht, daß kulturkritischer Pessimismus gegenüber der technologischen Evolution Zukunft aufs Spiel setzt.

Erste Bedingung werblichen Erfolgs ist die Vermeidung von Infragestellungen gegenüber der werblichen Botschaft, wenn sie die bessere Realität verspricht. In Lübbes werblicher Collage eröffnen die Elemente Familie, Haus, Garten, Status als vertraute, wichtige biographische Schlüsselsymbole die Perspektive von Fraglosigkeit. Es handelt sich um für Normalbiographien notwendige (im Sinne von: 'positiv besetzte') Symbole des Überlebens und damit der Fraglosigkeit. Dadurch, daß die werbliche Familien- und Eigenheimidylle, zumindest vermittelt, an zentrale Erfahrungen knüpft, können subjektive Vorstellungsbilder ausgelöst werden, die die übrige Thematik der Objektebene überlagern. Die Fraglosigkeit verstärkt der progressive, in eine bessere Zukunft verweisende Charakter der Idylle mit ihrer Gratifikationsperspektive bei Anpassung an ihre Ordnungsvorgabe. Sie verengt den Blickwinkel auf das private Glück als das fraglose, eigentliche und zu verwirklichende.

Gleichzeitig ist damit der regressive Charakter der Idylle offenbar, der ebenfalls der Fraglosigkeit zuarbeitet. Denn mit der Idylle ist der von solchen Erfolgen nicht zu überzeugende pessimistische Miesmacher stigmatisiert, dem das Etikett des Befremdlichen zu recht anhaftet. Wer Pessimist ist, nein sagt zu dieser Ordnung, für die unter anderem der souveräne Pragmatiker und Optimist steht, gefährdet seine Zukunft. Regressiv sind die frühkindlichen Erfahrungen autoritativer Negation aktualisiert, aber auch die der Identifikationsimpulse mit dem Streben nach Macht. Man braucht, wie die Autoritäten, die das Sagen haben, nur Optimist zu sein und durch Vertrauen die Ungewißheiten künftiger technologischer Innovationen zu kompensieren.

Indem Lübbe diese negationsresistente Idylle in die ideologische Gesamtbotschaft einbettet (Vertrauen und Optimismus gegenüber der Zukunft) und negativ eine pessimistische Haltung ausgrenzt, sollen Selbstbilder so aktiviert sein, daß es im Falle abweichender Haltung zu Selbstnegationen kommt, bzw. so angesprochen sein, daß über die Versprechensdimension der Idylle selbstbildzentrierte Anpassung an die herrschende, Macht und Schutz symbolisierende Ordnung naheliegt. Indem ein Selbstbezug über fraglose Schlüsselsymbole hergestellt wird, ist in Existenzfragen Entlastung versprochen. Es werden Qualitätsvorstellungen ausgelöst, die jedem, der optimistisch ja zur technologischen Evolution sagt, zuteil werden könnten. Die verwendeten Symbole dienen aber einem anderen, nicht offenbaren Zweck: Fraglosigkeit zu erzeugen gegenüber den im Kommissionsbericht angebotenen Weltbildern.

5. Drittes Anwendungsbeispiel: Texte der RAF

a) Der werbliche Aspekt politischer Kampfpraxis

Die politischen Texte der RAF dem Thema 'Politisches Werben' zuzuordnen mag, gerade nach den beiden vorangehenden Beispielen, zunächst abwegig scheinen. Doch spricht nicht schon die fehlende Massenrezeption von politischen Sinnangeboten gegen ihren werblichen Charakter und die Anspruchsnatur ihrer Setzungen. Analog zum Kommissionsbericht, der sich trotz seines eingeschränkten Adressatenkreises potentiell an alle wendet, wurden und werden von der RAF faktisch nur diejenigen angesprochen, deren aus diffuser Unzufriedenheit 'mit den Verhältnissen' erwachsene Aggressionen sich im friedlichsten Fall als geistig-emotionale auf Repräsentanten des Staates und die Führungselite der Wirtschaft konzentrieren. Für diese, zumindest ideologischen, Sympathisanten sollen die Terrorakte der RAF als die angemessene und logische Konsequenz aus dem Leiden am "Schweinesystem" erscheinen, als der einzig richtige Weg der Avantgarde eines erhofften Massenaufstandes, nachdem also die Kampfpraxis der RAF in massenhafte Resonanz gemündet wäre.

Auch ohne diese Resonanz sind von der ersten Generation Vereinnahmungen ausgegangen, die das Überleben ihrer Idee in mehreren Nachfolgegenerationen und deren Sympathisantenkreisen gesichert haben. Solche Rekrutierungserfolge unterstreichen, jenseits etwaiger, schwer zu ermittelnder 'klammheimlicher' Massenresonanz, den werblichen Charakter aller Aktionen der RAF. Die ganze Praxis der ersten Generation, von den Terroranschlägen über Hungerstreiks, über Ideologieproduktion und -verbreitung bis zu den Selbstmorden, die so arrangiert waren, daß der Staat unter Mordverdacht geraten sollte und geriet, muß nicht nur als Kampf gegen das System, sondern auch als werblicher Vereinnahmungsversuch gesehen werden, dessen Tragweite auch das Selbstverständnis der jeweilig letzten Generation der RAF prägen dürfte.

Das gilt auch für die Kampfsprache der RAF, deren Jargon der Totalkonfrontation ihre gemeinsame Überzeugung der Nichtreformierbarkeit der Verhältnisse reflektiert, woraus sich eine Pflicht zum revolutionären Kampf gegen das "Schweinesystem" ableiten soll. Die Uniformität und Formelhaftigkeit dieses Jargons, die alle Texte und Bekennerschreiben der verschiedenen Generationen kennzeichnen, sollen mit ihren normativen Setzungen auf eine Statusanalogie und die moralische Überlegenheit in bezug auf die geltende Rechtsordnung verweisen. Es soll sich die (partielle) Gültigkeit einer neuen Ordnung offenbaren, die vom Wirkungszusammenhang RAF-eigener Gesetze und Sanktionen getragen ist. Diese Idee einer besseren Ordnung durch die RAF durchzieht als roter Faden ihr Selbstverständnis und ihre Geschichte. Und obwohl ihrer Einschätzung nach das geschriebene und verbreitete Wort nicht nur zeitlich ihren Taten nachgeordnet sein soll, muß davon ausgegangen werden, daß ideologische Grundüberzeugungen schon immer und konstitutiv zum Selbstverständnis der Gruppe gehören.[50] Die Taten gegen das "Schweinesystem" entspringen notwendigerweise Vorverurteilungen, die aus ideologischen Über- und Unterordnungen resultieren. Denn wenn die herrschenden Verhältnisse als unmenschlich und tödlich gebrandmarkt sind, kann Gesinnungsethik wie selbstverständlich und natürlich, dem Tyrannenmord vergleichbar, in tödliche Handlungsethik umschlagen. Gegen ein "Schweinesystem" kann es keine unmenschlichen Handlungen geben.

Aber erst in der Haftsituation, wenn die Kampfhandlung durch die Kampfsprache ersetzt werden muß, um weiter für die Sache der RAF zu vereinnahmen, dann erst ergibt sich die Notwendigkeit, die Weltsicht der Gruppe umfassend schriftlich zu fixieren und theoretisch zu begründen. Wenn die werblich unabdingbare Dokumentierung von Zugriffsmacht auf soziale Realität nur noch symbolisch möglich ist, hat die nachträgliche theoretische Begründung ihrer Taten nicht nur für sich werbli-

---

50 Baader sagte zur ursprünglichen Motivation der Gruppe, "Anlaß sei vor allem der Vietnam-Krieg gewesen. Das sehe er auch heute noch rückblickend als zwingenden Grund für die RAF-Aktionen an." (Referiert nach Aust, Stefan: Der Baader-Meinhof-Komplex. München 1989, S. 563). D.h. mit einem negativen historischen Eindruckswert begründet die Gruppe die Notwendigkeit ihrer Existenz und die hohe moralische Wertigkeit ihrer Sache.

che Funktion, nachträglich bekommen die Terrorakte einen die werbliche Vereinnahmung fördernden Bedeutungszuwachs, indem sie in einen komplexeren Sinnzusammenhang gestellt werden. Um die Radikalität früherer Kampfpraxis zu begründen, muß der Staat als Feind radikal stigmatisiert werden. Nur so kann die RAF, deren erste Generation in ihrer nichtkonspirativen Existenzweise ganz besonders vom Erfolg ihrer Rekrutierungsbemühungen abhängig war, als Idee und Gruppe ihr Überleben sichern. Nur indem die Gruppe als politische Kampfgruppe die Fähigkeit begründet, den Staat und seine Repräsentanten weiterhin angreifen zu können, darf sie mit Solidarität und Gefolgschaft rechnen. Eine Solidarität, die im kleinen anfangen kann und im großen, im aktiven Sympathisantentum enden soll.

> "Solidarität, in dem sie nicht von den Kriterien des Marktes ausgeht, setzt diese ausser Kraft. Solidarität ist politisch, nicht erst als Solidarität mit Politischen, sondern als Weigerung, nur unter dem Büttel des Wertgesetzes, nur unter dem Aspekt von Tauschwert zu handeln. Solidarität ist ihrem Wesen nach herrschaftsfreies Handeln, als solches immer Widerstand gegen den Einfluss der herrschenden Klasse auf die Beziehungen der Menschen zueinander, als Widerstand gegen die herrschende Klasse immer richtig. Im Sinn des Systems sind Leute, deren Handlungen sich nicht an den Erfolgskriterien des Systems orientieren, Ausgeflippte und Trottel oder Versager. Im Sinne der Revolution ist jeder, der sich solidarisch verhält, wer es auch sei, ein Genosse."[51]

Das antagonistische Weltbild teilt Wirklichkeit in die Sphäre von Marktgesetzen der herrschenden Klasse und in die von Menschen auf, die sich dagegen erheben können. Einzige Bedingung der erfolgreichen Subversion soll solidarisches Verhalten sein, das sich, unabhängig von Marktgesetzlichkeiten, gegen die herrschende Klasse richtet. Nur die Solidarität mit den Schwachen und denjenigen, die für sie kämpfen, verspricht die neue Identität, das bessere Menschsein. Nur der solidarisch Handelnde und gegen die herrschende Klasse Kämpfende habe die Chance, Mensch zu werden, kein Schwein zu bleiben und eine neue Qualität der zwischenmenschlichen Beziehung zu verwirklichen. Das Werben um Solidarität ist ein Werben für die RAF, wenn sie für die Unterdrückten und Zukurzgekommenen zu kämpfen vorgibt. Mensch sein heißt solidarisch sein im Widerstand. Diese existentielle Parole der RAF verweist, analog zu religiösen Erlösungsformeln, den einzelnen in die Versprechens- und Verpflichtungsperspektive der Möglichkeit eines künftigen besseren Menschseins, für die Opfer zu bringen sind. Mit ihrem Selbstverständnis als Avantgarde des revolutionären Kampfes bietet die Gruppe existentielle Aufwertungen gerade denjenigen in werblicher Absicht an, die in der Logik der bestehenden Ordnung zu den Schwachen oder perspektivlosen Außenseitern gehören. Indem die RAF vorgibt, die alte durch ihre neue Ordnung ersetzen zu können, spricht sie sich selbst eine (autoritative) Reichweite zu, die die Autorität des Staates außer Kraft setzen

---

51 texte: der raf. Malmö 1977, S. 409; im weiteren direkt im Text unter Seitenangabe zitiert

will. Die Botschaft lautet: Wer sich mit der RAF identifiziert, kann sich stark machen.

In deren Logik werden Schwäche und Erfolglosigkeit dann sinnvoll, wenn sie in Gemeinsamkeit und Solidarität mit der Sache der RAF münden. Dann wird Solidarität zur Waffe gegen das System. Auf den möglichen Erfolg dieses Solidaritätsappells gründet sich die Neinstärke einer gefangenen Avantgarde, die aus ihrer Haftsituation nichts anderes anbieten kann als autoritative Leitbilder und die existentielle Wegweisung ihrer revolutionären Idee, zu deren überlebensnotwendiger Verbreitung innerhalb und außerhalb der Gefängnisse ein über ihre Rechtsanwälte installiertes Kommunikationssystem aufgebaut wurde. Über diesen werblichen rekrutiven Zweck hinaus sollen die Texte, dem Selbstverständnis der Gruppe entsprechend, klarstellen, daß und warum ihre Kampfpraxis eine ausschließlich politische Dimension habe, daß mithin eine Rechtsprechung nach dem geltenden Strafrecht ihnen als politischen Gefangenen nicht gerecht würde.

Aber auch dieses Ansinnen hat einen werblichen Aspekt. Denn das politische Ideengebäude der RAF, das die ganze Existenz der Gruppe umfassende ideologische Profil soll, wenn nicht zur Übernahme der RAF-Perspektiven anhalten, so doch zumindest dokumentieren, daß es einen begründeten Kontrapunkt zur herrschenden Ordnung gibt, daß das RAF-Projekt funktioniert und eine Zukunft hat.

Gerade in der Defensivsituation der Stammheimer Isolationshaft sind vor allem die Flexibilität und Potentialität ihres Ideenkomplexes vielversprechend in bezug auf die extreme Bedürfnislage der Gefangenen. Indem sie die neue künftige Ordnung der RAF als für sie einzig mögliche vorwegnehmbar sein lassen, sind die Ideen der Gruppe mächtig und erbringen eine Versorgungsleistung, die der Reichweite personaler Autorität gleichkommt. In der Isolationshaft garantiert eine Ideenautorität der Gruppe nicht nur den Zusammenhalt, sie sichert zudem die durch die Kampfpraxis erworbene neue Identität sowohl nach hinten ab, als sie sie auch auf Dauer stellt. Mit ihrem Ideenkomplex bleibt die Gruppe bedeutend und kann jeweils neue Generationen in eine Verpflichtungsperspektive stellen. Aber nicht nur die folgenden, auch die erste Generation versorgt ihre Ideenautorität mit Negationspotenz gegen das Bestehende. Wer sich mit ihr identifiziert, dem verspricht sie Macht und Schutz nach außen. Sie verhilft zur Selbstaufwertung und zum, zumindest gruppenintern anerkannten, Status des besseren Menschen.

Ideenautorität meint also die Bedeutungsdimension einer ordnungstiftenden Idee, die die gleiche Bedeutung für Interaktionen und existentielle Kalküle in Bedürfnislagen hat wie personale Autorität, mit einer Negationspotenz, einem Schutz-, Machtund Identifikationsangebot und dem Angebot der Selbstaufwertung im Falle kongruenter Nähe zur Idee. So geht es in den folgenden Analysen nicht darum, die Texte, die aus einer existentiellen Extremsituation geschrieben wurden, mit Kategorien des Unrechthabens im nachhinein zu etikettieren. Der RAF Realitätsverlust vorzuwerfen ist zwar eine naheliegende, oberflächliche Wahrheit, die in jedem Fall Recht haben bedeutet, die aber nur einen Teilaspekt ihrer Texte abdeckt. Denn ihre ideologischen Zuspitzungen waren nicht nur werblich-rekrutiv funktional, sondern auch psychoökonomisch überlebensnotwendig. Der Realitätsverlust ist sowohl bewußt kalkuliert als auch unterschwellig benötigt, aus werblicher Intention und aus macht- und überlebensstrategischen Bedürfnissen. So entspricht dem Bedrohtheitsgrad ihrer existentiellen Situation die sektiererische Einseitigkeit ihrer Realitätsentwürfe bzw. die rigorose Unbedingtheit ihres Selbstverständnisses und Ideenkomplexes. Insofern ist ihre Form von Realitätsverlust Ausdruck ihres Realitätssinns, der realistischen Einschätzung der Hoffnungslosigkeit ihrer Lage, in der Selbstüberhöhungen kompensatorisch nötig sind. Dann ist es von zweitrangiger Bedeutung, die Frage zu klären, inwieweit ihre Texte authentisch marxistisch zu nennen sind oder wie sich ihr Faschismusbegriff politikwissenschaftlich einordnen läßt. Vielmehr soll die Art und Bedeutung von Ideenautorität erfaßt werden, die der Gruppe werbliche Vereinnahmung und ihre Selbsterhaltung sichern soll. Denn die Grundvoraussetzung einer neuen Ordnung ist eine neue Autorität. Neben dem werblichen Aspekt ihrer Kampfsprache steht also die existentielle Bedeutung der ideologischen Vorgaben für die Gruppe selbst im Mittelpunkt. Werblich und selbsterhaltend ist die Kampfsprache in dreierlei, in ausgrenzender, in eingrenzender und in binnenhierarchisierender Hinsicht.

b) Ausgrenzungen

Die Hypertrophie des Justizkomplexes Stammheim verlieh der RAF einen Sonderstatus und damit eine Medienpräsenz, die der Gruppe eine bis dahin nicht erlebte Bedeutung und Sympathie bescherten. Als Reaktion auf Stammheim

> "(...) formierten sich außerhalb der Haftanstalten neue Gruppen. Sie entstanden zumeist aus den "Folterkomitees", Initiativen oft ganz junger Leute, die Baader und Ensslin nie in ihrem Leben kennengelernt hatten, aber empört über die tatsächliche oder vermeintliche Unmenschlichkeit der Haftbedingungen den Weg in die Illegalität antraten. Zu keiner Zeit des "Untergrundkampfes" besaß die RAF eine so magnetische Anziehungskraft wie aus der Haft heraus."[52]

Noch immer war aber die RAF weit von der massenhaften, positiven Resonanz entfernt, die die "antiimperialistische Revolution" hätte näherrücken lassen. So diente zwar die Tatsache der Isolationshaft als wichtiger Aufhänger für Loyalitätsgewinne in der Sympathisantenszene, in ihrer Haftsituation aber waren die Gefangenen darauf angewiesen, daß Sympathie und Loyalität zum aktiven Kampf gegen den Staat führten. Von außen mußte die Sache der RAF von Gleichgesinnten aktiv vertreten wer-

---

52 Aust 1989, S. 301

den, sollte der revolutionäre Kampf die Effizienz und die Macht von Gegen-Ordnung zum Zwecke des werblichen Erfolgs dokumentieren. Insofern bedeuten die Schriften der RAF nach außen Orientierung, Ermutigung und Anleitung, also *Führung* durch die revolutionäre Avantgarde. So blieb die RAF über ihr von Rechtsanwälten getragenes Kommunikationssystem mit ihren Schriften wirksam und gefährlich.

Auch nach innen, für die Gefangenen selbst, waren die Schriften von überlebenswichtiger Bedeutung. In den Händen des feindlichen Staates verschaffte sich die Gruppe in ihren und über ihre Texte einen Freiraum, in dem ihre Ordnung herrschte. Durch die Gefängnismauern unverrückbar mit dem System verhaftet, grenzt die RAF durch das Errichten und Ausbauen von ideologischen Mauern das System aus. Sie sind Setzungen nach außen und nach innen. Sie bedeuten, wie Festungsmauern, zu beiden Richtungen jeweils Gegensätzliches: Trutz und Schutz. Ihr höheres Bewußtsein ist durch das hermetische ideologische Schutzsystem unangreifbar. Gleichzeitig sind die Texte Ausdruck und Vermächtnis von höherem Bewußtsein. Dieses Wechselverhältnis begründet die *theoretische* Egalität der Kämpfer und die Fraglosigkeit ihrer Verpflichtungsperspektive. Aus dieser existentiellen Selbstversorgung bezieht die inhaftierte RAF ihre ungebrochenen Kraft zu der Kampfform, die ihr noch geblieben ist: zur Agitation gegen das System.

> "dass in dem milieu, in dem wir kämpfen - postfaschistischer staat, konsumentenkultur, metropolenchauvinismus, massenmanipulation durch die medien, psychologische kriegführung, sozialdemokratie -
> dass gegen die repression, mit der wir es hier zu tun haben, empörung keine waffe ist. sie ist stumpf und so hohl. wer wirklich empört, also betroffen *und* mobilisiert ist, schreit nicht, sondern überlegt sich, was man machen kann.
> das ist spk (Sozialistisches Patientenkollektiv, KGW) - den kampf durch geschrei ersetzen, das ist nicht nur widerwärtig, das macht dich in der isolation kaputt, weil es der knallharten, materiellen repression nur ideologie entgegensetzt, anstatt der geistigen anstrengung, die eine physische ist." (S. 18)
> "du musst vielleicht mal ticken - ich weiss es nicht - dass man mit worten nur was erreichen kann, wenn sie den begriff der wirklichen situation bringen, die, in der jeder im imperialismus ist; dass es sinnlos ist, mit worten agitieren zu wollen, da *nur* aufklärung agitiert, wahrheit - " (ebd.)

Die RAF muß gegen alle und alles kämpfen, weil alle und alles verdorben und aus sich selbst heraus unreformierbar scheinen: der Staat, die Kultur, die Metropolen, die Medien und die Psyche. Diese negative Totalität enthebt die RAF der Notwendigkeit, ihre Vorstellungen und Ziele differenziert positiv zu definieren. Es genügt, wenn ursprünglich Positives in totale Negativität umgeschlagen sei. Die RAF definiert sich ex negativo, als Gegenordnung zu negativen existentiellen Größen: dem Staat als Ausgeburt des Nationalsozialismus; der Kultur ausschließlich als Konsumentenkultur; den alles beherrschenden Metropolen; den alles manipulierenden

Medien; der Psyche als Objekt der Agitation des Weltkapitals; den Parteien als Handlangern des Kapitals. Wenn alles negativ ist, kann nur die Sache positiv sein, die sich dagegen erhebt, die Sache der RAF.

Die eigene hohe Wertposition definiert sich aus ihrer Relation zu der negativen Totalität der Zentralgrößen, die die gesellschaftlichen Verhältnisse aus der Perspektive der RAF charakterisieren. Indem die eigene Position eine im Dienst der Wahrheit stehende sein will, soll den eigenen Ansichten der Status einer Instanz zukommen, der einzigen, die noch über Wirklichkeit befinden und deren Autorität noch existentielle Verläßlichkeiten versprechen könne. Dieses Ideensystem ist die positive Entsprechung der kritisierten negativen Verhältnisse, weil sich aus ihm exklusiv Aufklärung und damit die Möglichkeit der Rettung gewinnen lassen. Analog zur personalen Autorität kann eine derartige Ideenautorität Orientierungspunkt für alle sein. Sie ist die Größe, von der Erlösung vom Negativen ausgehen kann. Sie will die moralische Instanz sein, die das Wahrheitsmonopol für sich beanspruchen kann. Wo angesichts der negativen Totalität den Unterdrückten nur Ohnmacht zu bleiben scheint, bedeutet die Begrifflichkeit der RAF die Gegenmacht, die vor Repression schützt, indem sie als negationsstarke Waffe gebraucht und erlebt wird. Sie ist die Macht, die eine neue Ordnung definiert und initiiert. Sie setzt Positives und Negatives absolut, und ihre Klassifikationen beanspruchen Rechtsstatus. Sie begründet die Pflicht zum Widerstand. Aus ihr ergibt sich, "was man machen kann" (S. 18) und machen muß.

Für die RAF, die die Kongruenz von Begriff und Tat verkörpern und mit dieser vereinnahmen will, ist der analytische aufklärende Begriff effektiver als Affekte. Nicht wer sich empört, sondern wer die Wahrheit kennt und vermittelt, kämpft im Widerstand. In dieser Perspektive bedeutet den Begriff als Waffe benutzen: kämpfen, seine Pflicht tun. Die RAF als revolutionäre Avantgarde instrumentalisiert das moralische Prestige und die normative Aura von 'Wahrheit' zur Vereinnahmung. Mit ihr verurteilt sie alle, die sich mit Empörung begnügen, wie in der Zeit des Nationalsozialismus.

"Der Nationalsozialismus war nur die politische und militärische Vorwegnahme des imperialistischen Systems der multinationalen Konzerne." (S. 434)

"das neue, so auch das neue an diesem faschismus ist aber, dass es ihm nicht nur um die herrschaftssicherung des kapitals, märkte und konsolidierung geht, sondern um die bildung einer militärisch-ökonomischen machtstruktur, die sich als staatensystem unabhängig von ihrer politischen basis und den zwängen der kapitalbewegung behaupten kann.
hier ist der staat subjekt der politik, und er wird nicht mehr von konkurrierenden kapitalfraktionen regiert, sondern er ist der unmittelbare ausdruck *des* kapitals, weil es unter der hegemonie des us-kapitals keine ökonomische und so politische autonomie von kapitalen gegenüber dem us-kapital gibt.

uns kommt es hier darauf an, *aus* der internationalisierung der kapitalbewegung die dialektik der transformation der nationalstaaten im staatensystem des us-imperialismus in einen neuen, international organisierten faschismus zu zeigen." (S. 31)

Die Reichweite und Größe der RAF-eigenen Ideenautorität soll für sich sprechen, indem ihre alles in Frage stellende, analytische Zugriffsmacht auf eine Globalwirklichkeit textlich inszeniert ist. Die Infragestellungen bedeuten Unterordnungen, die in ihrer negativen Totalität positiv auf die revolutionäre Avantgarde verweisen, für die es so begründet keine übergeordneten Instanzen zu geben scheint, analog zu den Widerstandskämpfern im Nationalsozialismus, deren Ethik und Opferbereitschaft diese über die damals herrschende Ordnung erhoben und ausschließlich in die Verpflichtungsperspektive ihres Gewissens stellten. Die RAF versucht also mit dem historischen Schlüsselbegriff Nationalsozialismus, dessen Negativität im Allgemeinverständnis exklusiv ist, die weltweiten Verhältnisse ins bodenlose zu stigmatisieren und damit latent den komplementären - geschichtsträchtigen und positiven - Eindruckswert Widerstand als Ausdruck ihres Selbstverständnisses werblich zu instrumentalisieren. Die RAF macht sich den moralischen Impetus des Widerstands im Nationalsozialismus zu eigen, indem sie sich in seine Tradition stellt. In der Logik ihrer Argumentation war dann der Widerstand im Dritten Reich nur die Vorwegnahme des Widerstands der RAF. Dabei soll die historische Analogie an das Gewissen potentieller Sympathisanten appellieren und das (unterschwellige) Wissen um den ungenügenden Widerstand im Nationalsozialismus aktivieren. Wenn die weltweiten politischen Verhältnisse die Steigerung des Nationalsozialismus sein sollten, wäre Widerstand Pflicht und die Widerstandskämpfer der RAF wären moralische Avantgarde. Ihre Ansprüche sind also durch negative Eindruckswerte dynamisiert und sollen durch die plausible Negativität des Nationalsozialismus begründet sein.

Für den Adressaten ist diese Wirklichkeitsdarstellung als Alternative polarisiert: entweder im und mit dem Bösen, dem Faschismus des internationalen Kapitals leben oder das Böse bekämpfen. Auch der Adressat wird in die historisch analoge Pflicht zum Widerstand genommen, der sich wie zwangsläufig mit der RAF zu ergeben scheint, durch ihre im Untergrund gewachsene, der Wahrheit und Aufklärung verpflichtete moralische Autorität. Entsprechend sind alle von ihr ausgehenden Ideen und Analysen von dem, zumindest latenten, Appell zum antiimperialistischen Kampf begleitet, verbunden mit der impliziten Mahnung, niemand solle sagen, man habe vom wahren Charakter der Verhältnisse nichts gewußt. Denn mit dem Rückgriff auf den Nationalsozialismus zur Charakterisierung "des imperialistischen Systems der Multinationalen Konzerne" (S. 434) konfrontiert die RAF potentielle Sympathisanten, gerade diejenigen aus der 68er Bewegung, unausgesprochen mit ihren eigenen Vorwürfen an Eltern und Großeltern und deren Entschuldungsformel, eben nichts gewußt zu haben von den Greueltaten im Nationalsozialismus. Wer sich, trotz RAF-Aufklärung, in ähnlicher Weise herausreden will, lädt auch in ähnlicher Weise

Schuld auf sich. Diese Schuldanalogie ist selbstbildzentriert und impliziert eine drohende Selbstnegation. Es kann und soll eine Frage moralischer Selbstbehauptung sein, sich der ausgrenzenden Negationspotenz einer Ideenautorität anzuschließen. Diejenige Autorität will vereinnahmen, die die Reichweite zu haben beansprucht, die herrschende politische Ordnung als historischen Höhepunkt des Faschismus zu stigmatisieren. Demnach würde derjenige historische Höchstschuld auf sich laden, der zu dieser Ordnung ja sagt, die un-menschlich schon insofern ist, als der Staat das Volk als Subjekt der Politik abgelöst, das System also keine politische Basis mehr habe, sondern nur noch die Funktion der Diktatur des Kapitals sei.

Die Ideenautorität, die das Ganze in Frage stellt, soll mit ihrer wegweisenden Zugriffsmacht auf Realität Selbstbezüge auslösen bei denjenigen, die, ihrem rückwärtsgewandten Selbstverständnis gemäß, sich im Widerstand organisiert hätten, wenn sie, wie ihre Eltern, zu Zeiten des Nationalsozialismus gelebt hätten. Wer wollte schon eine zweite, größere Schuld auf sich laden, wenn die Unmenschlichkeit der Verhältnisse nicht zu übersehen sei, die das Volk für jede politische Initiative verdorben habe. Das Totalitäre des neuen Faschismus äußert sich in dieser Perspektive als Totalität der Verelendung.

> "es stellt sich das metropolenindividuum heraus, das aus den fäulnisprozessen, den tödlichen, falschen, entfremdeten lebenszusammenhängen des systems kommt - fabrik, schreibtisch, schule, universität, revisionistische gruppen, lehre und gelegenheitsjobs. es zeigen sich die auswirkungen der trennung von berufs- und privatleben, der arbeitsteilung in geistige und körperliche arbeit, der entmündigung in hierarchisch organisierten arbeitsprozessen, die psychischen deformationen durch die warengesellschaft, der in fäulnis und stagnation übergegangenen metropolengesellschaft.
>
> aber das sind wir, da kommen wir her: die brut aus den vernichtungs- und zerstörungsprozessen der metropolengesellschaft, aus dem krieg aller gegen alle, der konkurrenz jeder gegen jeden, des systems, in dem das gesetz der angst, des leistungsdrucks herrscht, des einer-auf-die-kosten-des-andern, der spaltung des volks in männer und frauen, junge und alte, gesunde und kranke, ausländer und deutsche und der prestigekämpfe. und da kommen wir her: aus der isolation im reihenhaus, in den betonsilos der vorstädte, den zellengefängnissen, asylen und trakts. aus der gehirnwäsche durch die medien, den konsum, die prügelstrafen, die ideologie der gewaltlosigkeit; aus der depression, der krankheit, der deklassierung, aus der beleidigung und erniedrigung des menschen, aller ausgebeuteten menschen im imperialismus. bis wir die not jedes einzelnen von uns als notwendigkeit der befreiung vom imperialismus, als notwendigkeit zum antiimperialistischen kampf begriffen haben und begriffen, dass es mit der vernichtung dieses systems nichts zu verlieren, im bewaffneten kampf aber alles zu gewinnen gibt: die kollektive befreiung, leben, menschlichkeit, identität." (S.66f)

Ihre Neinstärke leitet die RAF aus der Negativität der Verhältnisse ab, deren Totalität sie von der Pflicht zur Darstellung eines positiven Gegenentwurfs zur herrschenden Ordnung zu entbinden scheint. Mit der Totalität der "Fäulnisprozesse" soll ihr Monopolanspruch auf kritische Wahrheit ebenso plausibel scheinen wie die historische Notwendigkeit ihrer Existenz. Das einzig Positive scheint in dieser Situation der Totalverderbtheit der revolutionäre Kampf zu sein. Denn sie hat in den Augen der RAF sich der alltäglichen Sozialisationsinstanzen so total bemächtigt, daß nur eine radikale Erneuerung der Ordnung ein neues Menschsein ermöglicht. In der Perspektive der RAF verspricht antiimperialistischer Kampf die Erlösung der Menschen von allem Übel. Die pars-pro-toto-Argumentation, in der einzelne Negativerscheinungen überhöht werden zur Allgemeincharakterisierung der Verhältnisse, stellt die Dinge so dar, als seien die Ideen der RAF identisch mit den Interessen des Gemeinswohls. In dem Maße, wie das "Schweinesystem" Abgrenzung und Totalnegierung verdient, soll die Weltsicht der RAF von allgemeiner Zustimmung getragen werden. Mit Ausnahme der RAF ist dann alles negativ eingefärbt. Der einzige Ausweg scheint der Weg der RAF zu sein. Loyalität und Legitimation glaubt die Gruppe dadurch zu gewinnen, daß ihr Kampf die Negativitäten mit der herrschenden Ordnung eliminieren will.

Der Schub zu Selbstermächtigungen, zum persönlichen Krieg gegen den Staat und dessen Repräsentanten resultiert aus der negativen Reichweite der 'falschen Lebenszusammenhänge' und mündet in die Pflichtperspektive, in der eine revolutionäre Avantgarde handeln muß. Gegen das Bestehende hilft nur die totale Ausgrenzung, nur der Kampf immunisiert gegen Fäulnis, Ansteckung und Verderben. Potentielle Sympathisanten sollen sich also, ihrem existentiellen Interesse folgend und zur Steigerung ihres Selbstwertgefühls, in die Pflichtperspektive der Ordnungsvorgaben der RAF stellen. Alle diejenigen, die ebenfalls das unterdrückte Volk und sich selbst befreien wollen, sollen sich, wenn nicht in einer Kampf-, so doch in einer Interessengemeinschaft mit der RAF sehen. Dieses werbliche Rekrutierungsansinnen bedeutet Selbstbildansprache insofern, als die RAF ihren eigenen Werdegang, ihr explizites Selbstverständnis, jedem als Modell der Selbstbefreiung anbietet. Jeder könnte aus den alltäglichen Kriegen, die am Schreibtisch, in der Schule, in der Fabrik, in hierarchisierten Arbeitsprozessen stattfänden, zum revolutionären Kämpfer werden, der der Notwendigkeit zum Kampf folgt.

Indem alltägliche Lebensumstände negativ totalisiert und in eine Kriegsmetaphorik gekleidet sind, soll suggeriert werden, daß immer und überall Krieg herrscht. Dagegen scheint das Anliegen und Selbstverständnis der RAF eine existentielle Überlebensdimension zu versprechen, die somit eine Selbstbildansprache bei potentiellen Sympathisanten impliziert. Jeder, der sich vom neuen Faschismus im Verständnis der RAF unterdrückt fühlt, kann den Weg der RAF als Existentialwertversprechen zu einer besseren Zukunft verstehen und sich ihrem vorbildlichen Weg der Selbstbefreiung und ihrer Negationspotenz anschließen. Vorbild ist die Gruppe dadurch, daß sie dem tödlichen System entkommen zu sein und schon einen Teilerfolg errungen zu haben scheint. Auf der Basis dieses Kampfes um Autonomie gegenüber dem tödlichen System ist die geistige und analytische Autorität der Avantgarde gewachsen, die die Kraft für die Umsetzung der revolutionären Zukunftsgewinne Befreiung, Menschlichkeit und Identität auf alle solidarischen Kämpfer übertragen soll. Die Fraglosigkeit ihrer Ziele erhöht darüberhinaus die Negationsresistenz gegen mögliche existentielle Nein-Kosten ihres Kampfes. Nicht nur ihren moralischen Impetus, auch ihre Zugriffsmacht auf Realität versucht die RAF mit der Ausarbeitung ihres Ideenkomplexes zu illustrieren. In werblicher Absicht ist ihr Bedrohungspotential für die herrschende Ordnung ebenso in ihren Texten inszeniert wie ihre Versprechensperspektive für Symphatisanten. Das Selbstverständnis der RAF soll selbstbildgeleitet sich mit den existentiellen Bedürftigkeiten von Sympathisanten kurzschließen und als Impuls zur Selbstaufwertung rezipiert werden, die mit der Nähe zu einer ordnungsstiftenden, revolutionären Macht möglich wäre. Die revolutionäre Idee, die für neue Machtverhältnisse und den neuen Menschen steht, soll Identifikationen initiieren mit dem exklusiven Ausweg aus der Verelendung. In ihrer argumentativen Zuspitzung reflektieren die revolutionären Sinnangebote unversöhnliche Polarisierung, die einen besonderen psychoökonomischen Gebrauchswert hat. Denn nur die radikale Ausgrenzung einer feindlichen Wirklichkeit ermöglicht selbstbildzentrierte Progressionen, die als Selbstaufwertungen antizipiert werden können. Vielversprechend fügen sich dann mittels Selbstbildern die eigene existentielle Perspektive und eindruckswertige Belohnungen wie Befreiung, Leben, Menschlichkeit, Identität zu einer magischen egozentrischen Ordnung.

c) Eingrenzungen

In Stammheim gab es für die RAF nur noch eine, hoffnungslos negative, soziale Realität, die der Einzelhaft. Um so mehr lebte sie als Gruppe positiv von und in ihrem Ideengebäude, das ihre Hauptbedürfnisse abzudecken versprach: als Kollektiv das Erleben der einen sozialen Realität zu bewältigen und die Sache der RAF zu retten. In diesem Sinne selbsterhaltend sind die Rigorosität und die Bedingungslosigkeit in der Charakterisierung des "Schweinesystems". Daraus leitet sich die Fraglosigkeit der komplementären positiven ideologischen Überordnungen als positive Eingrenzungen der RAF nach außen gegenüber den Verhältnissen ab. Selbsterhaltend und auch in werblicher Hinsicht funktional ist das aus diesen Überordnungen resultierende Selbstverständnis der Gruppe, das sich mit der Behauptung, das Volk habe die RAF so begriffen, wie sie sich selbst begreift, als Selbsttäuschung, als irreale Selbsterhöhung erweist.

> "das ist das schockierende an der guerilla in ihrer ersten phase, war das schockierende an unserer ersten aktion, daß leute handeln, ohne sich von den zwängen des

systems bestimmen zu lassen, ohne sich mit den augen der medien zu sehn, angstfrei. daß leute handeln, indem sie von den wirklichen erfahrungen, ihren eigenen und denen des volkes ausgehn. (...)

das war das schockierende an unserer aktion für den imperialistischen staat: daß die RAF im bewußtsein des volkes begriffen wurde als das, was sie ist: die praxis, die sache, die sich logisch und dialektisch aus den bestehenden verhältnissen ergibt - die praxis, die als ausdruck der wirklichen verhältnisse, als ausdruck der einzigen realen möglichkeit sie zu verändern, umzustürzen, dem volk seine würde wiedergibt, den kämpfen, revolutionen, aufständen, niederlagen und revolten der vergangenheit wieder sinn - dem volk das bewußtsein seiner geschichte wieder ermöglicht. weil alle geschichte die geschichte von klassenkämpfen ist, weil ein volk, das die dimension revolutionärer klassenkämpfe verloren hat, im zustand der geschichtslosigkeit zu leben gezwungen ist, seines selbstbewußtseins, d.h. seiner würde beraubt ist." (S. 70)

Durch den Kampf gegen das System will sich die RAF als revolutionäre Avantgarde zur Befreiung des Volkes erwiesen haben. Wer meint, schockieren zu können und schockiert zu haben, fühlt sich stark genug, um dem Volk Selbstbehauptung und Selbstbestimmung in Aussicht zu stellen. Die Idee einer revolutionären Avantgarde transportiert einen Erlösungsmythos mit den expliziten Existentialwertversprechen Neuanfang und Autonomie. Die Weltbilder der RAF sind zugespitzt auf die existentielle Kongruenz zwischen Volk und Avantgarde: aus dem unterdrückten Volk zur Selbstbefreiung aufgestanden, für das Volk kämpfend, im Bewußtsein des Volkes verankert. Je weniger die soziale Realität dieser revolutionären Perspektive entspricht, desto magischer muß die Begrifflichkeit sein, desto intensiver müssen aus dem Ideengebäude Wenn-Wirklichkeiten erwachsen, die selbstbildzentrierte Allmachtsphantasien sind. Als positive Gegengröße zur bestehenden Ordnung, aus der sie mit revolutionärer Zwangsläufigkeit entstanden sein will, meint die RAF mit der gleichen Zwangsläufigkeit für existentielle Schlüsselgrößen wie Würde, Selbst- und Geschichtsbewußtsein zu stehen. Für alle, die sich dieser Werte beraubt fühlen, soll die RAF mit ihrer revolutionären Perspektive zum überzeugenden Eindruckswert werden. Derart argumentativ in Szene gesetzt, scheint die RAF die höchste Stufe des Menschseins zu verkörpern, weil sie, anders als das Volk, sich gegen das imperialistische System die Fähigkeit zum Klassenkampf erkämpft habe und damit die "einzige reale Möglichkeit" einer menschlichen Zukunft. Begründet ist diese Perspektive durch das Muster einer 'natürlichen Wahrheit', denn erst die Ansicht, daß "alle Geschichte die Geschichte von Klassenkämpfen" sei, wertet das Selbstverständnis der RAF als revolutionäre Avantgarde zu dem Versprechen des existentiellen Gebrauchswerts Erlösung des Volkes auf.

Die Selbsttäuschung, die in der Ansicht liegt, das Volk wäre der Avantgarde und ihrem Selbstverständnis massenhaft gefolgt, ist für die RAF in Stammheim ebenso überlebensnotwendig wie die Realitätsverzerrung, das Volk sei strikt zu trennen von der herrschenden Ordnung und als unterdrücktes, und damit als Unterordnung der Unterordnung, von jeglicher Verantwortung für das Bestehende befreit. Die so gewichtete Realität soll als doppelte Unterordnung um so vehementer auf das Hohe, die historische Exklusivität der RAF verweisen, so daß sich an ihren Ideen selbstbildzentrierte Orientierungen und Erlösungsphantasien entzünden sollen.

Als Retterin des Volkes hält die RAF sich auch moralisch für die Avantgarde, deren Befreiungskampf sie deshalb dem rechtlichen Zugriff entrückt als seine moralische Überordnung:

> "die raf - die guerilla - ist nicht justiziabel, weil der staat des kapitals als die reaktionäre seite des widerspruchs gezwungen ist, uns, die guerilla in der entwicklung der sozialen krise exemplarisch *als die möglichkeit* und *die aktualität* einer revolutionären entwicklung zu verfolgen. *notwendig* in den kategorien des krieges, denn die stadtguerilla, unsere politik, unsere strategie ist teil des weltweiten (internationalen) antiimperialistischen befreiungskrieges, der die krise in den metropolen determiniert." (S. 87)

Wenn sich die RAF in den weltweiten Befreiungskampf unterdrückter Völker einreiht, gelten Kriegsrecht und -status, die ihre Taten als Kriegswirklichkeit in ein anderes Licht stellen, nämlich als durch das unterdrückte Volk legitimierte Befreiungstaten mit moralischer Fraglosigkeit. Ihr Selbstverständnis als Feind des Staates soll die RAF einer strafrechtlichen Verurteilung entheben, denn es geht nicht um Recht oder Unrecht, sondern um Sieg oder Niederlage, Befreiung oder Unterdrückung. Mit diesem Selbstverständnis gibt die Gruppe sich einen Bedeutungsschub, der den einzelnen Kämpfer erst recht in die Pflicht einer höheren Wertigkeit nimmt. Es stellt einen Eckpfeiler im Ideengebäude der RAF dar und ist auch für werblich-rekrutive Bedürfnisse zweckdienlich, vor allem dann, wenn es mit der Etikettierung durch die öffentliche Meinung als Staatsfeind Nr. 1 seine Entsprechung und Bestätigung findet.[53] U.a. dieser Schub aus der öffentlichen Resonanz und ihr Selbstverständnis, als Teil einer weltweiten Befreiungsbewegung zu kämpfen, verleihen dem Ideenkomplex eine autoritative Reichweite, die den Binnenraum der Gruppe gerade in der Haftsituation mit Negations-, Schutz-, Identifikations- und Selbstaufwertungsangeboten versorgt. Durch die Nähe zur Ideenautorität bedeuten Eindruckswerte wie

---

[53] "An seinem eigenen Beispiel (das des Ulrich Scholze, KGW) erfuhr er, wie leicht es der Gruppe damals fiel, neue Mitglieder zu rekrutieren.»Eine Voraussetzung für die Teilnahme«, so erklärte er nach seiner Festnahme, »ist eine bestimmte psychologische Disposition. Man muß emotional davon überzeugt sein, daß sämtliche Reformbemühungen nur einer Stabilisierung dieses Gesellschaftssystems und der Festigung des Kapitalismus dienen. Die dann existierende Einheit zwischen Ratio und Emotionen ist erst die Voraussetzung für entschlossenes Handeln. Völlige Bestätigung tritt dann durch den entsprechenden Druck der Strafverfolgungsbehörden ein. Durch entsprechende reißerische Presseberichte und Äußerungen von Regierungsstellen, wie 'Staatsfeind Nr. 1', treten Erfolgserlebnisse auf, die einem die Kraft zum weiteren Handeln geben.« " (Aust 1989, S. 137f)

Widerstand und Befreiung nicht nur Orientierung, sondern im Selbstbezug auch Existentialwertversprechen, die in selbstbildzentrierten Wenn-Wirklichkeiten virulent sind und sich bis zur quasireligiösen Erlösungsdimension steigern können. Auch gefangenen Kämpfern verspricht die Ideenautorität durch ihre Reichweite eine Selbstbestätigung, die aus dem Kreislauf ideologischer Selbstversorgung resultiert. Dieser Kreislauf darf gerade in der Haftsituation nicht unterbrochen werden.

> "jeder satz, den ein gefangener schreibt über das info, ist wie ne tat, jeder satz ist ne aktion. so war das für die gefangenen, wir haben ja nichts, keine möglichkeit gehabt, irgendwas zu machen in der isolation, ausser eben diese kommunikation zu benutzen, und das war wirklich - kann man sagen - ein radikaler kollektivierungsprozess für die, die das vorher nicht kannten, weil über das info natürlich jeder von jedem alles wusste, was er schrieb. überhaupt der absolute gegensatz von hierarchisch, von soner struktur. jeder hat da geschrieben, worüber er nachgedacht hat, was für ihn ein problem war, wo er nicht weitergekommen ist allein und gleichzeitig versucht, politisch zu ner einschätzung zu kommen, zum begriff der situation und ihrer bedingungen, um gegen die isolation, gegen die vernichtung der gruppe in der isolation kämpfen zu können. kontrolle hat insofern dann natürlich jeder über jeden gehabt. das ist aber gut und nicht schlecht. nicht herrschaft, sondern die negation davon, würd ich mal sagen (...)." (S. 227f)

Mit der Isolationshaft verleiht der Zwang zu vermittelten Kommunikation dem geschriebenen Wort überragende Bedeutung. Begriffsfindung und Ideologieproduktion dienen emotionalisierend zur Selbstvergewisserung durch positive Eingrenzung gegenüber der Außenwelt.[54] Waren die Terrorakte der RAF von der Hoffnung auf massenhafte Resonanz getragen, so richten sich die Texte zunächst an die inhaftierte Gruppe, um ihren Zusammenhalt und ihr Selbstverständnis nach innen zu sichern, und dann an Gesinnungsgenossen draußen, um das werbliche Erscheinungsbild nach außen zu sichern. Dabei entfaltet der Kassiber eine existentielle Eigendynamik. Mit ihm gilt es die im Binnenraum virulenten Macht- und Schutzbedürfnisse zu erfüllen und nach außen weiterhin die herrschende Ordnung zu bedrohen. Potentiellen Sympathisanten mußte signalisiert werden, die RAF habe für den Moment nur die Waffenart gewechselt, ihre Gefährlichkeit bleibe bestehen.

---

54 Wie stark diese Eingrenzungen emotionalisierend-werblichen Charakter haben, zeigt der Rückgriff auf einen der negativsten historischen Eindruckswerte, aus dessen vermeintlicher Analogie zur RAF-Situation der werbliche Mythos eines Märtyrerstatus der Gruppe entstehen soll: "Jetzt, im Gefängnis, sahen sie sich als Opfer, verglichen sich mit den Insassen nationalsozialistischer Konzentrationslager. »Der politische Begriff für den toten Trakt, Köln, sage ich ganz klar - ist: das Gas«, schrieb Ulrike Meinhof. »Meine Auschwitzphantasien darin waren realistisch...Unterschied toter Trakt und Isolation: Auschwitz zu Buchenwald. Der Unterschied ist einfach: Buchenwald haben mehr überlebt als Auschwitz... Wie wir drin ja, um das mal klar zu sagen, uns nur darüber wundern können, daß wir nicht abgespritzt werden. Sonst über nichts...«" (Aust 1989, S. 280)

Der Prozeß der eingrenzenden Selbstvergewisserung ist als Kampf auf anderer Ebene nützlich, weil er das Kollektiv stärkt. Wer die begriffliche Zugriffsmacht auf Realität, hier besonders die der Isolationshaft, mehrt, bewahrt die Gruppe vor der Vernichtung. Wenn jeder Satz wie eine Tat ist, dann kann das Ideengebäude der RAF gleichzeitig uneinnehmbar und dauerhaft aufnahmefähig bleiben. In der Zeit ihrer bewaffneten Kämpfe, als der Binnenraum der Gruppe noch nicht derart hermetisch war, hatten ihre Ideen nicht diese absolute existentielle Dimension, weil sie nicht einziges und letztes Kampfmittel waren. Jetzt ist es *das* Überlebensmittel, das der Gruppe das Gefühl der Unbesiegbarkeit gibt.

In der Perspektive dieser guten Sache kann Kontrolle nichts Schlechtes sein. Kontrolle über alle bedeutet zu verhindern, daß das Ideengebäude Schwachstellen aufweisen könnte, die die autoritative Versorgung der Gruppe gefährden. Die Kontrolle nicht als Form von Hierarchie und Herrschaft zu begreifen liegt dann nahe: vor der Idee - und das heißt der Verpflichtung - zu kämpfen sind alle gleich. "Radikale Kollektivierung" bedeutet hier die Unterordnung unter eine Ideenautorität, die, anaolg zur Elternautorität und ihrer eminenten Bedeutung für die frühkindliche Sozialisation, als exklusive Instanz über Bedingungen und Ausprägungen einer (neuen) Identität entscheidet. Wer sich in den Dienst der Idee stellt, kommt in den Genuß ihrer autoritativen Versorgungsleistungen.

Die existentielle Extremsituation der RAF bedingt, daß die Selbsttäuschungen dieser selbstgenerierten autoritativen Obhut eine lebenswichtige Funktion haben, auch negativ als (selbst-)manipulative Schuldfrage: Wer kann die Sache der RAF riskieren, wenn er versucht, sich dem Kollektivierungsprozeß zu entziehen? Selbsttäuschung liegt zudem mit der Gruppenperspektive von Machtegalität ('Negation von Herrschaft') vor, als sei die RAF ein herrschaftsfreier Raum. Wenn hier Kontrolle gut und nicht schlecht sein soll, dann deshalb, weil es ausschließlich der Idee der RAF dient, daß die Verfügbarkeit eines jeden auf seiner Transparenz beruht. Wenn jeder das geschrieben hat, worüber er nachdachte, heißt das nicht, daß vorher oder nachher keine Zensur stattfand. Wenn "jeder von jedem alles wußte", dann liegt darin weder der Gegensatz zu Hierarchie noch ist diese damit ausgeschlossen. Aus selbstdarstellend-werblichen Gründen wird jedoch eine Idylle so präsentiert, als herrsche in der RAF die bessere Zwischenmenschlichkeit ohne Hierarchisierungen.

> "der prozess des kampfes in der guerilla proletarisiert die kämpfer, er macht sie *gleich*, er hebt eben das: die reflexe der konkurrenz, des opportunismus, der unterwerfung unter 'autoritäten', *die es in der guerilla nicht gibt* (Herv. v. mir, KGW), der anpassung um des eigenen vorteils willen auf. in der guerilla hat jeder kämpfer autorität. sie ergibt sich aus dem prozess der proletarisierung, der entwicklung von kollektivem bewusstsein als dem selbstbewusstsein des einzelnen, der verantwortung jedes einzelnen für das ganze (...)." (S. 309)

Der für die proletarische Revolution Kämpfende wäre mit der Ersetzung von Einzelbewußtsein durch das kollektive Bewußtsein autonom und immun gegen die Autorität(en), die für die herrschende Ordnung stehen. Durch die revolutionäre Ordnung bleibt jeder gegen die negativen Charakteristika der herrschenden gefeit. Mit der Verantwortung für die gemeinsame Sache wäre der einzelne aufgewertet, weil seiner früheren Identität enthoben und mit der Autorität des Revolutionärs belohnt.

Positive existentielle Eindruckswerte wie Verantwortung, Selbstbewußtsein und Autorität bedeuten Existentialwertversprechen und damit Auslösereize für Selbstbilder bei denjenigen, die sich ganz und gar in den Dienst der revolutionären Idee stellen. Zur RAF zu gehören verspricht, in einem herrschaftsfreien Raum und gleichzeitig in unmittelbarer Nähe zur revolutionären Idee zu leben. In ihrer autoritativen Reichweite bietet sie einerseits Regression an, der einzelne Kämpfer kann sich an sie lehnen, sich mit ihr identifizieren und Schutz finden, und andererseits Progression, weil die Erlösung von alten Übeln und ein neues Leben in Aussicht gestellt sind.

Die Vermittlung und Aktualisierung von Ideenautorität soll bei jedem selbstbildzentrierte Phantasien eigener Negationspotenz mit starken Identitätsgrenzen auslösen. Hier macht Ideenautorität von sozialen Normen unabhängig, das revolutionäre Selbstbewußtsein ist dann autonom nach außen, weil Ideenautorität mögliche soziale Nein-Kosten extensiviert und aufhebt. Für die Avantgarde ist die soziale Reichweite der revolutionären Idee begrenzt, aber im Binnenraum der Gruppe scheint sie den Nachweis ihrer ordnungsstiftenden Kraft bereits erbracht zu haben. Es gibt ihn demnach schon, den neuen Menschen. Denn in der neuen Ordnung darf es kein Geltungsdefizit geben, alle Kämpfer können gleich und als Statthalter der revolutionären Idee ihrer selbst gewiß sein.

> "die guerilla ist eine kaderorganisation - das ziel ihres kollektiven lernprozesses ist die egalität der kämpfer, die kollektivierung jedes einzelnen, seine befähigung zu analyse, praxis, selbständigkeit und der fähigkeit, selbst einen bewaffneten kern aufzubauen und den kollektiven lernprozess offenzuhalten. diesen prozess hat andreas in der raf initiiert und andreas war von anfang an in der raf das, was jeder kämpfer werden will und werden muss: die politik und die strategie in der person jedes einzelnen." (S. 46)

Von der Guerilla soll Führung ausgehen. Deshalb bedeutet Kollektivierung notwendigerweise, zu versuchen, sich die Führungsfähigkeiten anderer anzueignen. Jeder soll nicht nur die Weltbilder und Ideen der RAF verinnerlicht haben, er hat sich auch zu bemühen, so zu werden wie Andreas Baader. Dieses Vorbild vereint Theorie und Praxis des revolutionären Kampfes. Kollektivierung heißt dann, alle sollen möglichst nahe an das Vorbild heranreichen. Egalität wäre nur dann erreicht, wenn alle dem Maßstab des Vorbilds entsprechen würden. Subjektivität hat nur noch Platz, wenn die im Binnenraum der Gruppe herrschende Begrifflichkeit übernommen und mitgedacht ist, wenn sie objektiv der Sache der RAF nützt. Entgegen ihrem theoretischen Selbstverständnis ist damit die Gruppe hierarchisiert durch ihre Ausrichtung auf ein Vorbild an Führungskraft und ursprünglicher Autorität.

> "was eben die funktion von andreas immer war - und das ist ganz klar, dass er darin führung war, und zwar von anfang an - ist, dass er diesen prozess (den inneren Zersetzungsprozeß in den Metropolen; KGW), von dem ich gesprochen habe, möglich gemacht hat. ulrike hat hier mal, glaub ich, gesagt: »der am weitesten blickt und die grösste kraft zur koordination hat«. das ist genau der punkt. und in diesem prozess, in dem jeder kämpfen will - was die voraussetzung ist, dass es die guerilla überhaupt geben kann: die entschlossenheit von jedem einzelnen und den willen, den kampf zu führen - hat dann entweder einer führungsfunktion oder er hat sie nicht. aber er beansprucht sie nicht, es gibt keinen 'anspruch'. das ist einfach ne sache vom besten durchblick, wie ichs erlebt habe damals und später wieder, nach der verhaftung 74, im info.
>
> ich würde sagen, er hat die meiste kraft von uns allen zum langen gedanken - so will ich das mal nennen -, der bis zu ende geht, der die ganzen bedingungen und den weg, an dem unser kampf lang laufen kann zum ziel, sieht und integriert. Und da orientiere ich mich natürlich dran, weil ich das gleiche ziel hab wie er - und ich sag: da orientieren *wir* uns dran." (S. 236f)

Der Text ist Teil einer rechtfertigenden Selbstdarstellung vor dem Stammheimer Gericht, um den Vorwurf der Anklage zu widerlegen, Baader sei für die RAF eine Art Bandenchef gewesen, dem sich alle hätten unterordnen müssen. Damit verbunden ist aber auch eine werbliche Selbstdarstellung, denn die hier inszenierte Eindruckswertigkeit Baaders soll für die eminente historische Bedeutung der gesamten RAF sprechen. Weil ein einzelner als vorbildlich perfekter Kämpfer dargestellt ist, kann auch die Erfolgsperspektive des Ganzen nicht in Frage stehen. Denn mit der argumentativen Zuspitzung auf Baader ist das Kräfteverhältnis zwischen der RAF und der herrschenden Ordnung so dargestellt, als sei diese durch individuelle Fähigkeiten, zu denen auch die analytische Schärfe und der aufklärende Begriff gehört, reversibel. Baaders Fähigkeiten sind existentielle Gebrauchswerte (Koordination, Führung, Orientierung, Durchblick) für die Geschichte und Überlebensperspektive der Avantgarde und jedes einzelnen Kämpfers. Ihm werden Attribute zugeordnet wie sonst niemandem in der RAF, so daß vor allem von seiner Autorität die Versprechen von Schutz und Trutz gegenüber der sozialen Realität ausgehen. Er erscheint als die ordnungshütende Autorität, die wie eine Instanz über richtiges oder falsches revolutionäres Verhalten befinden kann. Zwar soll die Exklusivität seiner Position nach außen nicht als Überordnung erscheinen, dennoch ist seine Positionalität von der Art, als ginge alles auf ihn zurück, als sei die Gruppe von ihrer Struktur auf ihn als Orientierungsgröße hierarchisch ausgerichtet.

Das Ideengebäude der RAF steht da als revolutionäres Heiligtum, zu dem nur die von der Leitfigur Integrierten Zutritt haben. Wer dazugehört, erkennt an, daß nicht jeder in gleichem Maße Wegweisung und Orientierung geben kann, daß aber nur

Führung und Gefolgschaft zum Ziel führen, wenn es allen um die gemeinsame, übergeordnete Sache geht. In dieser Perspektive ist Baaders Führungsverhalten fraglos und unangreifbar, denn er stellt in der Darstellung der Gruppe seine Fähigkeiten und sich selbst bedingungslos in den Dienst des revolutionären Kampfes. Seine Stellung als Vorbild erscheint als ausschließlich zweckdienlich und keinesfalls als Egozentrismus. Für die Gruppe sind seine "langen Gedanken" notwendige Setzungen und autoritative Leistungen, weil sie Ordnung schaffen in zweierlei Hinsicht. Zum einen als eingrenzende Ordnungsvorgaben, mit denen sich die Gruppe als schon verwirklichte Vorwegnahme des revolutionären Ziels, nämlich den neuen Menschen höheren Seins zu schaffen, betrachtet, und zum anderen als Versprechensperspektive, die eine neue humane Welt in Aussicht stellt.

Aus dem Ideengebäude der RAF leiten sich Selbstaufwertung und neue Identität um so vielversprechender ab, je eindeutiger sich Ideenautorität und Führungsautorität wechselseitig bestätigen und als gegenseitige Statthaltung begreifen lassen. Aus dieser Autoritätsredundanz entstehen existentielle Notwendigkeiten für den Binnenraum der RAF, denen niemand sich zu entziehen können glaubt. Beide Autoritäten bilden somit einen überlebenswichtigen Funktionszusammenhang, denn in der existentiellen Extremsituation ist ein Leben nach den Vorgaben der alten Autoritäten nicht mehr denkbar und ohne neue, aus- und eingrenzende Autoritäten auch nicht. Wenn die Autoritätsbedürfnisse so groß sind, geht es um ihre Erfüllung und nicht um die Problematisierung von Führungs*anspruch*. Dann schaukeln sich Ideen- und Führungsautorität zu Überordnungen so hoch, daß sie von unten gesehen zu verschmelzen scheinen und Selbstermächtigungen nicht mehr wahrgenommen werden.

d) *Binnenhierarchisierungen*

Die Totalität, mit der das "Schweinesystem" negiert wird, entspricht der Totalität, mit der das Selbstwertgefühl eines jeden von der Gruppenrealität abhängt, die von diesem autoritativen Funktionszusammenhang dominiert ist. Von ihm geht die Fraglosigkeit aus, die soziale Nein-Kosten extensiviert und gruppeninterne Nein-Kosten intensiviert. Die Autoritätsredundanz erhöht den Konformitätsdruck in der hermetisch abgegrenzten Gruppe und durchleuchtet den einzelnen mit der Strahlenintensität absoluter übergeordneter Wahrheiten. Selbstbehauptungen sollen nur in Kongruenz mit den autoritativen Vorgaben des Ideenguts und dessen Vermittlung möglich sein. Nur indem sich Selbstbilder positiv an die im Binnenraum virulente Hierarchisierungspotenz der RAF koppeln, sind Selbstwert und Selbstbewußtsein aufrechtzuerhalten. Inhaltlich hängt beides ab von der Überlebenspraxis und -perspektive der Gruppe, von ihrem Bedrohungspotential für die herrschende Ordnung. Entgegen dem Selbstverständnis und dem werblichen Erscheinungsbild, nach dem in der Gruppe Egalität und Freiheit von Druck und Zwängen herrschen, ist die RAF von Anfang an nur deshalb bedrohlich, weil Führung und Geführtwerden auf Autoritätsstrukturen basieren, die nicht erst mit und nach einem theoretischen Selbstverständnis gegeben sind. Herleitung und Handhabung einer revolutionären Begrifflichkeit, die vorgeblich alle Kämpfer gleich (stark) macht, verweisen ebenso auf Autorität und hierarchische Ordnung wie die Aufrechterhaltung der ausgeprägten Gruppendisziplin, die bei der Durchführung von Hungerstreiks bis hin zum kollektiven Selbstmord unabdingbar ist. Nur dann wirken diese Aktionen als werbliches Signal und werden als Beweis verstanden, daß der Kampf weitergeht und die RAF kampffähig ist. Subjektive Impulse müssen daher hinter Gruppenbedürfnisse zurücktreten. Jeder hat sich der revolutionären Idee und ihrer Vermittlung unterzuordnen.

> "führung in der guerilla ist die funktion, das verhältnis von subjektivität und notwendigkeit, wille und objektivität in die praxis der gruppe, ihre struktur und aktion zu vermitteln." (S. 47)

Die notwendige Vermittlung des Ideenguts und die Notwendigkeit der individuellen Anpassung an die Bedürfnisse der Gruppe lassen nur theoretisch die Egalität der Kämpfer zu. Wer Führung anerkennt, akzeptiert Hierarchisierungen. Nur theoretisch hat jeder den gleichen Bezug zu und Anteil an den ideologischen Eindruckswerten, die für die gemeinsame Sache sprechen. Damit hat jeder nur theoretisch den gleichen Abstand zur Ideenautorität. Die notwendigen Vermittlungen hängen jedoch nicht von ideenimmanenten Faktoren ab, sondern von der Gewachsenheit der Gruppenstruktur, bei der sich im Falle der RAF (Ideen-)Autorität mit (Führungs-)Autorität kurzschließt. Dieser Kurzschluß von autoritativer Orientierung ist für die RAF auf zwei Ebenen funktional. Im Hinblick auf ihre werbliche Außenwirkung meint die Gruppe mit der autoritativen Doppelung als Einheit in ideologischer und moralischer Exklusivität über allem zu stehen. Autoritativ autonom will sie als Zentrum und Keimzelle des richtigen Bewußtseins gelten und wirken. In der Binnenrealität dagegen herrscht mit Führung ein Machtgefälle, das unabdingbar mit autoritativen Versorgungsleistungen gegeben ist und das in dieser Funktion ein Gefälle nach unten abnehmender Freiräume für subjektive Bedürftigkeiten impliziert. Denn Vermittlungen vollziehen sich als jeweils aktuelle und aktualisierte Hierarchieverhältnisse, weil die Praxis der Idee als Praxis der Gruppe stets neuer, selbstbestätigender Realitätsbezüge bedarf, denen sich nicht nur die feindliche soziale, sondern auch die Realität der Geführten unterzuordnen hat. Dabei kommt in der Einzelhaft dem Kassiber entscheidende Bedeutung zu.

> " - das info war weder beim hungerstreik noch sonst irgendwann disziplinierungsmittel - von wem auch, von wem denn, von jedem oder was. das info war keine peitsche, mit der die leute eingetrieben worden sind, sondern ne waffe für jeden von uns, die er brauchte. d.h. als mittel zur kommunikation war es waffe, obwohl es einfach papier war. vielleicht ist es lächerlich zu sagen: waffe, aber genauso ist die situation

der gefangenen. dass sie wirklich keine andere möglichkeit haben in der isolation." (S. 228f)

Entgegen der öffentlichkeitsorientierten Selbstdarstellung war das "info" nicht nur eine Waffe für jeden, sondern auch gegen (fast) jeden innerhalb der Gruppe. Die Bedingung dafür ist der Verlust an positiver sozialer Realität, auf die einzelne hätten ausweichen können. So aber beschränkte sich die Realität der Gruppe auf die Realitätsebene der "Infos". Und hier bedeutet die reaktive Anpassung an die Ordnungsvorgaben der die Ideenautorität aktualisierenden Führungsautoritäten den Verlust einer Realitätsebene, auf der Diskursivität hätte gründen können. In der "Info"-abhängigen Vereinzelung dominiert vielmehr ein Autoritätsmonopol, das, analog zur frühkindlichen Elternautoritätserfahrung, das Monopol über Selbstbilder und Negationsimpulse bedeutet. Abweichendes Verhalten wird auch hier mit Liebesentzug bestraft.[55]

In der Situation, in der ein Machtanspruch als natürliche Setzung ohne Alternative vermittelt ist, in der ein asymmetrisches Verhältnis zur Ideenautorität zu Unterordnungen und gläsernen Identitäten mit hoher simultaner Kontrollierbarkeit führt, sind (Selbst-)Täuschungen in der Gruppe und des einzelnen naheliegende Selbstbehauptungen. Wenn "Infos" das einzige Mittel zum Überleben der Gruppe als Gruppe sein müssen, hat ihr Inhalt wie eine Uniform angepaßt zu sein und getragen zu werden. Der Entzug der "Infos" bedeutet den Entzug einer positiven Identität. Die RAF-Logik verspricht nur demjenigen eine lebenswerte Existenz, der immer bereit

---

[55] "Im 'Info-System' hieß Andreas Baaders Zelle 'Kajüte'. Gudrun Ensslin nannte ihre eigene Zelle das 'Sekretariat'. Von hier aus bestimmte sie den Kurs. Zusammen mit Baader, der von RAF-Gefangenen auch 'Generaldirektor' genannt wurde, bildete sie den 'Stab'. Sie entschieden über die Verteilung der 'Info'-Materialien, »damit jeder, der sie kriegen soll, sie auch kriegt und die, die sie nicht kriegen sollen, sie nicht kriegen. Kann den Anwälten nicht überlassen werden.«»Bei Verstößen gegen die 'revolutionäre Disziplin' war vorgesehen - und wurde auch durchgesetzt -, den 'Abweichlern' das Info vorzuenthalten. Gudrun Ensslin notierte dazu auf der Rückseite eines Anwaltsbriefes:
»Sanktion: Ausflippen aus der Kommunikation.«»Den Befehlsbegriff der RAF definierte sie so:
»Was ist ein Befehl?
Ein Befehl resultiert aus dem Aufbau des Kollektivs, aus dem Abbau jeder Art von Hierarchie. (Herv. v. mir, KGW)
Ein Befehl ist das, wovon einer überzeugt ist bzw. überzeugt wird. Und wenn das nicht möglich ist, woran einer ausflippt...«»Was die 'revolutionäre Disziplin' in der Praxis bedeutete, wurde am Beispiel Astrid Prolls deutlich. Durch die monatelange Unterbringung in der 'stillen Abteilung' in Köln-Ossendorf körperlich und seelisch am Ende, hatte sie den ersten Hungerstreik nicht konsequent mitgemacht. Von Andreas Baader kam daraufhin die Aufforderung: »Astrid soll mal mitteilen, ob die Information stimmt, daß sie genau so lange gehungert hat, bis sie Hunger hatte. Wenn sie dazu keine Selbstkritik bringen kann, ist unsere Reaktion: sie flippt aus dem Infosystem...« " (Aust 1989, S. 278)

ist, seine Existenz total und bedingungslos der von zwei Führungsautoritäten vermittelten, gemeinsamen Idee zu überlassen.

> "Gibt da natürlich nen Punkt: *Wenn Du weißt*, daß mit jedem SCHWEINESIEG die konkrete Mordabsicht konkreter wird - und Du machst nicht mehr weiter mit, bringst Dich in Sicherheit, gibst den *SCHWEINEN* damit einen *Sieg*, heißt lieferst uns aus, bist Du das Schwein, das spaltet und einkreist, um selbst zu überleben und dann halt die Fresse von 'wie gesagt: die Praxis. Es lebe die RAF. Tod dem Schweinesystem.' *Dann* - also wenn Du nicht weiter mithungerst - sagste besser, ehrlicher (wenn Du noch weißt, was das ist: Ehre): 'Wie gesagt: ich lebe. Nieder mit der RAF. Sieg dem SCHWEINESYSTEM' -.
>
> Entweder Schwein oder Mensch
> Entweder überleben um jeden
> Preis oder Kampf bis zum Tod
> Entweder Problem oder Lösung
> Dazwischen gibt es nichts
> Sieg oder Tod - sagen die Typen überall und das ist die Sprache der Guerilla - auch in der winzigen Dimension hier: Mit dem Leben ist es nämlich wie mit dem Sterben: 'Menschen (also: wir), die sich weigern, den Kampf zu beenden - sie gewinnen entweder oder sie sterben, anstatt zu verlieren und zu sterben.' (...)
> Es stirbt allerdings ein jeder. Frage ist nur wie und wie Du gelebt hast und die Sache ist ganz klar: *KÄMPFEND GEGEN DIE SCHWEINE* als *MENSCH FÜR DIE BEFREIUNG DES MENSCHEN*: Revolutionär, im Kampf - bei aller Liebe zum Leben: den Tod verachtend. Das ist für mich: dem Volk dienen - RAF."

(S. 14f)

Die kompromißlos auf eine Entweder-Oder-Entscheidung zugespitzte Argumentation offenbart, daß die Stabilität des einzelnen und damit die Stabilität der Gruppe von der Binnenresonanz individuellen Verhaltens abhängt. Jede Art von Resonanz dokumentiert ein jeweiliges Verhältnis zur Ideenautorität, das, als selbstbildzentriertes, eigenideologisch durchgespielt von Selbsterhaltung bis zur Selbstermächtigung reichen kann. Die hierarchisierende Potenz wird dann im Selbstbezug als Existentialwertversprechen verstanden.

Hier, angesichts seines nahen (Hunger-)Todes, verspricht sich Holger Meins von der Idee der RAF die Verlängerung seiner Existenz über seinen Tod hinaus. Wer sich für die gemeinsame Idee opfert, verwirklicht sich als Revolutionär und wird so unsterblich. Mit dieser Perspektive kompensiert er selbstbildzentriert seine Todesangst, denn sie macht ihn stark und suggeriert (s)einen Sieg über das "Schweinesystem", die Isolationshaft und den eigenen Tod. In dem Maße, wie sich Meins dem Tod näher fühlt, fühlt er sich der Idee(-nautorität) näher und in autoritativer Obhut, weil hinter ihm ihre Negationskapazität zu stehen scheint. Er sieht sich durch sein großes Opfer in vollkommener Übereinstimmung mit der Idee und deshalb legitimiert, sie zu vermitteln, was für ihn auch heißt, das Verhalten anderer Mitkämpfer zu zensieren. Deshalb instrumentalisiert Meins seine Erlösungs- und

Aufwertungsperspektive durch die Idee und seinen Tod für die Selbstbildansprache derjenigen, die im Dienst für die Autorität nicht bedingungslos im Hungerstreik ihr Leben riskieren. Für die werbliche Außenwirkung der Gruppe als kampffähige Einheit hat die Einheitlichkeit ihres Hungerstreiks einen existentiellen Gebrauchswert. Die Idee soll als so stark gelten, daß alle ihr folgen. Nur so kann die Gruppe ihre autoritative Selbstversorgung in der Vermittlung ihres Ideenguts aufrechterhalten. Nur in ihrer überragenden Reichweite generiert eine Autoritätssymbolik die positiven Selbstbilder, die Autonomie gegenüber dem "Schweinesystem" bedeuten. Deshalb wird aus der ursprünglichen selbstversichernden, wechselseitigen Fürsprache für die gemeinsame Sache ein nach unten, an die vielleicht Nicht-Linientreuen gerichteter moralischer Imperativ, eine von oben gestellte Existenzfrage, die auch von oben beantwortet wird: Der RAF und damit dem Volk gedient zu haben bedeutet, die Ansprüche einer Idee erfüllt zu haben, die sich und jeden revolutionären Kämpfer über das Volk und die Nachwelt verewigt.[56]

Dieser Appell spricht die regressive Dimension von Selbstbildern an, wenn die bedrohliche Perspektive denjenigen unter Druck setzen soll, der die Idee, die als richtig und revolutionär galt und gilt und deshalb ein kollektives Sicherheitsgefühl vermittelt hat, durch Ungehorsam verraten und zu Recht aus ihrer autoritativen Obhut entlassen würde. Denn die die Idee repräsentierenden Eindruckswerte und Führungspersonen generieren Selbstbilder, für die es nur die zugespitzte Alternative eines Oben, mit dem Sterben auf der richtigen Seite, und eines Unten gibt, mit dem sinnlosen Leben im "Schweinesystem". Weil dieses überall sein und auch auf die Gruppe übergreifen kann durch falsches Verhalten einzelner, geht es um die Frage von Existenz oder Nichtexistenz der Gruppe und der Idee. Zwischen den positiven (Befreiung, Menschsein, Kampf, revolutionärer Tod) und den negativen Einseitigkeiten (Schwein, Schweinesieg, Überleben um jeden Preis) soll es nichts geben, das relativiert. Von der derart kraß hierarchisierenden Idee geht ein durch revolutionäre Eindruckswerte verzerrter Selbstbezug in positiven oder negativen Selbstbildern aus. Für das Oben verspricht die Selbstbildansprache die Möglichkeit, sich wie ein Märtyrer existentiell aufzuwerten und zu verewigen. Für das Unten bedeutet sie die Stigmatisierung als schuldhafter Un-Mensch. Wer die Idee und ihre Negationspotenz schwächt, den Hungerstreik nicht zu Ende führt, obwohl es der Kampf erfordert, dem wird alles Menschliche abgesprochen. Verstärkt wird dieser moralische Imperativ durch sein Erscheinungsbild, indem Meins seine Situation schildert, die von Selbstlosigkeit, Befreiungs- und Opferwillen zeugt und über seine antagonistische Wirklichkeitsdarstellung zur binnenhierarchisierenden Selbstermächtigung als

---

56 Hier ist mit Heinrich Popitz von der "Autorität der Nachwelt" zu sprechen, deren Anerkennung für die eigene Existenz vorweggenommen wird: "Die Nachwelt wird zu einer imaginierten letzten Instanz der Bewertung des eigenen Lebens. Die höchste erreichbare Anerkennung ist der Ruhm, der das eigene Leben überdauert." (Popitz 1986, S. 31)

Richter über Leben und Tod führt. Derjenige, der sein Leben gibt, beansprucht im Namen der Idee, und das heißt des Volkes, höchste moralische Autorität.

Für den (ver-)zweifelnden Kämpfer soll es möglich sein, am Modell zu lernen, wie weit der Glaube an die überragende Idee den einzelnen stärken, ihm die Todesangst nehmen kann. Die aufwertende Selbstbildansprache soll hier versichern, daß mit der Zugehörigkeit zur RAF die Notwendigkeit des einzelnen zu existentiellen Nein-Kosten-Kalkülen und Angstmanagement aufgehoben ist. Die Idee der Befreiung des Volkes scheint als historisch notwendige 'natürliche Wahrheit' die Größe jeden Kämpfers, seinen Nachruhm auf immer unbestreitbar zu machen. Das Ziel heiligt damit nicht nur die Mittel, sondern auch die ihm Dienenden. Sie partizipieren an den Identifikations- und Versorgungsangeboten autoritativer Reichweite. Die Reichweite ihrer Ideenautorität verbindet die RAF mit der Nachwelt, die als diffuser Bezugspunkt für subjektive Projektionen und damit für Selbsttäuschungen in zweierlei Hinsicht offen ist, für die jeweils die (vermeintlich) überragende Negationspotenz den entscheidenden Impuls gibt.

Zum einen verspricht sich der dem Tode nahe Kämpfer in selbstbildzentrierten Projektionen den nachweltbezogenen Ruhm und Status eines Märtyrers für das Volk. Von der religiösen Dimension der Ideenautorität geht eine Art Selbstentschuldung des eigenen Lebens aus, dem der eigene revolutionäre Tod übergeordnet ist.

Zum anderen aber können die argumentativen Erscheinungsbilder dieser Negationspotenz, weil sie eben Macht und Schutz versprechen muß, selbstbildzentrierte Negationskosten signalisieren. Indem sich der einzelne einer Ideenautorität und ihrer Vermittlung unterstellt, die als gehorsame Selbstvermittlung am Ziel ist, bleibt er angehalten, Selbsttäuschungen im Sinne von Selbstmanipulation zu begehen. Selbstbildgeleitet soll sich der Wankelmütige und Aussteiger aus dem Hungerstreik selbst in Frage stellen und gegebenenfalls schuldig sprechen. Die inszenatorisch prägnant zugespitzte Alternative Sterben als Kämpfer oder Verlieren als Schwein soll jeden Ablösungsversuch als Selbstmordperspektive vermitteln. Wer das unter existentiellem Hochdruck stehende, geschlossene System verläßt, scheint schutzlos dem "Schweinesystem" ausgeliefert und wird zum Kollaborateur. Aussteigen bedroht alles, was vorher noch richtig und wichtig war, inklusive der eigenen Kämpferidentität. Denn mit dem Verschwinden der bisherigen revolutionären Negationsfähigkeit, ohne positiven Rückgriff auf die bewährte Ordnung, soll die Selbstbehauptung nicht mehr möglich scheinen, die im Falle der Kongruenz mit der Ideenautorität leb- und erfahrbar war. Das Erscheinungsbild der von Meins aktualisierten Idee transportiert die Botschaft, entweder als Revolutionär zu höchsten Ehren zu kommen oder als Verlierer ins Nichts zu fallen.[57]

Wie drastisch die Ausgrenzungskapazität von Ideenautorität sich in der Selbstvermittlung gegen sich selbst wenden und den Zusammenhang von Selbstbild und Selbstnegation aktivieren kann, zeigt die Selbstanklage Ulrike Meinhofs:

"Über ihr Verhältnis zu Baader schrieb sie:

»Das Wesentliche, mein gestörtes Verhältnis zu Euch und besonders zu Andreas käme daher, daß ich nicht von der revolutionären Gewalt durchdrungen sei, war einfach 'ne schamlose Phrase, bezogen auf das, was bei mir Sache ist:
Meine Sozialisation zum Faschist, durch Sadismus und Religion, die mich eingeholt hat, weil ich mein Verhältnis dazu, d.h. zur herrschenden Klasse, mal ihr Schoßkind gewesen zu sein, nie vollständig aufgelöst, restlos in mir abgetötet habe...
Die Scheiße in meinem Wahn... sich zur RAF verhalten, wie ich mich zur herrschenden Klasse verhalten habe: Arschkriecher; d.h. Euch behandeln wie Bullen, das heißt einfach: Selbst längst 'n Bulle sein, in den psychischen Mechanismen von Herrschaft und Unterwerfung, Angst und Klammern an die Vorschrift. Eine scheinheilige Sau aus der herrschenden Klasse, das ist einfach die Selbsterkenntnis.«"[58]

Um ihr Selbstwertkonzept zu retten, ihre notwendige Nähe zur revolutionären Idee aufrechtzuerhalten und ihre Abhängigkeit von den immer feindlicher agierenden Führungsautoritäten Baader und Ensslin abzufedern, bekennt sie sich schuldig und stellt sich in Frage. Die Erklärungen für ihre Schuld stehen allesamt negativ in bezug zur Idee da. Fundamentale Charakteristika des "Schweinesystems" (Faschist, Sadismus, Religion, Herrschaft, Unterwerfung) sollen als negative Eindruckswerte verdeutlichen, mit welchen existentiellen Prägungen sie belastet und, vielleicht, entschuldbar ist, wie notwendig und zugleich unmöglich ihre Befreiung vom "Schweinesystem" scheint. Ihr, auch bewußtes, Selbstbild ist zerrissen zwischen den negativen Eindruckswerten des Niederen und den vielversprechenden positiven des Hohen. Die beidseitige Abhängigkeit dominiert die existentielle Selbsteinschätzung Meinhofs und verhindert, daß sie in unterschwelligen, selbstbildgeleiteten Orientierungen zur Ruhe kommt. Mit den negativen Eindruckswerten grenzt sie sich zwar gegenüber der Gruppe ab, bleibt aber der Idee treu, indem sie deren Perspektive in der Selbstanklage rigoros übernimmt. Denn indem sie sich unlösbar an die

---

57 Dieser normative Druck als Ausdruck von Binnenhierarchie und Abhängigkeit von einem Autoritätsmonopol verweist auf eine Strukturanalogie zur Familienordnung, wenn dem ungehorsamen Kind explizit oder implizit Liebesentzug angedroht wird. Dieser Vergleich soll die Frage von Leben und Tod und die Auswegslosigkeit der Gefangenen nicht verniedlichen, sondern hervorheben, daß ein konventionelles autoritatives Hierarchiegefälle nicht wegzutheoretisieren ist, gerade weil die RAF stark autoritätsbedürftig war, um so mehr als abweichendes Verhalten einzelner den werblichen Mythos ihrer revolutionären Reichweite hätte untergraben können.
58 Aust 1989, S. 287

negativen Eindruckswerte koppelt, sich zur "scheinheiligen Sau" macht, übernimmt sie gänzlich die Perspektive der gemeinsamen Idee, der sie nahe sein will, die ihr aber nichts anderes als die Selbstnegation gestattet. Der moralische Rigorismus Meinhofs überträgt im Namen einer höheren Ordnung deren Logik auf die Logik ihrer Selbstbilder. Einerseits erklärt sie sich der RAF unwürdig, andererseits will sie nichts anderes, als zu ihr gehören und in positiven Bezügen zu ihren Autoritäten zu stehen. In dieser existentiellen Auswegslosigkeit scheint ihr Sich-Selbst-(Hin-) Richten die einzige und logische Konsequenz zu sein, ein letzter Gehorsam der Idee gegenüber. Die Möglichkeit eines Selbstmords erscheint dann als letztes Existentialwertversprechen, als letzte Selbstermächtigung im Dienst der revolutionären Idee, die sie frei und autonom gegenüber der Gruppe macht.

> "Vielleicht war 'Kaputtsein', war die Selbstzerstörung tatsächlich für Ulrike Meinhof der einzige Weg, aus der Kampfgemeinschaft 'Rote Armee Fraktion' auszusteigen. Zweifel, 'Wühlerei in der Scheiße' konnten bei Gudrun Ensslin, die Zweifel nicht hochkommen ließ, nur »Desinteresse und Kälte«, wie sie es formulierte, hervorrufen. Zweifel war persönliches Versagen, war Verrat. Oder, wie sie schon ein Jahr zuvor an Ulrike Meinhof geschrieben hatte: »Du machst den Bullen die Tür auf - das Messer im Rücken der RAF: bist Du, weil Du nicht lernst...«."[59]

Der moralische Rigorismus Meinhofs ist Baader und Ensslin fremd. Deren Rigorismus konzentriert sich auf ihre Rolle als vermittelnde Autoritäten, die von entscheidender Bedeutung für die Sache der RAF bleiben wollen. Eigenarten, Emotionen und Affekte, wie die Ulrike Meinhofs, haben etwas Bedrohliches für das einheitliche Erscheinungsbild der RAF und müssen strikt ausgegrenzt werden. Einzige objektive Bezugspunkte scheinen nach wie vor das Ideengut und Selbstverständnis der RAF zu sein, für die Disziplin und zweifelsfreie Gefolgschaft aufzubringen sind. Alles andere ist tödlich, "das Messer im Rücken der RAF", das wie natürlich und rigoros die strafende Negationsmacht verdient hat. Da Baader und Ensslin im allgemeinen RAF-internen Verständnis als diejenigen gelten, die in totaler Kongruenz mit der Idee leben und diese somit lebendig halten, kommt ihnen der Status einer objektiven Instanz zu, der ihnen das ausgeprägteste Selbstwertgefühl in der Gruppe verleiht und sie über die anderen stellt. Beide stehen am unmittelbarsten im Zusammenhang von Selbstbild und Ideenautorität, den sie als Zusammenhang von Selbstbild und (Selbst-)Täuschung vielversprechend leben und weitervermitteln.[60]

---

59 ebd., S. 372
60 "Andreas Baader nahm den Hungerstreik offenkundig nicht allzu ernst. Einmal erbrach er nach dem Besuch eines Anwalts in der Zelle Hühnerfleisch, ein anderes Mal fanden Vollzugsbeamte bei einem anderen Verteidiger, eingewickelt in ein Taschentuch, 200 Gramm kleingeschnittenes Bratenfleisch, das er als eigenes Frühstück ausgab.
Baader erwies (...) sich immer wieder als Antreiber im gemeinsamen Gefecht. Für seine Notizen an die anderen benutzte er häufig grüne 'Chef-Tinte'." (Aust 1989, S. 303)

Vor allem die autoritative Ausnahmestellung dieser Führungspersönlichkeiten, aber auch die Auswegslosigkeit ihrer Haftsituation, die durch die gescheiterte Erpressung mit der Schleyer-Entführung noch auswegloser wurde, und die alles überragenden Bedürftigkeiten der revolutionären Idee, des revolutionären Mythos RAF haben den Druck innerhalb der Gruppe so erhöht, daß exakt zum strategisch notwendigen Zeitpunkt der kollektive Selbstmord plan- und durchführbar ist, damit die RAF weiterhin das Gesetz des Handelns bestimmt und einen auch auf Außenwirkung kalkulierten Selbstmord als Kontrapunkt zur gelungenen Flugzeugbefreiung in Mogadischu anzukündigen im stande ist. Dazu Baader:

> "Wenn das jämmerliche Spiel und die Potenzierung der Isolation seit sechs Wochen nicht bald ein Ende findet, werden die Gefangenen entscheiden. Das polizeiliche Kalkül wird nicht aufgehen. Dann werden die Sicherheitsorgane mit einer Dialektik der politischen Entwicklung konfrontiert, die sie zu betrogenen Betrügern macht. Die Gefangenen haben nicht die Absicht, die gegenwärtige Situation länger hinzunehmen. Die Bundesregierung wird in Zukunft nicht mehr über die Gefangenen verfügen können."[61]

Dazu Ensslin:

> "Wenn diese Bestialität hier, die ja auch mit Schleyers Tod nicht beendet sein wird, andauert und die Repressalien im sechsten Jahr der Untersuchungshaft und Isolation - und da geht es um Stunden, Tage, daß (sic!) heißt nicht mal eine Woche -, dann werden wir, die Gefangenen in Stammheim, Schmidt die Entscheidung aus der Hand nehmen, indem wir entscheiden, und zwar wie es jetzt noch möglich ist, die Entscheidung über uns."[62]

Als die Drohung in die Tat umgesetzt ist, zeigt sich, wie weit die Negationspotenz der revolutionären Idee reicht. Die Geschlossenheit des Kollektivs erscheint als letzte und höchste Unterordnung unter eine überragende Idee, die gegen den Staat nicht nur überleben, sondern auch siegen soll.

Mit der bis heute virulenten, tödlichen Idee der RAF ist in doppelter Hinsicht der Zusammenhang von Selbstbild und (Selbst-)Täuschung untrennbar verbunden. Zum einen als binnenhierarchisierender Mythos, der die Gruppe autoritativ auflädt, und zum anderen als werblicher Mythos nach außen, dessen Selbstbildansprache alle folgenden RAF-Generationen beseelt hat.

---

61 zitiert nach Aust 1989, S. 524
62 zitiert ebd., S. 526

Teil III

Wenn ein Philosoph politisch wirbt
Heidegger: Ein Führer im Aufbruch - vom Selbstbild zur Täuschung

1. Werk und Person als Problemzusammenhang

Die RAF aus soziologischer Sicht als eine Gruppe von Individuen zu betrachten, deren Einzelidentitäten durch besondere Gruppenprozesse neu definiert wurden, das liegt auf der Hand. Wie aber ist die Persönlichkeit Heideggers soziologisch zu fassen, die doch ebenso evident definierbar scheint als die eines innovativen philosophischen Einzelgängers?

Am Anfang der Analyse von Individualität kann eigentlich immer die Eliassche Erkenntnis stehen, daß das Verständnis der einzelnen Persönlichkeit in dem Maße wächst, wie die Figurationen wahrgenommen werden, die sie mit anderen Menschen bildet. Besonders hilfreich ist in diesem Zusammenhang die Unterscheidung zwischen Zweck- und Wirkursachen eines Verhaltens im allgemeinen und einer Selbsttäuschung im besonderen. Unter Wirkursachen fallen die psychischen Mechanismen, die dem Individuum Selbsttäuschungen ermöglichen, während Zweckursachen die *Funktion* von Selbsttäuschungen betreffen.[1]

Bei den oben analysierten Phänomenen von Selbsttäuschung, die im Binnenraum der RAF den Zusammenhalt und das Überleben als Gruppe gesichert haben, liegt der analytische Akzent auf den Zweckursachen, also der Funktion von Selbsttäuschungen. Um Heidegger zu verstehen, muß sich der Blick auch auf die Wirkursachen seines Handelns richten. Seine prägnante Inidvidualität resultiert aus den Figurationen seiner Kindheit und Jugend, die die Genese seiner Selbstbilder bestimmt haben mit der Konsequenz, daß der Rigidität der Weltbilder seiner frühen Jahre die rigiden Formen seiner späteren philosophischen und ideologischen Selbstbehauptungen entsprechen. Daraus erklären sich auch die Strukturen seiner Selbsttäuschungen, besonders die Heilserwartungen, die er aus seinem Engagement für die NS-Bewegung ableitete. Fast zwanghaft bleibt sein Selbstverständnis an eine bestimmte

---

1 vgl. Sommer 1992, S. 120f

Sichtweise von Wirklichkeit gebunden, die Strukturen seiner Selbstbilder scheinen nur bestimmte philosophische und politische Weltbilder zuzulassen.

Wäre es nach Heidegger selbst gegangen, hätte sich niemand aufmachen sollen, um unterwegs zu seiner Biographie zu sein. Denn, im doppelten Sinn, mit Heidegger läßt sich kurzer Prozeß machen: "Er wurde geboren, arbeitete und starb." Auf diese bescheidene biographische Kurzformel, die Heidegger für Aristoteles als Person übrig hatte,[2] sähe ihn auch seine philosophische Anhängerschaft gerne reduziert angesichts der entzaubernden Enthüllungen und Debatten über seine keineswegs nur philosophischen Führungsambitionen. Da Geborenwerden und Sterben das Los aller höheren Lebewesen, auch das von Denkern, ist, bliebe dem Wissensbedürftigen nur das Eigentliche, die Arbeit, die es, gerade als die eines Denkers, um so mehr in sich haben soll. Wenn die Mühe zudem eine doppelte ist und nicht nur darin besteht, das Geschick des Daseins als schicksalhaftes zu verkraften, sondern dieses in philosophische Worte zu fassen, und diese doppelte Leistung zudem noch schulbildend ist, dann scheint die Arbeit den Arbeiter in den Adelsstand des höheren Seins erhoben zu haben, der die arbeitende Person *fraglos* macht.

> "Auf die allein für legitim erachtete weltliche Praxis, die philosophische Lehre (...) beschränkt, wird der Denker ganz eins mit dem Denken, geht das Leben auf im nunmehr als selbstgenügsames und selbsterzeugendes Wesen konstituierten Werk."[3]

Nun ist aber, wiederum mit Heidegger, das Fragen "die Frömmigkeit des Denkens"[4], und es verwundert, wie unfromm jemand aus Ehrfurcht vor dem Werk dessen Urheber ausblenden will gerade in der Einführung zu einem Versuch, Heideggers Verstrickungen in den Nationalsozialismus aufzuspüren.[5]

> "Diese rigorose Auffassung (die Jaspers' Urteil über Heidegger zugrunde liegt, KGW) der Einheit von Werk und Person scheint mir der Autonomie des Gedankens und erst recht seiner Wirkungsgeschichte nicht gerecht zu werden. (...) Heideggers Werk hat sich (...) längst von seiner Person gelöst," dessen "schulbildende Wirkung reicht bis in die späten sechziger Jahre."[6]

Habermas' erstes Anliegen ist es, *Sein und Zeit*, von dem er schon als Student "sehr eingenommen" war (S. 30), vor der Negativität der politischen Verirrungen des Autors, vor diesem selbst also, zu schützen.

---

2   Zitiert bei Gerlach, Hans-Martin: Martin Heidegger. Denk- und Irrwege eines spätbürgerlichen Philosophen. Berlin (Ost) 1982, S. 31
    Vgl. auch Martin, Bernd (Hrsg.): Martin Heidegger und das 'Dritte Reich'. Darmstadt 1989, S. 7
3   Bourdieu, Pierre: Die politische Ontologie Martin Heideggers. Frankfurt 1988, S. 12f
4   Heidegger, Martin: Vorträge und Aufsätze. Pfullingen 1959, S. 41
5   Farias, Victor: Heidegger und der Nationalsozialismus. Frankfurt 1989
6   Habermas, Jürgen: Heidegger - Werk und Weltanschauung. Vorwort zu Farias 1989, S. 12f

> "Zwischen Werk und Person darf kein kurzschlüssiger Zusammenhang hergestellt werden. Heideggers philosophisches Werk verdankt, wie das anderer Philosophen, seine Autonomie der Kraft seiner Argumente."[7]

Um die Trennung von Werk und Autor aufrechterhalten und *Sein und Zeit* hoch gewichten zu können, sieht Habermas mit Pöggeler das Jahr 1929 als philosophische und biographische Zäsur, von der an erst "weltanschauliche(n) Motive in Heideggers Selbstverständnis als eines Philosophen und gar in seine wesentlichen philosophischen Gedanken" (S. 17) einbrechen. Die Zäsur ist für Habermas von so entscheidender Tiefe, daß Heideggers philosophisches Glanzstück gegen den Autor in Schutz genommen werden muß, denn "Heidegger ist seit 1929 aus dem Kreis der akademischen Philosophie immer weiter ausgeschert" (S. 33). Insofern tut man auch

> "(...) Heidegger einen Dienst, wenn man die Autonomie des Gedankens während dieser produktivsten Phase - Heidegger war 1929 bereits 40 Jahre alt - auch gegen Heideggers spätere Selbststilisierung, gegen eine Überbetonung von Kontinuitäten zur Geltung bringt." (S. 34)

Nur mit dieser apologetischen radikalen Aufspaltung des Denkers, die er gegenüber Löwith äußerte und die in der Retrospektive eine objektive Selbstdiskreditierung bedeutet, geht die Selbsteinschätzung Heideggers wenn nicht ins Leere, so doch zumindest nicht gegen *Sein und Zeit*. Löwith war gegenüber Heidegger der Meinung, daß dessen

> "(...) Parteinahme für den Nationalsozialismus im Wesen seiner Philosophie läge. Heidegger stimmte mir ohne Vorbehalt zu und führte mir aus, daß sein Begriff von der 'Geschichtlichkeit' die Grundlage für seinen politischen 'Einsatz' sei."[8]

Der Begriff Geschichtlichkeit verweist auf Kontinuitäten, die das Denken Heideggers, das *wenigstens latent immer* ein ideologisches ist, auch das in *Sein und Zeit*, charakterisieren und vor denen Habermas Heideggers Hauptwerk weder mit dem Argument seines philosophischen Stellenwerts und seiner schulbildenden Resonanz noch durch die nachträgliche partielle Entmündigung in Schutz nehmen kann. Weltanschauliche Motive und Kontinuitäten dominierten, wie zu zeigen ist,[9] den sendungsbewußten Geist unabhängig von seinem Selbstverständnis als Philosoph.

---

7 ebd., S. 34
  Zur philosophischen Relativierung von *Sein und Zeit* vgl. Blumenberg, Hans: Höhlenausgänge. Frankfurt 1989; Ebeling, Hans: Martin Heidegger. Philosophie und Ideologie. Hamburg 1991; ders.: Heidegger: Geschichte einer Täuschung. Würzburg 1990
8 Löwith, Karl: Mein Leben in Deutschland vor und nach 1933. Frankfurt 1989, S. 57
9 In bezug auf Heidegger hat Bourdieu den Zusammenhang von politischem Zeitgeist und seiner politischen Ideologie und Ebeling (1991) den von Ideologie und Philosophie umfassend herausgearbeitet, so daß noch derjenige von Persönlichkeitsstruktur und ideologischem Denken bzw. (macht-)politischem Verhalten zu bearbeiten bleibt.

Einen Schritt weiter in Richtung einer ganzheitlichen Kritik scheint Rainer Marten zu gehen, der als Assistent Heideggers von seiner Person unmittelbar betroffen war und ist, obwohl seine Faszination spätestens seit Farias' Buch "einen Zug ins Häßliche bekommen"[10] hat. Martens Einschätzung bezieht zwar die Person ein:

> "Von dem, was Heidegger *geistig* zu seinem Einsatz für den Nationalsozialismus bewegte, ist er (...) nie abgerückt. Es gehört aufs innigste zu seiner Philosophie *und zugleich zu seiner Person* (Herv. v. mir, KGW)",

um dann aber 'sachlich' zu werden:

> "Wer Heidegger würdigen und kritisch gerecht werden möchte, kann das nur 'sachlich' und das heißt philosophisch versuchen."[11]

Gegen diese Form von 'Versachlichung' ist zu bedenken, daß die Person dann in den Mittelpunkt des kritischen Fragens gehört, wenn die Bedingungen eines geistigen und ideologischen Irrwegs ursächlich mit ihrer Struktur und Lebensgeschichte verknüpft sind. Denn Heidegger hat sich von dem, was ihn *als Person* zu seinem Einsatz für den Nationalsozialismus bewegte, nie emanzipiert. In dem Maße, wie er sich nicht nur geistig für den Nationalsozialismus einsetzen wollte, sondern sich mit seiner ganzen Existenz einsetzen *mußte*, ist es nur aus seiner existentiellen Ganzheitlichkeit erklärbar, warum er so und nicht anders geistig und politisch handelte.

Zum Verständnis von und zur sachlichen Auseinandersetzung mit seinem 'Geist' gehört eine Bedeutungsanalyse, die über eine philosophische Inhaltsanalyse hinausgehen muß, weil 'Geist' bei Heidegger aufgrund seiner Lebensgeschichte und des Zeitgeistes, in den er hineingeboren wurde, *stets* einen ideologischen Hintergrund, der zeitweilig zum Vordergrund wurde, besaß, aus dem sich seine existentiellen Setzungen vor und nach 1929 speisten. Wenn 'Geist' im Dienst von existentiellem Verkündereifer steht oder gar von machtpragmatischen Kalkülen desjenigen, der sich einen exklusiven Zugang nicht nur zur geistigen Wahrheit, sondern auch zum politischen Gemeinwohl zuschreibt, stellt sich mit der Legitimitätsfrage die Frage nach der ganzen Wahrheit seines existentiellen Führungsanspruchs. Wer urteilen will, sollte dies in Kenntnis des gesamten Bedeutungszusammenhangs von 'Geist' tun. Bei der Rekonstruktion dieses Zusammenhangs offenbart sich, wie durchgängig und weitreichend sein 'Geist' sich um die latente Sinnstruktur Selbstbild zentriert. Es liegt in der Natur und Struktur seiner sendungsbewußten Führungs- und Führerperson, immer auch und vor allem für sich zu werben, wenn sie für andere und anderes wirbt. Sei es, wo sie als Person des öffentlichen Lebens für die nationalsozialistische Bewegung politisch wirbt und deren Herrschaftssymbolik demonstriert, etwa durch

---

10 Marten, Rainer: Heideggers Geist. In: Altwegg, Jürg (Hrsg.): Die Heidegger-Kontroverse. Frankfurt 1988, S. 225
11 Marten, Rainer: Philosophie, so faszinierend wie gefährlich. In: Badische Zeitung v. 26.9.1989

den Hitlergruß am Anfang oder Ende der Vorlesung oder durch das Tragen des Parteiabzeichens auch lange nach dem Ende des Rektorats, sei es in Form einer eigenen und eigentlichen Rhetorik seiner orientierungsstiftenden Setzungen in philosophischen, religionsideologischen oder kulturkämpferischen Kontexten.[12]

Der Machtanspruch seines ideologischen Denkens, sein Streben nach (Selbst-) Inszenierung und Bewußtseinsmacht sind von der Außenwirkung und schulbildenden Reichweite seines 'Geistes' nicht zu trennen. Auf allen Ebenen seines exklusiven (Denk-)Weges zur Wahrheit des Seins beansprucht er Führungsmacht und -autorität. Und es ist sein stets ungebrochener Wille zu dieser Form von Macht, der ihn jenseits der mentalen Vielschichtigkeit, die in Löwiths exakter Charakterisierung aufscheint, flexibel, *aber konsequent* gemäß der in den Anfängen seiner Lebensgeschichte gebildeten Grundstruktur seiner Persönlichkeit handeln läßt:

> "Seiner Herkunft nach ein einfacher Mesnersohn, wurde er durch seinen Beruf zum pathetischen Vertreter eines Standes, den er als solchen negierte. Jesuit durch Erziehung, wurde er zum Protestanten aus Empörung, scholastischer Dogmatiker durch Schulung und existenzieller Pragmatist aus Erfahrung, Theologe durch Tradition und Atheist als Forscher, Renegat seiner Tradition im Gewande ihres Historikers. Existenziell wie Kierkegaard, mit dem Systemwillen eines Hegel, so dialektisch in der Methode wie einschichtig im Gehalt, apodiktisch behauptend aus dem Geiste der Verneinung, verschwiegen gegen andere und doch neugierig wie wenige, radikal im Letzten und zu Kompromissen geneigt in allem Vorletzten - so zwiespältig wirkte der Mann auf seine Schüler, die von ihm dennoch gefesselt blieben, weil er an Intensität des philosophischen Wollens alle anderen Universitätsphilosophen weit überragte."[13]

Heideggers Weg ist der eines Widersprüchlichen, ein Kampf in und von Widersprüchen, den er immer und überall zu führen hat. Löwith hat das Wesentliche auf den Punkt gebracht: die Radikalität seines Negationsbewußtseins und -willens gegen herrschende Ordnungen, die (noch) ohne seine Führung sind. Auf der Basis dieser Persönlichkeitsdominante hat er stets ganzheitlich gedacht, gefühlt und gehandelt. Die Realität ist eigentlich immer unvereinbar mit seinen Vorstellungen vom wahren Sein, so daß jeweilige Aufbrüche in neue Führungsperspektiven vielversprechender in der Selbstbildansprache des Sendungsbewußten scheinen.

---

12 Entgegen dem ersten Anschein zielt das Thema 'Politisches Werben' keineswegs nur auf Heideggers Rektorat. Weil er immer Ideologe war, bedeutet das Jahr 1929 keine wesentliche Zäsur, stellen seine Aktivitäten als Rektor keinen geistigen Betriebsunfall eines ansonsten 'reinen' Denkens dar im Strudel einer punktuellen Verirrung, wie Gadamer glauben machen will:
"Wenn man sein politisches Engagement einen politischen Standpunkt nennen will, so wäre das besser, es eine politische Illusion zu nennen, die mit der politischen Wirklichkeit zusehends weniger zu tun hatte." (Gadamer, Hans-Georg: Zurück von Syrakus? In: Altwegg 1988, S. 177)

13 Löwith 1989, S. 44f

Mit Löwith ist Hugo Ott der Person und Biographie Heideggers am nächsten gekommen.[14] Sein Hauptanliegen ist die Mentalitätsfrage des Philosophen, deren Beantwortung auch die Kontinuitäten in dessen Weltsicht und Handeln einschließt. Zu dieser Frage hat der Historiker wichtige Zusammenhänge und Details zusammengetragen, die noch auf die sie bedingenden Strukturen von Person und Lebenswelt analytisch zurückzuführen sind. Sein Sendungsbewußtsein muß in der Genese, als Zusammenhang und Wechselbezug von Selbstbildern und Eindruckswerten (seiner Herkunft) gesehen werden. Weil Heidegger sich durchgängig als Verkünder und Führungsautorität versteht und inszeniert, unterliegt seinen Setzungen des weiteren der Zusammenhang von Selbstbild und Autoritätsbild. Autoritäts*bild*, weil dieses, komplementär zum Selbst*bild*, Bestandteil der Wenn-Wirklichkeiten ist, die mit den Setzungen eines Führungswilligen gegeben sind und über dessen reale soziale Positionalität oft so weit hinausweisen, daß sie den Selbst- und Autoritätsbild-Zusammenhang magisch machen. Das Magische kann aber auch zur anderen, zur Rezipientenseite hin durchschlagen als Selbstbildansprache und Ausdruck vielversprechender Negationspotenz, die Hörer und Schüler bis ins Schulbildende hinein fesselt. Auf beiden Seiten dominiert dann der Zusammenhang von Selbst- und Autoritätsbild als der von Selbstbild und Täuschung.

2. Ideologische Setzungen zwischen Selbstbild und Autoritätsbild

a) Der existentielle Pfahl

Auch ungeachtet derartiger Blendungszusammenhänge sind die grundlegenden Fragestellungen Heideggers in ihrer existentiellen Reichweite vielversprechend allein schon deshalb, weil sie in ihrer Radikalität ein neues und ihnen gemäßes Bedürfnisprofil nach letzten Antworten modellieren und begründen. Und sie bleiben um so vielversprechender, je weniger geschlossen, systematisch und beantwortet die Reihe der umstürzlerischen Fragen ausfällt, je größer der Be- und Verwertungsspielraum für den einzelnen Nach-Denker bleibt. So scheint es mit der Heiligkeit und Tiefe der Heideggerschen Fragestellungen selbst gegeben zu sein, daß sich der Autor gänzlich zurücknimmt, als gelte es, allein das Werk zu verstehen.

Aber zumindest als rhetorisches Inszenierungsgenie ist er eigentlich immer so präsent, daß der kundige Leser, wenn er denn glaubt, das zu verstehen, was Heidegger meint, auch glauben kann, das Rätselhafte des Denkers Heidegger verstanden zu haben. Eine Person ist aber nur dann verstanden, wenn das erfaßt ist, was das Gemeinte für die Person *bedeutet*, wenn also die Bedingungen des Gemeinten erfaßt

---

14 Ott, Hugo: Martin Heidegger. Unterwegs zu seiner Biographie. Frankfurt 1988

sind. Diese Kluft aber wollte Heidegger weder durch Fragen noch durch Antworten überbrücken. Das Wenige, das er über sich selbst preisgab, ist noch am aufschlußreichsten in seiner Privatkorrespondenz zu finden. So heißt es in einem Brief vom 1. Juli 1935 an Jaspers:

> "Ich danke Ihnen herzlich für diesen Gruß, der mich *sehr* freute; denn die Einsamkeit ist nahezu vollkommen. (...) Bei mir ist es - um davon zu reden, ein mühsames Tasten; erst seit wenigen Monaten habe ich den Anschluß an die im Winter 32/33 (Urlaubssemester) abgerissene Arbeit wieder erreicht; aber es ist ein dünnes Gestänge, und sonst sind mir auch zwei Pfähle, die Auseinandersetzung mit dem Glauben der Herkunft und das Mißlingen des Rektorates - gerade genug an solchem, was wirklich überwunden sein möchte."[15]

An seinen philosophischen Ambitionen kann sich der zu Weltruhm Gelangte leichter abarbeiten als der mit seinen politischen Ambitionen an der profanen politischen Realität Gescheiterte. Diese hat ihn auf sich zurückgeworfen, die Niederlage hat ihn einsam gemacht. Zum ersten Mal in seiner steilen Karriere als Philosoph ist er als Gescheiterter genötigt, sich jemandem anzuvertrauen und Ursachenforschung seiner Befindlichkeit zu treiben. Dabei sieht er seine Lebensgeschichte als Last, die er selbst mit seiner denkerischen Kraft nicht abzuwälzen vermag. Das zeigt sich sowohl in seinem drastischen Sprachbild als auch darin, daß er sich in der Sprache der Last selbst ausdrückt mit der "paulinische(n) Formulierung von den zwei Pfählen (2.Kor. 12,7)"[16] in seinem Fleisch.

Nun ist das Rektorat sowenig vom Himmel gefallen wie sein Glaube. Jenen Pfahl hat er sich selbst ins Fleisch getrieben, diesen ihm andere, der deshalb tiefer sitzt. Wie tief, das läßt sich nicht nur erahnen, sondern auch rekonstruieren. Dabei entspricht der Tiefe des Eindringens das Maß an Bedeutung, die der Glaube und die entsprechenden autoritativen Vermittlungs- und Sanktionsinstanzen in seinen frühesten und frühen Jahren hatten. Und tiefer als bis zur Ontogenese des Selbstbewußtseins, bis zu der Ebene, auf der die Selbstbilder in Bewegung kommen, läßt sich nicht blicken. Jedenfalls ist die Metaphorik der Pfähle im Fleisch realistischer und 'hautnäher' als die gewiß wohlmeinende und für einen Emeritus für christliche Philosophie vielleicht notwendige Euphemisierung von Heideggers grundlegender Autoritätserfahrung, wie Max Müller sie schildert:

> "Seine Mutter war fast ein wenig zu fromm, und von ihr hat er sich nie ganz lösen können. Das Bild der Mutter stand immer auf seinem Schreibtisch."[17]

Die 'ein wenig zu fromme Mutter' steht für Setzungen und Imperative, die den jungen Heidegger auf den Glaubensprimat, auf Gott als erste Ordnungsinstanz eichen.

---

15 Zitiert bei Ott 1988, S. 42
16 ebd.
17 Max Müller in: Martin 1989, S. 112

So ist die Mutter lebensspendend auch im Sinne von wegweisend, zur Lebenstüchtigkeit, zur Gottesfurcht erziehend, zur Einbindung in die natürliche Ordnung des Glaubens. Ebenso natürlich ist in dieser eindimensional geordneten Welt die Pflicht zum Gehorsam, der existentielle Versorgtheit bedeutet. Die Welt ist in Ordnung, weil sie nur eine einzige positive kennt, die uneingeschränkt gilt und Heideggers existentielles Bewußtsein auch affektiv nachhaltig deshalb prägt, weil sie über die Familie hinaus herrscht und von Autoritätspersonen verkörpert und verkündet wird, die in ihrer wegweisenden und ordnungsstiftenden Reichweite an die der Elternautoritäten heran kamen.

Die Autoritätsperson, die an Bedeutung seiner Mutter am nächsten kam, ist Conrad Gröber, der spätere Erzbischof von Freiburg, der als Rektor des Konstanzer Conradihauses dem Schüler Heidegger den Weg des Glaubens, aber auch den zur Philosophie gewiesen hat. "(...) er (Heidegger, KGW) hat Gröber immer als eine Vaterfigur verehrt. Gegen ihn persönlich hätte er nie gehässig auftreten können."[18]

Auch Ott[19] betont die Bedeutung Gröbers und spricht sogar von einer "wichtigen, vielleicht wichtigsten Bezugsperson" (S. 53) Heideggers. Gröber "hatte mit Stadtpfarrer Brandhuber beim Wechsel des jungen Heidegger von der Bürgerschule auf das Konstanzer Gymnasium zusammengewirkt, galt es doch, einen künftigen Geistlichen zu formen." (S. 52) Beide versuchten, ihn auch materiell abzusichern.

Die Autoritäten verweisen ihn reflexhaft auf den Glauben und dessen Imperative und diese ebenso auf Autoritätspersonen. Autoritätserfahrung vollzieht sich hier als wechselseitiger Verweis zwischen personaler Autorität und autoritativ vermittelter Ideenautorität, die sich aus Glaubensinhalten verselbständigen und dadurch eine magische Anziehung gerade auf der Basis einer doppelten Anbindung ausüben kann. Denn zum einen weist Ideenautorität als existentieller Bezugspunkt über Autoritätspersonen hinaus, Autorität ist dann flexibler nutz-, weil phantasierbar. Hinter ihr stehen aber andererseits Vertreter und Vermittler, die Autorität konkret vorbildlich verkörpern. Vor-bildlich im unmittelbarsten, nämlich bildsprachlichen Sinn: Als Autoritätsbild, analog zur Funktion des Selbstbilds in Wenn-Wirklichkeiten und zu dessen Bedeutung für das existentielle Bewußtsein, ist es Bezugspunkt und Gegenpol zum Selbstbild. Autoritätsbilder aktivieren Selbstbilder, konfrontieren sie mit Negationspotenz, Existentialwertversprechen, Selbstaufwertungs- und Identifikationsangeboten. Vor allem letztere können dem Selbstbild-Autoritätsbild-Zusammenhang eine magische Anziehung verleihen. Besonders dann, wenn Autoritätsbedürftigkeit heißt, selbst Autorität sein zu wollen, angezogen zu sein von der blendenden Kongruenz von Selbst- und Autoritätsbild, diese selbstbezüglich in intensiven Wenn-Wirklichkeiten durchspielend.

---

18 ebd.
19 vgl. Ott 1988, S. 52-56

Mit seinem Elternhaus ist Heidegger auf die herrschende katholische Ordnung verwiesen und damit vom Führungsanspruch und der Aura von Priesterautorität geprägt, die später durch das Faszinosum Lehrerautorität abgelöst und ins Weltliche verallgemeinert wird. Zunächst aber will Heidegger ausschließlich Priester werden, als Hirte zur Herde gehören. Hier ist bereits die Entität von Selbstbild und Autoritätsbild virulent, wenn auch noch nicht als (selbst)täuschungsmächtiger Kongruenzzusammenhang. Doch ist die Struktur schon ausgeprägt durch die Erfahrung der Autoritäten des Glaubens, die eo ipso ihre Existenz als Sendungsauftrag verstehen (müssen). Entsprechend hat Heidegger sein Rollenerbe der Verkünderrolle als (s)einen privilegierten und fraglosen Zugang zum Schweren und Mühsamen der menschlichen Existenz verstanden. In der Retrospektive wäre es also für Heidegger kein Ausweg gewesen, lediglich beim Glauben der Herkunft zu bleiben, ohne priesterliche Führungsautorität zu sein.[20] Als ihm dieser Weg bald versperrt war, angeblich aus gesundheitlichen Gründen[21], *mußte* er einen strukturell analogen und *konnte* er einen inhaltlich anderen, eigenen Weg als existentielle Führungsautorität gehen. Mit einer derartigen Strukturierung der Persönlichkeit entfalten jedoch die eminent

---

20 Gerade Otts Heidegger-Biographie scheint bei der ausführlichen Darstellung der Anfänge seines Werdegangs von einem gewissen Enthusiasmus über den segensreichen Einfluß der katholischen Institutionen auf die Persönlichkeit und den Erfolgsweg des Heranwachsenden getragen. So als könne die Botschaft lauten, Heidegger hätte besser daran getan, den Maximen des Glaubens seiner Herkunft auch später als Denker treu zu bleiben. Dazu ist anzumerken, daß die Selbstbild-Autoritätsbild-*Struktur* grundlegender, vielversprechender, mächtiger für sein existentielles Bewußtsein ist als ideologische *Inhalte*.
Dies muß besonders Farias entgegengehalten werden, der in objektiver Überinterpretation den politischen Sündenfall des NS-Rektorats monokausal auf einen Antisemitismus des von Heidegger öffentlich gefeierten und stets verehrten Kapuzinerpredigers Abraham a Sancta Clara, seinem Landsmann, zurückführt. Am Verkündungseifer des jungen Heidegger läßt sich vielmehr die Grundstruktur eines Sendungsbewußten aufzeigen.

21 vgl. Ott 1988, S. 67
Nervöse Herzbeschwerden sind eher von ihrer psychosomatischen Dimension her zu verstehen und weniger als Überforderung der "körperlichen Kräfte des zart gebauten Theologen" (ebd.). Ein möglicher Grund seiner Krankeit, die im Wintersemester 1910/11 zum Abbruch seines Theologiestudiums führte, könnte darin liegen, daß Heidegger bereits zu intensiv von der nicht verbotenen, aber negationsfördernden Frucht Philosophie gekostet hat, die ihm sogar eine überragende Autoritätsfigur der bewährten und herrschenden Ordnung in die Hand gegeben hatte. Dazu Heidegger selbst: "Im Jahre 1907 gab mir ein väterlicher Freund aus meiner Heimat, der spätere Erzbischof von Freiburg, Dr. Conrad Gröber, Franz Brentanos Dissertation in die Hand: »Von der mannigfachen Bedeutung des Seienden nach Aristoteles« (1862). Die zahlreichen meist längeren griechischen Zitate ersetzten mir die noch fehlende Aristoteles-Ausgabe, die jedoch ein Jahr später aus der Bibliothek des Internats in meinem Studierpult stand. Die damals nur dunkel und schwankend und hilflos sich regende Frage nach dem Einfachen des Mannigfachen im Sein *blieb* durch viele Umkippungen, Irrgänge und Ratlosigkeiten hindurch der unablässige Anlaß für die zwei Jahrzehnte später erschienene Abhandlung »Sein und Zeit«." (Sitzungsbericht der Heidelberger Akademie der Wissenschaften 1957/58, S. 20f; zitiert bei Ott 1988, S. 54)

positiven Autoritätspersonen des jungen Heidegger einen beträchtlichen autoritativen Nachhall, in dem sie auch weiterhin für ihre Sache stehen und 'sprechen', obwohl er die personale Verkörperung dieser Sache auch ambivalent erlebt hat[22] und ihre institutionelle Verkörperung bald mehr und mehr negierte.[23]

In dieser Perspektive eröffnet sich die Möglichkeit, zwei Begriffe autoritätsanalytisch zu klären, die mit ihren Synonymen häufig zur Persönlichkeitsbeschreibung Heideggers verwendet werden: Ambiguität (Müller)[24] und Zerrissenheit (Ott).

Ambiguität resultiert aus der Rivalität unterschiedlicher Ordnungsinteressen und kennzeichnet das Verhalten einer Führungsautorität, die in verschiedenen Ordnungs- oder Wertsystemen verankert ist, wobei die inoffizielle die höherwertige ist, die den eigentlichen Sendungsauftrag definiert. Von der unteren Ordnungsstufe aus gesehen entsteht aus dem Hierarchiegefälle der Eindruck von überzogener Strenge und Bedingungslosigkeit, mit der Führung praktiziert wird, die dann als Selbstermächtigung erscheint, als nicht weiter erklärbarer Akt situativer Willkür.

Damit besteht eine Analogie zur frühkindlichen Autoritätserfahrung als Ambivalenzerfahrung: einerseits die Erfahrung von Schutz und Sicherheit, andererseits die von normativen Ansprüchen und existentiellen Setzungen. In der Rolle als Führungsautorität reproduziert Heidegger, für dessen statisches Selbstbild als Autoritätsbild diese Autoritäten als Muster idealer Verkünder maßgebend sind, die Hierarchiestruktur der Autoritäten seiner Jugend. Diese Idealbilder bilden eine latente Instanz für eigenes angemessenes autoritatives Verhalten, immer mit dem Versprechen eines existentiellen Sicherheitsgefühls bei strengem und unerbittlichem Eintreten für die richtige Sache. So überträgt sich der dogmatische Charakter auf die sie vermittelnde Autorität, die in einer übergeordneten Pflichtperspektive handelt. Die

---

22 vgl. Löwith 1989, S. 42f:
"Das Jesuitenkloster von Feldkirch hatte seine Jugend 'zwischen den Mühlsteinen der Theologie' geprägt. Unvergeßlich ist mir Geste und Blick, mit denen er mir einmal die Photographie eines Priesters zeigte, mit der Bemerkung: 'Der hat uns unter seiner Fuchtel gehabt.' Es war das harte und scharfe Gesicht eines asketischen Priesters auf dem Totenbett."

23 "Man kann sagen: Er hat unter der Kirche gelitten. Sie war für ihn eine Fessel, die er nicht ganz abschütteln konnte, oder ein Angelhaken, den er nie ausreißen konnte. Eine Haßliebe..." (Müller in Martin 1989, S. 98f)

24 Gerade Max Müller hat diese Ambiguität bei seiner von Heidegger selbst 1930 angeregten Habilitation erfahren. Im fachlichen Gutachten diskreditierte Heidegger die Arbeit, weil der Verfasser 'Thomist' sei und anstatt sich mit den entscheidenden Fragen der Philosophie zu beschäftigen, sich mit theologischen Fragestellungen begnügt habe. Darüberhinaus verhinderte Heidegger die Dozentur Müllers aus weltanschaulich-politischen Gründen (vgl. Ott 1988, S. 264f). Gegen den Christen Müller hat Heidegger in aller Strenge allein aus seiner Verantwortung für die nationalsozialistischen Pläne zum Neuaufbau der Universitäten argumentiert. Dazu gehört, daß auch philosophisches Denken angemessen sein muß, dem neuen politischen Denken gemäß. Müller selbst verbrämt diesen ernüchternden Sachverhalt mit einer Untertreibung: "(...) bereits bei dem (Habilitations-, KGW) Verfahren zeigte sich eine gewisse Zwiespältigkeit." (Müller in Martin 1989, S. 111)

Idee bedeutet alles. Strenge und Unbedingtheit bei ihrer Durchsetzung stellen einen autoritativen Eindruckswert dar, dessen Erscheinungsbilder und Gebrauchswerte einander bedingen. Heidegger sieht in auserwählten Autoritätspersonen Heil und Rettung der eminenten Idee, wobei die Führungsansprüche der Ideenträger als Unterordnung unter einen existentiellen Imperativ legitimiert sind.

Der Einsatz von Führernaturen kann weder durch Institutionen ersetzt[25] noch durch ein positives Lehrer-Schüler-Verhältnis, etwa das zwischen ihm und Max Müller, relativiert werden. Ebensowenig wie das Dogma des Glaubens zu diskutieren ist, wenn es ernst wird oder werden muß, können alle wesentlichen Orientierungen, die von Autoritätspersonen als wesentliches Denken und Wissen vertreten werden, Gegenstand von Erörterungen sein. Wenn eine Wahrheit, wie religiöse Wahrheiten, schwer und unausweichlich ist, müssen ihre Vertreter entsprechend Ausgrenzungen und Unterordnungen vornehmen, wenn sie als Diener der richtigen Sache nicht versagen wollen. Härte im Glauben, Denken und Führen ist für Heidegger ein Wahrheitskriterium, das für die gerechte Sache und, implizit, für ihre Vertreter spricht. Zwiespältig ist Heidegger, solange er als Autokrat in wechselnden sozialen Ordnungen handelt, sich selbst aber als ersten Diener nur einer Ordnung versteht, die allerdings, wie sich zeigen wird, stets nur seine eigene Führer-Ordnung ist.

Zerrissenheit dagegen kennzeichnet ihn, wenn und weil die jeweilige dogmatische Ordnung, und das heißt immer auch die eigene Ordnungsstruktur seines führerischen Bewußtseins bedroht sind. Zerrissenheit hat ihren Ursprung ebenfalls in der Ambivalenz von Autoritätserfahrung. Einerseits ist mit den autoritativen Vorgaben das ideale Autoritätsbild implantiert, dem sich das statische Selbstbild über mobile Selbstbilder in Wenn-Wirklichkeiten anzunähern hat. Gleichzeitig sind andererseits die folgenden Annäherungsprozesse potentiell negationsbedroht, und zwar dann, wenn der Annäherungssog von neuen Realitätsentwürfen, Glaubensinhalten und Ideenautoritäten das Selbstbild aus der ursprünglichen, bewährten autoritativen Ordnung bringt: wenn zum Beispiel der Philosoph seiner eigenen denkerischen und ideologischen Ordnung als Urheber vorsteht, die ihm über die Kongruenz von Selbstbild und Autoritätsbild Autonomie und Eminenz verspricht.

Doch bleiben, wenn jeweilige Emanzipations- oder Autonomieversuche gescheitert sind oder zu scheitern drohen, die ursprünglichen Autoritätspersonen als Ordnungs- und Sanktionsinstanzen virulenter denn je, indem sie in der Dissonanz zwischen alter und neuer Ordnung für das existentielle Bewußtsein bedrohlich scheinen, weil dann notwendige selbst(bild)stabilisierende Regressionen *als positive* versagt sind. Auch ein Heidegger lebte selten von der Progression allein. Seine Progressionen waren vielleicht nur für einen kurzen Zeitraum nahezu angstfrei, negationsresi-

---

25 Heidegger betrachtete nicht nur die Kirche als Fessel, sondern war eben auch als Philosophieprofessor ein "pathetische(r) Vertreter eines Standes, den er als solchen negierte" (Löwith 1989, S. 44f).

stent und ausschließlich vielversprechend. Als nämlich der geschichtliche Augenblick den Zusammenhang von Selbstbild und Autoritätsbild magisch werden ließ und das höchste Maß an Negationspotenz, an Autonomie also, in Aussicht stellte, indem 1933/34 fast alles für ihn als geistig-philosophischen *und* geistig-politischen Führer zu sprechen schien, als sich geistige und politische Macht, scheinbar alternativlos, über das Medium Heidegger für eine Zeit wechselseitig hochschaukelten.

Mit dem Scheitern des Rektorats kommt es dann bei Heidegger zu Unsicherheiten über die tatsächliche Reichweite der scheinbar obsoleten ursprünglichen autoritativen Eindruckswerte, zur Zerrissenheit. Dann ist der 'Geist' früherer Autoritäten wieder aufgewertet und aktuell. Dann wächst das (Sicherheits-) Bedürfnis nach den früheren strengen, aber verläßlichen religiösen Ordnungsvorgaben. Im Moment und Nachhall der Niederlage, des Scheiterns des Rektorats, bedarf Heidegger selbstbildzentrierter Regressionen, die sein existentielles Bewußtsein stabilisieren. Der Pfahl soll gegen den Pfahl helfen, der Teufel den Beelzebub austreiben. Aber seine Zerrissenheit bleibt, denn zumindest der tiefersitzende Pfahl bleibt bis an sein Ende im Fleisch.

b) *Aufbrüche und Setzungen*

Heidegger als ideologisch Werbenden zu erfassen heißt, einerseits seinen Geist und andererseits seine Persönlichkeit analysieren, konkret: seinen schon zu Jugendzeiten virulenten Anspruch existentieller Führung, seine Predigerpose und Selbstinszenierungen. Dabei zeigt sich, daß seine Überzeugungen zwar wechseln (können), er aber seinem Sendungseifer treu bleibt. Denn mit dem tiefsitzenden Pfahl bleibt Heidegger einer Struktur verhaftet, die als grundlegende von keiner Zerrissenheit bedroht ist und das Movens noch seiner letzten geistigen und ideologischen Manifestationen darstellt. Es handelt sich um die als Selbstbild-Autoritätsbild-Zusammenhang generierte Struktur des geistigen Führers und Propheten in Existenzfragen, deren Lösungen er in immer neuen Aufbrüchen und Setzungen näherzukommen glaubt.

Wo er explizit als politisch Werbender agiert und wo er als Philosoph implizit ideologische Setzungen vornimmt, argumentiert er in der Perspektive des Gemeinwohls, des völkischen Geschicks. Das stellt ihn zwar auch unter einen Beeinflussungs- und Manipulationsverdacht, denn seine existentiellen Appelle sind Selbstbildansprachen, in denen er den jeweiligen Weg als einzig richtigen propagiert. Doch primär und grundlegender als seine Außenwirkung ist deren Voraussetzung, der Glaube an sich und seine Berufung, sind es Selbsttäuschungen, die ihn von Führungsanspruch zu Führungsanspruch treiben. Heidegger hat nicht nur andere gefesselt, er blieb es auch von sich selbst: bei seiner Abraham a Sancta Clara-Verehrung als jugendlicher Kulturkämpfer, über Freiburger und Marburger Ideologiemanifestationen, als politischer Philosoph und NS-Rektor bis zum gegen die Allmacht der Technik Philosophierenden, vor der nur noch ein Gott retten können soll. Dieser denkerische Weg ist als Prozeß zunehmender ideologischer Radikalisierung zu verstehen, für den kennzeichnend ist, daß Heidegger sich mit jedem neuen Aufbruch und den entsprechenden Setzungen weiter von der jeweiligen Realität entfernt. Nur so bleibt für ihn die Kongruenz von Selbstbild und Autoritätsbild magisch.

In seiner ersten Arbeit, einem Zeitungsaufsatz über den Augustinermönch Abraham a Sancta Clara, ist diese Kongruenz noch nicht gegeben, seine Autoritätsbilder um die Predigerautorität sind noch rein identifikatorische Projektionen. Nur insofern vertritt er, wenn er Abraham predigt, sich selbst, als er die autoritativen Verläßlichkeiten reproduziert, die ihn geprägt und sozial verankert haben. Die existentiellen Wenn-Wirklichkeiten seiner ideologischen Botschaften sind also von Anfang an autoritativer Natur, die zunächst Selbstbezüge lediglich implizieren bzw. ihn auf die Rolle des Nachpredigers beschränken. Indem er Abraham predigt, versucht er Autoritätsbilder zu aktualisieren und zu mobilisieren, die den Kapuzinerprediger als Vorbild, Vorkämpfer und autoritatives Vermächtnis nahelegen:

> "Gesundheit des Volkes an Seele und Leib, das hat der wahrhaft apostolische Kanzelredner angestrebt."
> "Daher sein furchtloses Dreinschlagen auf jede erdhafte, überschätzte Diesseitsauffassung des Lebens."
> "Daß unsere Zeit der Außenkultur und Schnellebigkeit doch mehr rückwärtsblickend vorwärtsschaute! Die grundstürzende Neuerungswut, das tolle Hinwegspringen über den tieferen seelischen Gehalt des Lebens und der Kunst, der auf fortwährend sich ablösende Augenblicksreize gerichtete moderne Lebenssinn, die zuweilen erstickend wirkende Schwüle, in der sich die heutige Kunst jeder Art bewegt, das sind Momente, die auf eine Decadence hinzeigen, auf einen traurigen Abfall von der Gesundheit und dem Jenseitswert des Lebens."
> "Typen wie Abraham a Sancta Clara müssen still in der Volksseele uns erhalten bleiben. Möchten seine Schriften noch mehr gangbare Münze, sein Geist (...) ein mächtiges Ferment werden bei der Gesunderhaltung, und wo die Not schreit, bei der erneuten Heilung der Volksseele."[26]

Der junge Heidegger stellt sich in einen positiven Selbstbild-Autoritätsbild-Zusammenhang, wenn er öffentlich die Abraham-Autorität als Heilsversprechen gegen Dekadenzen predigt. Schon vor seiner akademischen Karriere ist er Mahner, Verkünder und Ideologe. Die Abraham-Verehrung zeigt bereits einiges seines Sendungsbewußtseins und Machtanspruchs im Dienst einer wesentlichen Wahrheit. Er fühlt sich aufgerufen, im Namen einer tradierten kirchlichen Autoritätsfigur und der herr-

---

26 Heidegger, Martin: Abraham a Sancta Clara. Zur Enthüllung seines Denkmals in Kreenheinstetten am 15. August 1910. In: Allgemeine Rundschau. Wochenschrift für Politik und Kultur. Nr. 35, 27. August 1910, S. 605; zitiert bei Farias 1989, S. 74

schenden Institution Kirche gegen den Modernismus und Liberalismus den Weg zu weisen. Mit Abraham ist er Prophet, für den sich, analog zur Glaubensvermittlung, die Wahrheitsfrage deshalb nicht stellt, weil die erkenntnistheoretische Prämisse jeder religiösen Überzeugung das subjektive Bewußtsein ist.
So (re)produziert er ideologische Setzungen, die dadurch legitimiert sein sollen, daß sie autoritativ abgesichert sind und der Kulturkampf Parteinahme erfordert. Die Weltbilder des kulturkämpferischen Heidegger reflektieren nur eine, die herrschende, Ordnung, deren selbstbildzentrierte Verkündung ihm erst seine wahre Bedeutung im ideologisch-institutionellen Rahmen der Kirche zu verleihen scheint. Der positive Orientierungspunkt des ultramontanistischen Kulturkampfes[27] verweist hierarchisierend und zwangsläufig auf den negativen des modernistischen Liberalismus. In diesem ideologischen Grundmuster soll die Last des Schicksals aufscheinen, der Kampfcharakter des Daseins als berückend und die Autorität Abraham als existentieller Eindruckswert erlebt werden.

Daß Individualität, Seelenheil und persönliche Entfaltung nur als Unterordnung unter die Macht und Autorität der Institution Kirche denkbar ist, vertritt Heidegger auch in seinen frühen Arbeiten als Theologiestudent in Freiburg, wo er seine geistige und ideologische Heimat zunächst nicht verleugnet. In der Mai-Nummer 1910 des *Akademikers*, der gemeinsamen publizistischen Plattform der katholischen Korporationen, rezensiert er Foersters *Autorität und Freiheit* konformistisch:

> "Und die Kirche wird, will sie ihrem ewigen Wahrheitsschatz treubleiben, mit Recht den zersetzenden Einflüssen des Modernismus entgegenwirken, der sich des schärfsten Gegensatzes nicht bewußt wird, in dem seine modernen Lebensanschauungen zur alten Weisheit der christlichen Tradition stehen."[28]

Bezeichnenderweise findet dieser Beitrag ebensowenig Eingang in die von Heidegger autorisierte Gesamtausgabe, wie ein weiterer Artikel im *Akademiker*, in dem es in der März-Nummer 1910 u.a. heißt:

> "Und willst du geistig leben, deine Seligkeit erringen, dann stirb, ertöte das Niedere in dir, wirke mit der übernatürlichen Gnade und du wirst auferstehen."[29]

In diesen Setzungen und Mustern kirchlich katholischer Zeitkritik deutet sich der ideologische Untergrund von *Sein und Zeit* an. Die menschliche Existenz wird auf die letzten Dinge reduziert, das Dasein ist wesentlich ein "Vorlaufen in den Tod", das die Freiheit und Möglichkeit zur Entschlossenheit und Eigentlichkeit birgt, die gegen das "Man", das "Uneigentliche", "Vulgäre" steht. Ungeachtet späterer philosophischer Verbrämungen bedeutet hier die reine ideologische Botschaft eine

---

27 Zur Situation des Kulturkampfes vgl. Farias 1989, S. 77f
28 Heidegger, Martin: Rezension von F. W. Foerster, Autorität und Freiheit. Betrachtungen zum Kulturproblem der Kirche. In: Der Akademiker, Nr. 7, S. 109-110; zitiert bei Ott 1988, S. 63 und bei Farias 1989, S. 89f
29 Zitiert bei Ott 1988, S. 64 und Farias 1989, S. 88

Selbstbildansprache, die dem einzelnen höchste existentielle Erfüllung, nämlich irdische Seligkeit und Auferstehung (später "Eigentlichkeit") unter der Bedingung von Gottesfurcht (später "Todesfurcht") verspricht.

Die offenbare ideologische Kontinuität wich dann einer zunehmenden Latenz, die um so zweckdienlicher wurde, je steiler seine Karriere als Philosoph zu werden versprach. In dieser Kontinuität liegt zudem begründet, daß Heidegger den Aufbruch in die Philosophie als Fortschritt begreifen konnte, der sich lange und langsam anbahnte, ohne durch einen abrupten Wechsel der ideologischen Ordnungen allzu große Nein-Kosten und eine unsichere existentielle Verankerung zu riskieren.

So änderte sich zunächst an seiner institutionellen Einbindung wenig, denn der 'Glaube der Herkunft' verschaffte ihm den Kontakt zu Engelbert Krebs, Professor für Dogmatik an der Theologischen Fakultät.

> "Krebs war einer der geistlichen Mentoren, die sich zu der Zeit, da der Philosoph im Freiburger Konvikt studierte, um die Seminaristen kümmerten; bis 1913 gehörte er zu denen, die dafür eintraten, Heidegger in den Lehrkörper der Theologischen Fakultät definitiv aufzunehmen und ihm den Lehrstuhl für Katholische Philosophie zu übertragen."[30]

Es war nicht das letzte Ziehvater-Sohn-Verhältnis, in dem Heidegger sich gleichermaßen angebunden wie versorgt fühlen konnte, bis zu seinem jeweils nächsten Aufbruch. So blieb für lange Zeit die Sicherheit des institutionellen Rahmens auch dann erhalten, wenn die Vater-Autoritäten wechselten, die, von seiner außergewöhnlichen Begabung angezogen, ihn vehement in ihre Obhut nahmen und jene Priester-Zögling-Symbiose seiner Kindheit und Jugend strukturell fortführten. Im Gegensatz zu der ursprünglichen Symbiose, die nicht zuletzt deshalb so intensiv war, weil ihr unverrückbarer Mittelpunkt stets die höchstmögliche (Ideen-)Autorität des Glaubens war, förderte der Wechsel der akademischen Vater-Autoritäten seine Identifikationsbereitschaft mit der *Rolle* der Professorenautorität. Der ursprüngliche autoritative Zangengriff verlor an Unmittelbarkeit, die inhaltliche Rückbindung wurde und machte flexibler. So kam Heidegger 1913 unter die Fittiche des Historikers Heinrich Finke, der nicht nur für sein Habilitationsstipendium sorgte, sondern auch auf seine Habilitationsthematik Einfluß nahm. Der katholische institutionelle Rahmen, der Heidegger auch materiell absicherte, wurde von ihm nicht nur nicht in Frage gestellt, sondern in unterwürfigem Gehorsam als einzig denkbarer noch 1915 in einem dritten Stipendiumsantrag als Hort eines Lebensideals gefeiert, für das der Habilitand zu kämpfen gelobte gemäß der thomistischen Philosophie, dem Zweck der Stiftung, die ihn alimentierte:

> "Der gehorsamst Unterzeichnete glaubt in etwa wenigstens hochwürdigstem erzbischöflichen Domkapitel für sein wertvolles Vertrauen dadurch stets danken zu kön-

---

30 Farias 1989, S. 93

nen, daß er seine wissenschaftliche Lebensarbeit einstellt auf die Flüssigmachung des in der Scholastik niedergelegten Gedankengutes für den geistigen Kampf der Zukunft um das christlich-katholische Lebensideal."[31]

Doch war dieses Lebensideal schon ein Jahr später obsolet,

"als sich Heideggers große Hoffnung, auf den seit 1913 vakanten Freiburger Philosophischen Lehrstuhl - der mit einem Katholiken zu besetzende - zu gelangen, 1916 zerschlug. (...) Was auch immer die Gründe für den Sinneswandel Finkes gewesen sein mögen (...), Martin Heidegger wurde durch die negative Entscheidung vom Juni 1916 regelrecht geschockt vom Wortbruch des Katholiken Heinrich Finke."[32]

Otts Einschätzung, daß diese Enttäuschung von kumulativer Bedeutung für den Bruch mit der Institution Kirche und der katholischen Philosophie zu sehen sei, als ein weiterer Punkt nach der Ablehnung der Jesuiten und, ebenso aus gesundheitlichen Gründen, nach dem erzwungenen Abbruch des Theologiestudiums,[33] darf bezweifelt werden. Schließlich hat ihn die Institution Kirche von Anfang an ideell und auch zunehmend materiell entscheidend versorgt und ihm, aus der Provinz und aus bescheidenen Verhältnissen kommend, die Habilitation ermöglicht. Auf der Basis dieser umfassenden institutionellen Absicherung eröffnete sich ihm eine vielversprechende Karriere als Professor. Weil für ihn aber *diese* Versprechensperspektive einmalig war, konnte ihn auch die Enttäuschung von einer bis dahin nicht erlebten Qualität derart schockieren. Der rasant aufstrebende Heidegger hatte sich zum ersten Mal *selbst* als Autorität begreifen dürfen und war als *solche* jetzt unmittelbar von der Negationsreichweite der Institution und ihrer Vertreter betroffen. Erstmalig konnte er den vielversprechenden Selbstbild-Autoritätsbild-Zusammenhang *ausschließlich* auf seine Person als Denker beziehen mit einem existentiellen Autonomieversprechen. Deshalb führte der Bruch mit der Institution Kirche fast zwangsläufig zum Aufbruch zur weltlichen Philosophie, zu neuen denkerischen Ufern einer akademischen Disziplin, die mehr denkerische Größe und Freiheit und weniger ideologische und institutionelle Enge in Aussicht stellte. Es lag also nahe, katholischen Ballast abzuwerfen, der neuen Selbstbild-Autoritätsbild-Intensitäten im Weg war. Damit ist der nächste Aufbruch hin zur denkerischen Autonomie vorgegeben, die er sich mit *Sein und Zeit* endgültig verschaffen sollte.

Lange bevor Heidegger 1923 einen Ruf an die Philosophische Fakultät Marburg erhielt, war für ihn klar, daß er "nicht länger in einer außerphilosophischen Bindung stehen" könne, wie er in einem Brief an Krebs schrieb. "Erkenntnistheoretische Ein-

---

31 Zitiert bei Ott 1988, S. 80
32 Ott, Hugo: Biographische Gründe für Heideggers "Mentalität der Zerrissenheit". In: Kemper, Peter (Hrsg.): Martin Heidegger - Faszination und Erschrecken. Die politische Dimension einer Philosophie. Frankfurt 1990, S. 21
33 vgl. Ott, ebd.

sichten, übergreifend auf die Theorie geschichtlichen Erkennens haben mir das *System* des Katholizismus problematisch und unannehmbar gemacht (...)."[34]

"Er glaube, so schloß Heidegger jenen Scheidebrief an Krebs 1919, den inneren Beruf zur Philosophie zu haben und durch seine Erfüllung in Forschung und Lehre für die ewige Bestimmung des inneren Menschen das in seinen Kräften Stehende zu leisten und so sein Dasein und Wirken selbst vor Gott zu rechtfertigen. Eine große Gebärde."[35]

Eine große Setzung, die von neuem Selbstbewußtsein und von beträchtlicher existentiell-kalkulatorischer Flexibilität zeugt. Mit ihr kann er die Autorität der Gottesidee für sich reklamieren, vom unannehmbaren System auf seinen weiteren Weg übertragen und für sich und seine eigene Autorität sprechen lassen. Wer eine derart umstürzlerische Klassifikation vornimmt, dessen selbsteingeschätzte Größe entfernt ihn zwangsläufig vom Herkömmlichen und offenbart eine Negationspotenz aus sich selbst. Indem Heidegger die wesentliche Orientierungsgröße der verlassenen und verworfenen Institution übernimmt, macht er sich unangreifbar als jemand, der sich der unangreifbaren Idee unterordnet. Diese Unterordnung bietet ihm den großen Freiraum eines geistigen Predigers der gottgefälligen 'ewigen Bestimmung des inneren Menschen', der unabhängig von den institutionellen Rahmenbedingungen das Eigentliche ist und bleibt. So geht es Heidegger weiterhin um die letzten und ewigen Dinge, wenn er, gemäß seiner Selbsteinschätzung als philosophische Autorität, über sich nur noch den zeitlosen Gotteswillen sieht. In dem Maße, wie über ihm ausschließlich die Autorität einer nicht mehr konfessionsgebundenen Gottesidee steht, die sein Denken legitimiert und gegen etwaige Negationen der institutionellen Repräsentanten feit, in dem Maße wird aus der Einheit von Selbst- und Autoritätsbild ein Kongruenzzusammenhang.[36] Dem Anschein nach läßt die Autorität der Gottesidee als Überordnung die Person Heidegger hinter sein denkerisches Anliegen zurücktreten. In Wahrheit treibt er sich und andere aus seiner autoritativen Autonomie heraus durch immer neue Setzungen von Aufbruch zu Aufbruch:

"Die faszinierende Wirkung, die von ihm ausging, war zum Teil in der Undurchsichtigkeit seines Wesens begründet: niemand kannte sich mit ihm aus, und seine Person ist wie seine Vorlesung durch Jahre hindurch ein Gegenstand heftiger Kontroversen gewesen. Er war wie Fichte nur zur Hälfte ein Mann der Wissenschaft, zur

---

34 Zitiert bei Ott, in: Kemper 1990, S. 22
35 Ott, in: Kemper 1990, S. 24
36 Dieser Prozeß wird forciert, wenn reputierte Autoritäten zunehmend für ihn als Autorität sprechen: "Die Prognose Husserls, Heidegger werde zwischen Philosophie und Theologie vermitteln, erfüllte sich. Auch dem Ruf, der ihm vorausgeeilt war, er sei ein Protestant, der aus dem Katholizismus kommt, wurde Heidegger gerecht. Für Bultmann galt er als *der* Luther-Kenner, wie er an seinen Freund Hans von Soden am 23. Dezember 1923 schrieb, dort die ersten, sehr großartigen Erfahrungen mit dem neuberufenen Heidegger formulierend." (Ott 1988, S. 123)

anderen und vielleicht größeren ein opponierender Charakter und Prediger, der durch Vor-den-Kopf-Stoßen anzuziehen verstand und den der Unmut über die Zeit und sich selbst vorantrieb."[37]

Durch die Inszenierung seines denkerischen Unmuts geht von Heidegger eine Faszination aus, die nichts anderes ist als die faszinierende Wirkung von autoritativer Nein-Stärke und denkerischer Ausgrenzungskapazität. Ein opponierender Charakter und Prediger ist darauf angewiesen, sich eine geistig-ideologische Selbständigkeit zu verschaffen als Basis offensiver Rebellion gegen Autoritäten und die Realität seiner Zeit. Durch Aufbrüche, vornehmlich in Form philosophischer und ideologischer Entwürfe - am Ende seines Denkweges aber auch in Regressionen[38] -, will und muß er sich unabhängig von seiner Zeit machen, nicht nur im Sinne der Zeitlosigkeit seiner philosophischen Leistungen, sondern auch ideologisch, indem er die ihn durch ihre 'Dürftigkeit' provozierende Zeit transzendiert. Über politische Erlösungsentwürfe *seines* Denkens will er sich auch als geistig-politischer Führer zeitlos machen bis hin zu 'seinem' Freiburger Nationalsozialismus und gegen die dumpfe Herrschaft der NS-Partei über seine Vorstellung völkischen Denkens. Wenn ihn aber am Anfang seines Denkweges "der Unmut über sich selbst vorantrieb", dann war das auch der Unmut über seine denkerische Abhängigkeit von Autorität(en), über seine noch unvollständige geistige Autonomie.

Diese erreicht er erst, als er mit *Sein und Zeit* die Ideenautorität 'Gott' als Überordnung seines Denkens und seiner Existenz abgelöst hat durch seine Setzung einer Todesidee als gottanaloge Autorität für die menschliche Existenz.[39] Seine denkerische Ausarbeitung der existentiellen Reichweite des Todes verweist nun auf ihn als Urheber einer philosophischen Ordnung, die sowohl eine für den "opponierenden Charakter" unabdingbare autoritative Selbstversorgung gewährleistet als auch die Basis seiner weiteren Aufbrüche zu nicht nur philosophischen Ufern ist, die von da an im täuschungsmächtigen Kongruenzzusammenhang Selbstbild-Autoritätsbild stattfinden.

Eine neue denkerische Ordnung wirkt um so vielversprechender, je größer der Anschein ihrer umstürzlerischen Reichweite ist, die Heidegger in Setzungen, Neologismen, Bedeutungsentleerungen und ideologischen Wiederauffüllungen erlangt. Das Primärziel des opponierenden Denkers ist die Negation herkömmlichen Den-

---

37 Löwith 1989, S. 27
38 vgl. das Spiegel-Gespräch "Nur noch ein Gott kann uns retten". Der Spiegel, Nr. 23/1976
39 "Keine andere Bedeutung hat (...) in Heideggers *Sein und Zeit* der Tod als eine 'unüberholbare Instanz' unseres Seins und Könnens. Von Gott ist freilich bei Heidegger nicht mehr die Rede - er war zu sehr Theologe gewesen, um noch wie Rilke *Geschichten vom lieben Gott* erzählen zu können. Der Tod ist für ihn das Nichts, vor dem sich die Endlichkeit unserer zeitlichen Existenz offenbart (...)." (Löwith 1989, S. 27f)

kens im allgemeinen[40] und die der Subjekttheorien von Kant bis Hegel im besonderen. Dazu entrationalisiert Heidegger das Subjekt und reduziert es auf das 'Dasein als In-der-Welt-Sein'.

> "Das Subjekt wird darauf zurückgenommen, *Dasein* zu sein, d.h. als Existenz endlich und nicht nur vernunftorientiert, vielmehr gleichursprünglich sich befindend in seiner Gestimmtheit und sich aussprechend in einer Selbstauslegung *vor* der Rationalität von Aussagesätzen."[41]

Die Gestimmtheit ist wesentlicher und grundlegender als subjektive Handlungsrationalität, weil sie sich aus der höchsten Instanz des Daseins ableitet, dem Tod. Vor dieser Instanz ist eigentliches Dasein nur als radikale Vereinzelung denkbar, sind subjektive Rationalität und ethisches Bewußtsein der Willkür preisgegeben. Ebeling will wohl das Zwanghafte und Irreale der Negationstotalität im Denken Heideggers hervorheben, wenn er bei ihm ein "*Negationssyndrom*" diagnostiziert:

> "(..) sein exzessiver Wille zur 'Umwertung aller Werte', durch Nietzsche anerzogen und quasi 'geheiligt', wird in der Eliminierung des Gewissens auf den Gipfelpunkt getrieben."

> "Wer mit Heidegger eigentlich Gewissen haben will, ist ausschließlich entschlossen zu sich selbst - ohne Rücksicht auf die Korrektive des moralisch qualifizierten und deshalb auch noch die Rechtsverhältnisse anleitenden Gewissens. (...) Heidegger tritt an zur Widerlegung einer 'vulgären Gewissensauslegung' und bereitet gerade dadurch seine eigene Vulgarität vor: die pseudoheroische Überhebung über Recht und Moral."[42]

Mit seinem philosophischen Denken schafft Heidegger die Voraussetzung dafür, daß sich bei seinem späteren politischen Engagement und seinen ideologisch-werblichen Setzungen die Legitimationsfrage nicht stellt. Die Entschlossenheit zu sich selbst, aus der die voluntaristische Überhebung resultiert, kennt nur eine Überordnung, den eigenen Tod. In dieser Denk- und Weltordnung kann faktisches Handeln nicht problematisiert werden, wenn es nur den eigensten Möglichkeiten eigentlichen Daseins folgt. Eine derart philosophisch verbrämte Egozentrizität seiner fundamentalen Setzungen lenkt den Blick auf ihre ideologische Bedeutung für Heidegger selbst, für sein elitäres geistiges und existentielles Führungsstreben. Für ihn verlangt die allzu dürftige ideologisch-politische Perspektive, die der Geist und

---

40 Bei der sprachtechnischen Inszenierung seiner philosophischen Negationspotenz verfährt Heidegger so, "daß er ein Geflecht von auf morphologischer Ebene miteinander verbundenen Worten stiftet, in dem das umgangssprachliche Wort eine neue Identität erhält und eine philologisch-polyphone Lektüre erheischt, die in der Lage ist, den umgangssprachlichen Sinn zugleich zu evozieren und zu revozieren, auf ihn anzuspielen und zugleich samt seiner pejorativen Nebenbedeutungen offiziell in die Ordnung des vulgären und vulgär 'anthropologischen' Verstehens zu verbannen." (Bourdieu 1988, S. 98)
41 Ebeling 1991, S. 19
42 Ebeling 1991, S. 33 und S. 35

die Ereignisse der Weimarer Republik bieten, um so nachhaltiger nach Eliten, nach wenigen Auserwählten, die sich auf sich selbst gestellt sehen, 'entschlossen' sind zum Kampf gegen Modernismus, Technizismus und Massenkultur, gegen existentielle Entwurzelung. Von richtungsweisender Bedeutung für sein ideologisches Denken war der von ihm zeitlebens hochgeschätzte Ernst Jünger[43], dessen (Roman-)Welt von den 'richtigen' Über- und Unterordnungen, von Eigentlichkeiten und Uneigentlichkeiten geprägt ist, wie die Gegenüberstellung der Protagonisten in "Der Arbeiter" und "Waldgang" zeigt. Der Arbeiter steht für das 'technische Prinzip', er ist der Anonyme, durch technische Prädominanz Nivellierte und, als den technischen Abläufen Unterworfene, der Uneigentliche. Diesem negativen Eindruckswert stellt Jünger den positiven des Waldgängers gegenüber. In der Darstellung von Bourdieu ist dieser der

> "(...) Dichter, der Einzige, der Führer, dessen 'Reich' (hoch, erhaben usw.) der 'Ort der Freiheit': der 'Wald', ist. »Der Waldgang«, ein 'bedenklicher Ausflug..., der nicht nur über vorgebahnte Pfade, sondern auch über die Grenzen der Betrachtung hinausführen wird' - wem fallen da nicht die Holzwege ein? -, verspricht die Rückkehr zum 'Mutterboden', zu den 'Quellen', zu den 'Stämmen', zum 'Mythos', zu den 'Mysterien', zum 'Heimlichen', zur Weisheit des Einfachen, kurz zur 'Urkraft', die dem gehört, der die 'Gefahr' will und den Tod der erniedrigenden 'Knechtschaft' vorzieht."[44]

In der Selbstbildansprache, die mit dem Autoritätsbild des vorbildlichen Führers gegeben ist, impliziert das In-Aussicht-Stellen des Eigentlichen, Natürlichen, Ganzheitlichen, daß nur wenige Solitäre sich als Führer gegen die Moderne erheben, aber viele ihm folgen können im Kampf um die Restituierung des Ursprünglichen. Die Romanordnung als ideologische Wenn-Wirklichkeit verspricht unmittelbar durch die Person des Dichter-Führers und seine Setzungen existentielle Erlösung vom Niederen, Massenhaften in immer neuen Aufbruchperspektiven bis hin zu seinen bekannten Ästhetisierungen und Euphemisierungen des Krieges.

Mittelbar verspricht auch der Philosoph des Eigentlichen den Nach-Denkern seiner Setzungen den Weg zur Ursprünglichkeit, d.h. eine Neubewertung und Aufwertung ihrer nicht nur geistigen Existenz in dürftiger Zeit. Wer als einzige existentielle Überordnung seinen Tod akzeptiert, der ist in den Adelsstand des Solitärs erhoben, dessen radikales Denken und dessen Wille zur Macht schon deshalb angemessen scheint, weil ihm das Sein mehr bedeutet als das Seiende. Zu solchem berufen sieht sich die Führer-Autorität Heidegger, der über Negationen in dauerndem Aufbruch ist. Und es ist mehr Absicht als Ahnung, wenn er, wie Ott re-

---

43 Die Bedeutung Jüngers wird von Heidegger selbst noch einmal in seiner Rechtfertigungsschrift "Das Rektorat 1933/34. Tatsachen und Gedanken." (1983), S. 24f hervorgehoben.
44 Bourdieu 1988, S. 31
Die Jünger-Zitate im Zitat finden sich in: Jünger, Ernst: Werke. Bd.5, Stuttgart o.J., S. 293

feriert, anläßlich seiner Ablehung eines Rufes nach Berlin, in einem Brief vom 17.8.1930 seinem Kieler Kollegen Stenzel schreibt: "Er vernehme eine klare, innere Stimme, er müsse sich in den nächsten Jahren für Wesentlicheres aufsparen."[45]

c) Der geistige als politischer Führer

Nachdem *Sein und Zeit* ihm zu Weltruhm verholfen hatte, gab es für den führenden Denker Wesentlicheres als einen beträchtlichen institutionellen Karrieresprung. Vielversprechender war für den zur Führung Berufenen die Perspektive, seinen philosophischen zum allgemein gültigen politischen Orientierungsanspruch zu erweitern.

Den Eigenantrieb seines Macht- und Sendungsbewußtseins verbrämt Heidegger, indem er der Stimme des Schicksals zu gehorchen vorgibt, so als könne er sich ihr ebensowenig entziehen wie ein durch Gottes Stimme Auserwählter seiner Mission. Analog zur Gottesidee stellt die Idee des Seinsgeschicks die höhere Macht dar, die ihn in die Pflicht nimmt, mit dem Aufbruch in die Politik eine Mission zu erfüllen, eine neue geistige als politische Ordnung zu installieren. Heidegger inszeniert sich in der Rolle eines Vermittlers, dem es primär um die politische Prosperitätsperspektive durch neues Denken und Handeln im völkisch-führerischen Geist zu tun ist und nicht um persönliche Machtchancen und -ambitionen. Gleichwohl liegt in dem existentiellen Komparativ 'für Wesentlicheres' die aktive Planungsabsicht und das Durchspielen von Wenn-Wirklichkeiten einer Machtperspektive auf mehreren Ebenen. Zum einen ging es inneruniversitär um neue Machtverteilungen und Hierarchisierungen im Zuge universitärer Umbrüche am Ende Weimars[46], um den institutionellen Niederschlag nach und durch *Sein und Zeit*. Zum anderen ist mit Pöggeler aber auch gewiß,

---

45 Ott 1988, S. 134
46 "Seit der Gründung des heiß herbeigesehnten Deutschen Reiches verstand sich die deutsche Professorenschaft als geistiger Gralshüter (sic!) eines gesunden deutschen Nationalgefühls, als Erzieher (sic!) eines unreifen, ungefestigten Volkes. (...) Das hohe Selbstwertgefühl und die gesellschaftlich große Achtung der Akademikerschaft wurden durch die Niederlage des Reiches im Weltkrieg empfindlich getroffen. (...) Die Hochschule verlor ihre gesellschaftliche Leitstellung noch weiter in der Zeit wirtschaftlicher Not zu Beginn der dreißiger Jahre. (...) Der Ruf nach Reform der in Ritualen erstarrten Allmutter und nach einer neuen volksbezogenen Sinnstiftung der Wissenschaften wurde zunehmend lauter, von den Professoren akademisch-theoretisch artikuliert, von studentischer Seite, auf der seit Juli 1931 die Nationalsozialisten den Ton angaben, im Klamauk und rüden Radau der Straße demonstriert." (Martin, Bernd: Martin Heidegger und der Nationalsozialismus - der historische Rahmen. In: ders. (Hrsg.) 1989, S. 16f

> "daß Heidegger selber in den dreißiger Jahren die Entscheidung über die Wahrheit des Seins, wie er sie suchte, in einen politischen Kontext gestellt hat."[47]

Den denkerischen mit dem politischen Kontext zu verknüpfen war für Heidegger nicht nur wegen seines Sendungsehrgeizes das Naheliegende, sondern ist aus seinem philosophischen Denken selbst ableitbar. Mit der Entsubjektivierung seiner Philosophie, die jede Seinsfrage auf die Alternative 'eigentliches' oder 'uneigentliches' Dasein reduzierbar sein läßt, ist jede Form von Gewalt legitimierbar und jeder (s)einem Willen zur Macht überlassen. Indem Heidegger das Seinsgeschick dem Menschen überordnet, Schicksal subjektiviert, entmoralisiert er Handeln. Er selbst folgt auch nur einer 'klaren, inneren Stimme' - eine metaphorische Manifestation des Nachhalls von selbstaktivierten Selbst- und Autoritätsbildern, d.h. einer sich selbst vielversprechenden Selbstbildansprache. 'Sich für Wesentlicheres aufsparen', was im philosophischen Jargon der Eigentlichkeit der 'sich sorgenden Selbstbehauptung' entspricht, bedeutet nichts anderes, als zum Eigentlichen zu kommen: philosophisches Denken aufgehen zu lassen in geistig-politische Führung. Diese Perspektive eines führerischen Bedeutungszuwachses ist sowohl aus persönlichkeitsstrukturellen Gründen vielversprechend in bezug auf eine endgültige Kongruenz der ursprünglichen Gegenpole Selbstbild und Autoritätsbild als auch in lebensgeschichtlicher Hinsicht. Mit der Rolle des geistigen und politischen Ordnungsstifters scheint er für immer die Enge und Strenge der religiösen Ordnung seiner Herkunft und Jugend überstiegen zu haben. Mit der Umsetzung der von ihm eigenwillig konzipierten Reformpläne zur Neugestaltung des reichsweiten Universitätswesens hätte er sich seine eigene, auf Führer-Figuren zugeschnittene Ordnung geschaffen.

Aus der Position eines übergeordneten Geistes-Führers, der der politischen Macht (s)ein denkerisches Fundament schaffen will, kann er zunächst beide Machtbereiche wechselseitig instrumentalisieren, ohne einem ausschließlich verpflichtet zu sein. Das entspricht dem Selbstverständnis seiner führerischen Einzigartigkeit als Prophet und Vermittler der (Ideen-)Autorität der Zeit und des Seins.

> "Ist *alles* nur ein Ereignis von Zeit und Sein, besteht weder die Notwendigkeit noch auch nur die Möglichkeit, dem Lebens-Führer wie dem Volks-Führer zu widerstehen. Denn das Ereignis von Zeit und Sein entbehrt jeglicher Instanzen des Widerstandes gegen den Tod als Führer wie gegen den NS-Führer."

> "Die höchste Instanz des Todes und das Gesetz des NS-Führers werden zurückgenommen nicht auf eine Norm der Vernunft, sondern auf ein willkürliches Dekret der Zeit."[48]

Mit der philosphischen Leerformel Zeit und Sein ist Heideggers eigener führerischer Anspruch fraglos, seine Heilsbotschaften sind ebenfalls Ereignisse von Zeit und

---

47 Pöggeler, Otto: Der Denkweg Martin Heideggers. Pfullingen 1983, S. 343
  Zitiert bei Habermas in Farias 1989, S. 22
48 Ebeling 1990, S. 28 und 28f

Sein. Der Prophet des Messias ist immer auch sein eigener. Unter den vielen zur Führung Berufenen sind nur wenige als Führer auserwählt. Sein philosophischer Geist ist hier nur noch von Bedeutung, indem er als denkerische (Selbst-) Ermächtigung dem Ereignis des Führer-Solitärs und seines Propheten zuarbeitet, denen, die vor allem eines sind: entschlossen zu sich selbst. Geist bleibt hier auf eigenstes, entschlossenstes Dasein reduziert und nur *eine* Funktion des existentiellen Blendungszusammenhangs von Selbstbild und Autoritätsbild, für den es 'Wesentlicheres' gibt.

Wesentlicher, nämlich selbstbildzentrierter, ist für ihn die Perspektive, eine ideologisch allgemein gültige Wahrheitsinstanz zu sein im positiven Bezug zu den herrschenden Machtverhältnissen. So verspricht der sich durchsetzende Nationalsozialismus der frühen dreißiger Jahre eine umfassende soziale Realisierung der Idealvorstellung seines statischen Selbstbildes als Autoritätsbild, das die Realität seiner Herkunft und die seiner philosophischen Ideen in die existentielle Selbstgewißheit einer überragenden Führungsautorität aufgehen lassen kann. In dieser Perspektive dominiert das Bild einer Autorität, die sowohl führerisch ordnend in den universitären "Wissens-Dienst" eingreifen muß als auch sich öffentlich-werblich für den Führer und dessen Partei zu engagieren hat, die Zeichen der Zeit und damit die eigene Verantwortung erkennend. Dabei sind das Ereignis des Führers und Heideggers eigene Führungsbedürfnisse als zu bejahende legitimatorisch abgestützt, weil

> "(...) noch kein Philosoph so wie Heidegger die Philosophie am Zufall der 'historischen Faktizität' orientiert hat und ihr eben darum auch notwendig selber verfiel, als der entscheidende 'Augenblick' da war."[49]

In diesem entspringt die *Notwendigkeit* seines politischen Engagements aus seiner Persönlichkeitsstruktur und "die *Möglichkeit* (Herv. v. mir, KGW) von Heideggers philosophischer Politik (...) dem Prinzip seiner Existenzauffassung, welche den 'Geist der Zeit' im doppelten Sinne 'bestreitet'." (ebd.)

Sein führerischer Ehrgeiz beschränkte sich auf den universitären Bereich[50], während sich seine politischen Hoffnungen und Heilserwartungen auf die Person Hitlers konzentrierten, lange noch nachdem er von der geistlosen Dumpfheit und den Machenschaften der Partei, der er dennoch bis Kriegsende angehörte, abgestoßen war.

> "Den Glauben, daß mit dem sogenannten 'Führer' eben doch noch etwas zu machen sei, hat er viel länger beibehalten, als er selbst es sich später eingestand. Er setzte

---

49 Löwith 1989, S. 41
50 "Dem Ruf nach Berlin hatte Heidegger widerstanden, der Verführung zur Führung der eigenen Universität gab er nach. Seine Entscheidung war von mehr als lokaler Bedeutung und machte allgemein aufhorchen. Die Berliner Studentenschaft verlangte, daß alle Universitäten der in Freiburg vollzogenen 'Gleichschaltung' nachfolgen sollten." (Löwith 1989, S. 32f)

nicht auf die Partei, sondern auf eine Person und auf die Richtung, auf die 'Bewegung'."[51]

Analog zu den politischen Führertypen bedurfte es für Heidegger eines neuen Führertypus im universitären (Be-)Reich, um eine geistige und strukturelle Reform im völkischen Geist zu verwirklichen.[52] Dabei bediente er sich zunächst der Partei(-vertreter) und ihrer NS-Symbolik als Machthintergrund seines Rektorats, um zögerlichen oder gar opponierenden Professorenkollegen zu demonstrieren, aus welchen Energieverhältnissen heraus er agiert. Dennoch setzte er, in Verkennung der universitäts- und parteipolitischen Machtmechanismen, im wesentlichen auf seine akademisch gelehrte Ausarbeitung einer völkischen Wissenschaftsideologie in der falschen Erwartung, aus der akademischen Resonanz auf seine völkisch-ideologischen Vorgaben, nicht nur der Rektoratsrede, erwachse ihm unausweichlich eine reichsweite akademische Führungsrolle, in der er die großbürgerlich dominierte, für ihn als akademischen Aufsteiger nur schwer zu erklimmende universitäre Hierarchiespitze einer radikalen Neuordnung der Machtverhältnisse unterziehen zu können glaubte.[53] Mit der Annahme, der nationalsozialistischen Bewegung fehle zur Dauerhaftigkeit ihres universitären Erfolgs eine philosophisch-denkerische Differenzierung der völkischen Ideologie, die gleichzeitig, auf ihren Urheber verweisend, die Dauerhaftigkeit seines universitären Führertums garantiere, führte er sich selbst in die Irre. Wie deutlich Außenwirkung und latenter Selbstbezug, soziale Reichweite und Selbsttäuschungspotential seiner denkerisch-völkischen Vorgaben auseinanderklaffen, offenbart eine Anekdote, die Heidegger in selbstentschuldender Absicht in seiner Verteidigungsschrift "Das Rektorat 1933/34. Tatsachen und Gedanken" anführt:

---

51 Max Müller in Martin (Hrsg.) 1989, S. 101
52 Sein Sohn Hermann Heidegger relativiert im Vorwort der von ihm veröffentlichten Rektoratsrede keinesfalls Heideggers Führer- und Sendungsbewußtsein im *nationalsozialistischen Geist*, wenn er sagt: "Die Worte 'Nationalsozialismus' und 'nationalsozialistisch' kommen in dieser Rede nicht vor, 'der Führer', der 'Reichskanzler' oder 'Hitler' werden nicht genannt." (In: Heidegger 1983, S. 5)
Vielmehr inszeniert Heidegger mit der Rede sich selbst und die Bedeutung seiner Führungsrolle für die für das völkische Schicksal unabdingbare Umwandlung der Universität zur hohen Schule des nationalsozialistisch ausgerichteten Wissens-Dienstes.
53 Dazu Max Müller:
"Die größte Enttäuschung war für mich das 'Spiegel-Interview'. Bei dieser Gelegenheit hätte er zugeben sollen, daß er damals nicht alte Werte oder die alte Universität bewahren wollte, sondern daß es ihm darum ging, die Universität 'auf den Kopf zu stellen'. Das gerade hatte er seit 1922 seinen Schülern immer wieder gesagt: Die Humboldtsche Universität gehört ins bürgerliche Zeitalter. Sie ist großartig konzipiert, aber heute so nicht mehr möglich." (In: Martin 1989, S. 101

> "Der Minister Wacker sagte mir nach dem Rektoratsessen im 'Kopf' am selben Tag
> noch seine 'Ansicht' über die gehörte Rede. (...) Das sei eine Art von
> 'Privatnationalsozialismus', der die Perspektiven des Parteiprogramms umgehe."[54]

Unfreiwillig entlarvt Heidegger seine aus der Selbstbild-Autoritätsbild-Realität resultierende irreale führerische Anspruchshaltung, mit der er exklusiv die vermeintlich reine und echte Lehre völkischen Wissens zu verkünden meint. Insofern erliegt der Prophet, über den Dingen und seiner Zeit stehend und im Glauben, geistigen Auftrag und deutsches Schicksal zusammendenken zu sollen, seinen eigenen Führerphantasien. Für ihn scheint die politisch-historische Situation einer allgemeinen Bedürftigkeit nach existentieller Sinnvermittlung gegeben zu sein, so daß er sich als führerischen Glücksfall für die 'Bewegung' verstehen und sich die Aufwertung seiner Existenz als Denker und Vermittler durch die Bedeutung der Rektoratsrede versprechen kann.

> "Sie versetzt Heideggers Philosophie der geschichtlichen Existenz in das deutsche
> Geschehen hinein, wodurch sein *Wirkungswille* (Herv. v. mir, KGW) zum ersten
> Mal einen Boden fand, so daß der formale Umriß der existenzialen Kategorien einen
> entscheidenden Inhalt bekam."[55]

Nur aus der psychischen Dynamik dieses eminenten Selbstbezugs läßt sich die eigentliche Bedeutung der ungewöhnlichen Verwendung des Wortes 'Übernahme' für den Rektoratsantritt verstehen, nämlich als Indiz überhöhter Selbstgewißheit eines zur Führung Berufenen.[56]

In der Rektoratsrede zeigt sich Heidegger als geistiger und hochschulpolitischer Führer, der seinen Willen zur Macht erscheinungsbildnerisch gleichzeitig inszeniert und verbrämt, indem er sich als Führer, der selbst Geführter ist, darstellt:

> "Die Gefolgschaft der Lehrer und Schüler erwacht und erstarkt allein aus der
> wahrhaften und gemeinsamen Verwurzelung im Wesen der deutschen Universität.
> Dieses Wesen aber kommt erst zu Wahrheit, Rang und Macht, wenn zuvörderst und
> jederzeit die Führer selbst Geführte sind - geführt von der Unerbittlichkeit jenes
> geistigen Auftrags, der das Schicksal des deutschen Volkes in das Gepräge seiner
> Geschichte zwingt."[57]

In diesen einleitenden Setzungen offenbart sich die parareligiös strukturierte Hierarchie der Heideggerschen Weltordnung. Wie eine Priesterkaste Gottesideen

---

54 Heidegger 1983, S. 30
55 Löwith 1989, S. 33
56 "Im Vielen, das über diese Rede geschrieben worden ist, blieb, soweit ich sehe, das Pathos des Gebrauchs von 'Übernahme' sowohl im Untertitel als auch im Text unbeachtet. Akademischer Sprachgebrauch ist, von der 'Übergabe' des Amtes vom Vorgänger an den Nachfolger zu reden. Diese Rede beginnt mit dem Satz: *Die Übernahme des Rektorats ist die Verpflichtung zur geistigen Führung dieser hohen Schule.* Einer nimmt Herrenloses erstmals an sich." (Blumenberg 1989, S. 731)
57 Heidegger 1983, S. 9

und göttlichen Willen zum Segen der Menschen vermittelt, so ist die deutsche Universität das Zentrum, von dem aus nicht nur gelehrtes, sondern auch völkisches Denken ausgeht, das exklusiv den historischen Bewertungsmaßstab liefert, mit dem sich deutsches Schicksal erst verstehen läßt. Nur aus der normativ wertenden Gesamtperspektive des völkischen Schicksals kann das Ereignis von Führern als angemessen und bedeutend eingeordnet und seine Heilsbotschaften verstanden werden. Ausschließlich Geistes-Führer vom Format Heideggers scheinen zur Vermittlung von Ideen-Autorität des Völkischen berufen.

Nur in Verkennung dieses ideenautoritativen Zusammenhangs kann man, wie Löwith, in den ordnungsstiftenden Setzungen Heideggers einen Widerspruch entdecken:

> "Die Rede beginnt mit einem merkwürdigen Widerspruch: sie handelt *in Opposition* gegen die vom Staate gefährdete Selbständigkeit der Universitäten von ihrer 'Selbstbehauptung', und zugleich verneint sie die 'liberale' Form der akademischen Freiheit und Selbstverwaltung, *um sie bedingungslos einzuordnen* in das nationalsozialistische Schema von 'Führung' und 'Gefolgschaft'."[58]

Nicht der nationalsozialistische, sondern der liberale, demokratisch führerlose Staat (der Weimarer Republik) gefährdet in seinen Augen die Selbstbehauptung der Universität, die an liberalen Formen akademischer Freiheit zugrunde zu gehen drohe. Folgerichtig erscheint ihm das nationalsozialistische Prinzip von Führern und Geführten als universitäres Heilsversprechen. Mit dieser ideologischen Grundlegung einer neuen universitären Ordnung betrachtet sich Heidegger, in Entsprechung zum politischen Führer, als vom Schicksal berufener akademischer Führer. Beide dürfen sich als von der Zeit und vom Sein Auserwählte der Unerbittlichkeit ihres Auftrags nicht entziehen. Gemäß den autoritativen Erfahrungen seiner Herkunft und der Strukturierung seiner Persönlichkeit ist für ihn Autorität vornehmlich als existentielle Orientierungs- und Verkünderautorität wirksam, so daß gerade er einen privilegierten Zugang zum Schweren und Mühsamen des deutschen Schicksals hat und es ihm in bester pädagogischer Absicht zusteht, sich auch über die zur politischen Führung Berufenen zu stellen.

> "Die deutsche Universität gilt uns als die hohe Schule, die aus Wissenschaft und durch Wissenschaft die Führer und Hüter des Schicksals des deutschen Volkes in die Erziehung und Zucht nimmt. (...) Wissenschaft und deutsches Schicksal müssen *zumal* im Wesenswillen zur Macht kommen. Und sie werden es dann und *nur* dann, wenn wir - Lehrerschaft und Schülerschaft - *einmal* die Wissenschaft ihrer innersten Notwendigkeit aussetzen und wenn wir zum *anderen* dem deutschen Schicksal in seiner äußersten Not standhalten."[59]

---

58 Löwith 1989, S. 33
59 Heidegger 1983, S. 10

Das Schicksal des deutschen Volkes soll davon abhängen, ob und wie an beiden Fronten, der universitären im Sinne ihres geistigen Auftrags ('innerste Notwendigkeit') und der künftigen wehrhaften ('äußerste Not'), gekämpft und gesiegt wird. Wenn Wissenschaft die "Hüter" des Schicksals in die Zucht nimmt, sind beide Bereiche in der Verwirklichung ihres Wesenswillens vereint. Da dieser der Machtwille ist, bedeutet Zur-Macht-Kommen Mittel und Zweck auch der Universität, die in diesem Ziel mit dem deutschen Schicksal verschmolzen ist. Nur als ein vom Machtwillen Beseelter kann sich Heidegger zu Recht an die Spitze der Universität gestellt sehen, dessen Einschätzung 'äußerste Not' keineswegs ein Hilferuf, sondern ein von selbstgewisser Vorfreude getragener Kampfappell ist, der von dem Glück kündet, dem Wesenswillen gehorchen zu dürfen.[60] Auch dem Wissensdienst als Kampf um die ständige Entscheidung über Sieg oder Niederlage kommt existentielle Bedeutung zu, wenn er um das Wesentliche des Geistigen geführt wird:

> "Die *geistige Welt* eines Volkes ist nicht der Überbau einer Kultur, sowenig wie das Zeughaus für verwendbare Kenntnisse und Werte, sondern sie ist die Macht der tiefsten Bewahrung seiner erd- und bluthaften Kräfte als Macht der innersten Erregung und weitesten Erschütterung seines Daseins. Denn sie zwingt dazu, daß die ständige Entscheidung zwischen dem Willen zur Größe und dem Gewährenlassen des Verfalls das Schrittgesetz wird für den Marsch, den unser Volk in seine künftige Geschichte angetreten hat."[61]

Als sei 'Geist' in diesem affektiven Sinne ("innerste Erregung", "weiteste Erschütterung") noch eine Frage "ständige(r) Entscheidung". 'Geist' dient nur noch als emotionalisierende Leerformel. In Heideggers semantischer Militarisierung der universitären Lebenswelt liegt eine Selbstbildanspruche, die jeden Akademiker zur Fahne ruft und auf sie verpflichten will. Analog zur Autorität einer göttlichen Botschaft, die bedingungslose In-die-Pflichtnahme impliziert, schicken die Autoritäten Schicksal und Macht denjenigen auf den Marsch, der vom Glauben an einen geistigen Auftrag, von "wissender Entschlossenheit" erfüllt ist. Im Vertrauen auf die "erd- und bluthaften Kräfte" soll sich der Machtwille als Wille zur Größe des Volkes verwirklichen. Die geistige Welt eines Volkes scheint wesentlich ein

---

60 Diesem Appell scheint folgende geschichtliche 'Logik' zu unterliegen: Als das Deutsche Reich mit dem Kaiser als Führer den jüngsten Versuch unternahm, seinen Wesenswillen zu verwirklichen, geriet es in die Not des führer- und orientierungslosen Weimar. Weil es in Not ist, braucht es Führer und Gefolgschaft, muß es zur Macht kommen, seinem Wesenswillen entsprechend.
Wie fürsorglich der Nicht-Soldat und Geistes-Führer bereit war, Deutsche zur Wesensverwirklichung in die Zucht zu schicken, kann kaum mehr überraschen: "Nachdenklich freilich muß stimmen, wenn wir hören, daß Heidegger seinem Schüler Karl Ulmer, der an der Ostfront stand, noch gegen Ende des Rußlandfeldzuges schrieb: das einzig würdige Dasein eines Deutschen sei heute an der Front." (Ott 1988, S. 154)

61 Heidegger 1983, S. 14

existentielles Ausgerichtetsein auf eine Heilsidee zu bedeuten, das Warten auf den historischen Moment ihrer Verwirklichung. Dazu scheint den wenigen auserwählten Führer-Solitären nur noch eines zu fehlen: bedingungslose Gefolgschaft auf allen Ebenen.

> "Die deutsche Studentenschaft ist auf dem Marsch. Und *wen* sie sucht, das sind jene Führer, durch die sie ihre eigene Bestimmung zur gegründeten, wissenden Wahrheit erheben und in die Klarheit des deutend-wirkenden Wortes und Werkes stellen will."[62]

In dieser Metaphorik der Führersuche spiegelt sich das Ideal des segensreichen Wechselspiels von Führung und Gehorsam, das einen doppelten Zusammenhang von Selbstbild und Täuschung zeitigt: sowohl in der Rezipientenansprache als Pflicht-, Macht- und Aufwertungsperspektive als auch in der Selbsttäuschung eines Sendungsbewußten, für den die Zeit gekommen sein soll, auf der Basis der Ideenautorität griechischen Denkens der Studentenschaft den Weg zur völkischen Größe zu weisen. In der Vermittlung geistig-völkischer Ideenautorität als Heilsbotschaft für das ganze Volk scheint sich Heidegger führerischen Ruhm und ewige Größe, analog zu der griechischen Denkens, zu versprechen. Sein Glaube an die geschickhafte Bestimmung des deutschen Volkes bedeutet für ihn stets auch ein Glauben an sich und seine führerische Mission, die über seine Rolle als Vordenker hinausgeht. Nur in einer führerischen Ganzheitlichkeit, die auch den Bereich paramilitärischer Ausbildung umfaßt, konnte er vor sich selbst bestehen in seinem Streben, Avantgarde wesentlicher Wissenschaft(ler) zu sein als Vorbild, das Ordnung stiftet.

> "Die studentischen SA-Formationen an der Freiburger Universität sowie andere Gruppierungen auf einem schwer zu überschauenden Feld erhielten schon im Sommersemester 1933 eine para-militärische Ausbildung unter der Regie des a.o. Professors für Philosophie und Pädagogik, Dr. Georg Stieler. Er war ehemals aktiver (Berufs-)Offizier und als Korvettenkapitän nach Kriegsende abgegangen - ein engagiertes Mitglied des 'Stahlhelm'. Der baumlange Philosoph - er maß 2,02 m - exerzierte mit den informellen Studentenkompanien in den Lehmgruben einer Ziegelei am Fuße des Schönbergs bei Freiburg - in Ermangelung echter Waffen waren die Studenten mit Gewehrattrappen von Holz ausgerüstet. Derartige Aktivitäten mußten vorerst noch geheim bleiben. Einberufen wurde mittels mündlich ergangener Anweisungen und Befehle. Freilich: die Vorgänge waren jeweils mit den zuständigen Stellen der Reichswehr abgestimmt. Ein Augenzeuge, damals noch medizinischer Dozent, selbst Teilnehmer des Weltkriegs, aus dem er schwerverwundet heimgekehrt war, berichtete mir, wie er, neugierig geworden, diese eher kindlich anmutenden Kriegsspiele beobachtete. Plötzlich sei der Rektoratswagen vorgefahren, Heidegger herausgesprungen, und der Professor Stieler als 'Kommandeur' habe sich vor dem kleinwüchsigen großen Philosophen aufgebaut und

---

62 Heidegger 1983, S. 14f

nach allen Regeln der Kunst 'Meldung' erstattet, gewissermaßen dem Rektor als Befehlshaber seiner militärischen Verbände."[63]

Verblendet und getrieben von der Selbsttäuschungsdynamik seiner Selbstbild-Autoritätsbild-Kongruenz macht der Philosoph mobil. Die militärische Natur des völkischen Wesenswillens gehört jetzt unmittelbar zum Selbstverständnis und in die Verantwortung des Geistes-Führers, der seine prophetische Reichweite voll zur Geltung bringt, wenn er am Ende der Rektoratsrede soldatische Autorität zitiert, um unmißverständlich und selbstbildzentriert die völkische Not in das Schicksalhafte des historischen Augenblicks dem Pflichtbewußtsein nahezubringen:

> "Wir wählen den wissenden Kampf der Fragenden und bekennen mit *Carl von Clausewitz*: 'Ich sage mich los von der leichtsinnigen Hoffnung einer Errettung durch die Hand des Zufalls.'"[64]

Daß Errettung nie allein durch die Macht des Geistes erwachsen könne, sondern vor allem der Hände der Wehrmächtigen bedürfe, diese tiefere Botschaft der Rektoratsrede möchte freilich Heidegger im späten Rückblick nie im Sinn gehabt haben. Vielmehr beschwört er in der nachsorgenden Erläuterung des von ihm Gemeinten sein rein denkerisches Anliegen in nationalsozialistischer Zeit.[65] Den Begriff Wehrdienst habe er weder im militaristischen noch aggressiven Sinne, "sondern als Wehr in der Notwehr gedacht" (S. 27). Ebenso habe er "Kampf" im Sinne Heraklits als "Aus-einander-setzung" (S. 28) gemeint und das Wesen des "Kampfes" wie alles in der Rede Gesagte "nur philosophisch gedacht" (S. 29). Schließlich habe er das Rektorat vor allem deshalb übernommen, um dem "Vordringen ungeeigneter Personen und der drohenden Vormacht des Parteiapparates und der Parteidoktrin begegnen zu können" (S. 24). Vor dieser Klitterung großen Stils sei der Historiker. In voller Übereinstimmung mit dem Geist der Zeit gestaltete Heidegger seine Rektoratsrede nach allen Regeln national-sozialistischer Inszenierungskunst. So ließ er auf die Rückseite des Programmzettels das Horst-Wessel-Lied drucken, das gemeinsam gesungen wurde, wobei während der 4. Strophe die rechte Hand ebenso zu heben war wie "bei dem Huldigungsruf 'Sieg Heil'", um, so hatte der Rektor in einem Erlaß verfügt, mit diesem Gruß, der zum Nationalgruß des deutschen Volkes geworden sei, "die Eingliederung in den heutigen Staat und die innere Verbundenheit mit dem neuen Deutschland (zu) bekunden."[66]

Wie sehr Heidegger in machtpolitischen Dimensionen dachte und handelte, wie sehr er es genoß, sich von den herrschenden Energieverhältnissen getragen zu fühlen, zeigt sich in der neuen, die Rektoratsfeier dominierenden Sitz- und

---

63 Ott 1988, S. 148
64 Heidegger 1983, S. 18
65 ebd., S. 21ff
66 vgl. Ott 1988, S. 149

Kleiderordnung, die die gesteigerte Negationspotenz des Universitätsführers ausdrückt.

> "Josef Sauer, der neben Heidegger als Prorektor amtete, schildert den Eindruck: das äußere Bild sei verändert gewesen; zahlreiche Hitler-Uniformen, verwitterte Gesichter, die in den Reihen der bevorzugten Gäste plaziert wurden, Parteifunktionäre, denen selbst ältere Kollegenfrauen weichen mußten. Er habe als Ordner vergebens zu wehren versucht."[67]

Gegen seine späteren Rechtfertigungsversuche muß festgehalten werden: der situative Kontext und die neue hierarchische Ordnung seiner Selbstinszenierung bilden den Maßstab für das, was gemeint ist, und definieren die Bedeutung des Gesagten.

d) Selbstinszenierungen im völkischen Geist

Die Einschätzung, für Heidegger sei Führung ein ausschließlich geistiger Vorgang[68], stimmt mit der Realität des Rektorats nicht überein. Aber auch andere Selbstinszenierungen im völkischen Geist zeigen, daß seine Auffassungen von Geist, Politik und Religion ganzheitlich und grundlegender, aus Lebensgeschichte und Persönlichkeitsstruktur resultierend gesehen werden müssen. Aus seinem durchgängigen Führungsanspruch versuchte er als existentiell umfassend Sendungsbewußter, konkrete Ansprüche institutioneller Macht, z.B. gegen Husserl, Krebs und Staudinger, durchzusetzen. Aber auch außerinstitutionell haben die Inszenierungen seiner Führungsautorität meist eine machtpragmatische Komponente, die eine ausschließlich geistige Auseinandersetzung mit seinen Botschaften zu kurz greifen läßt. Die Selbststilisierungen des Machtbewußten sind da am intensivsten, wo er, wie 1933/34, universitäre Realität so inszenieren kann, daß sie auch außeruniversitär auf ihn als einen der auserwählten politischen Führer verweist. Hier kommt es zu konkretem politischen Eindrucksmanagement nicht eines Opportunisten, der eine Perspektive des politischen Zeitgeistes wahrnimmt, sondern eines existentiellen Hirten, der aktiv inszeniert und gestaltet aus der Bedürftigkeit seiner führerischen Ganzheitlichkeit. Seine Auftritte inmitten von NS-Parteigrößen und SA reflektieren sein auch auf politische Vereinnahmung zielendes führerisches Selbstverständnis. Günter Anders ist im Besitz einer im Jahre 1933 in Freiburg verkauften Ansichtskarte, die Heidegger bei einem Aufmarsch am Freiburger Martinstor zeigt:

---

67 ebd., S. 150
68 So R. Marten in der Südwestfunkreihe "Forum im Zweiten" am 31.1.1989

"Der von der Partei eingesetzte Rektor der Universität Freiburg an der Spitze der Freiburger SA zeigt die Macht des Geistes als Vorspann für den Geist der Macht."[69]

Der Rektoratsfeier, die für ihn mehr als eine inneruniversitäre Pflichtveranstaltung war, unterliegt dasselbe politisch-werbliche Anliegen Heideggers wie der von ihm autorisierten und zur massenhaften Anschauung vervielfältigten Abbildung völkischen Führertums. Mit der Ästhetisierung der herrschenden Ordnung und einer ihrer Führer ist das machtpolitisch Wesentliche dokumentiert. Jeder kann daran teilhaben und es an sich nehmen als richtungsweisenden Eindruckswert mit Devotionaliencharakter. Das werbliche Erscheinungsbild versinnbildlicht die Uniformierung und Militarisierung universitären Geistes und die Substantiierung völkischen Geistes durch den Geistes-Führer, der, wenn er mit seiner Autorität für die herrschenden oder zu herrschenden völkischen Verhältnisse steht und wirbt, immer auch für sich als Führer wirbt. Die soziale Präsentation (s)eines Autoritätsbildes, das in die Zukunft weist, bedeutet für ihn selbst die Realisierung der bisher in Wenn-Wirklichkeiten virulenten, nun aber sozial gültigen Kongruenz von Selbst- und Autoritätsbild im politischen Kontext, im Spiel der 'blut- und erdhaften Kräfte'.

Vor dem Hintergrund des rasanten Machtzuwachses der NS-Bewegung kann er in selbstbildzentrierten Phantasien weitere Selbstaufwertungen und inneruniversitäre Selbstermächtigungen antizipieren. In dieser Perspektive organisierte und leitete er Arbeits- und Wissenschaftslager, hielt Vorträge bei offiziellen, von Parteigrößen und NS-Symbolik umrahmten Veranstaltungen und schrieb Aufsätze für Studentenzeitungen. Stets geschah dies im expliziten Bezug auf die politisch Herrschenden, in seiner führerischen Mitverantwortung für das Gesamt der 'Bewegung' und vor allem zur Verherrlichung des Führers Hitler. Wenn er in dem Aufruf "Deutsche Studenten!"[70] die totale Folgebereitschaft verlangt - "Die nationalsozialistische Revolution bringt die völlige Umwälzung unseres deutschen Daseins. (...) Nicht Lehrsätze und 'Ideen' seien die Regeln Eures Seins. Der Führer selbst und allein *ist* die heutige und künftige deutsche Wirklichkeit und ihr Gesetz" -, dann ist auch für ihn, den universitären Propaganda-Führer, hohe Führer-Zeit. Es ist nicht nur das geistige Anliegen, auch die tiefe Selbstgewißheit des zur politischen Sendung Berufenen treibt ihn zu einer derart drastisch zugespitzten Stellungnahme, die ein einziger Appell zur Unterordnung unter die führerische Wirklichkeit ist. Alle Autorität erscheint als auf diese hin hierarchisch relativiert.

Mit Hitler als dem existentiellen Orientierungspunkt schlechthin ergeben sich nur für denjenigen Freiräume zur Selbstbestimmung und -aufwertung, der bereit ist, sich

---

69 Anders, Günter: Nihilismus und Existenz. In: Schneeberger, Guido: Nachlese zu Heidegger. Bern 1962, S. 266

70 In: Freiburger Studentenzeitung, Nr.1, 3.11.1933, S. 1 (Zitiert bei Schneeberger 1962, S. 135f)

total unterzuordnen. Der Gefolgschaftswillige, der sich im Wissensdienst und mit seiner Gesamtexistenz dem Führerwillen unterordnet, soll durch seinen Gehorsam zur Avantgarde gehören. Dadurch daß Heidegger den Führer zum Gesetz von Wirklichkeit stilisiert, entrückt er ihn der Wirklichkeit als absolut gestaltende Schicksalsmacht. In der Vergötterung bringt er ihn aber, analog dem Status von Gottesbildern, in die nächste Nähe zum Selbstbild und existentiellen Bewußtsein. Das Autoritätsbild göttlicher Größe soll als unbedingte existentielle Unausweichlichkeit rezipiert werden, aus der Selbstbestimmung nur als ebenso unausweichlicher und selbstverständlicher Gefolgschaftswillen denkbar ist.

Gerade diese Absolutsetzung läßt genügend Glanz auch auf den Propheten des Messias fallen. Heidegger als Mittlerautorität scheint selbst die Verkörperung des Gefolgschaftswillens zu sein. Eigene Führerambitionen verbrämt er, als er sich durch die Unausweichlichkeit des Seinsgeschicks an die inneruniversitäre Spitze der völkischen Bewegung gestellt sieht. Unter Berufung auf die 'Bewegung' und auf der Basis völkischen Denkens hat Heidegger institutionelle machtpolitische Weichenstellungen im Sinn, durch die die Vertreter herkömmlicher Denkrichtungen zur Unterordnung und Anpassung an die neuen Machtverhältnisse gezwungen werden sollen. Es legitimieren ihn die "Deutsche(n) Volksgenossen und Genossinnen", die er neben "Deutsche Lehrer und Kameraden" in die Anrede seiner Ansprache stellt zur 'Wahlkundgebung der deutschen Wissenschaft' am 11.11.1933 in Leipzig[71]

> "Wir haben uns losgesagt von der Vergötzung eines boden- und machtlosen Denkens. Wir sehen das Ende der ihm dienstbaren Philosophie." (ebd.)

Hier offenbart sich machtpolitisches, kaum als geistiges getarntes Führertum. Mit der Beschwörung des gottähnlichen NS-Führers und seiner Gläubigen geht es ihm persönlich um die Umwälzung der deutschen Universität. Als für Hitler und den Austritt aus dem Völkerbund Werbender demonstriert er seine Verkünderautorität im Besitz der historischen Wahrheit mit der Selbstgewißheit eines in der Selbstbild-Autoritätsbild-Kongruenz Argumentierenden. Aus dem Impetus seines führerischen Selbstverständnisses als Prophet der völkischen Religion versucht er, diese Kongruenz offensiv in institutionelle Wirklichkeit umzusetzen. Jeder muß, wie auch er als Führer, seiner revolutionären Pflicht nachkommen, Gefolgschaftsverweigerung oder mangelnde Härte gegen sich kann er nicht akzeptieren. So auch im Falle des Dekans Wolf, der bei der Reform des juristischen Studienplans auf heftige Kollegenkritik stieß und resigniert dem Rektor seine Rücktrittsabsicht mitteilte.

> "Für den Rektor Heidegger kam ein Rücktritt vom Dekanat nicht in Betracht - denn: 'Es liegt im Sinne der neuen Verfassung und der gegenwärtigen Kampflage, daß Sie in erster Linie mein Vertrauen besitzen, nicht so sehr das der Fakultät. Weil Sie aber

---

71 In: Schneeberger 1962, S. 148-150

mein Vertrauen haben, kann ich Sie von dem überaus wichtigen Amt nicht entbinden.' Das war die Probe aufs Exempel: Führer und Gefolgsmann nach germanischem Treueverhältnis und angesichts der 'gegenwärtigen Kampflage', d.h. gegen die überlebte Fakultätsstruktur."[72]

Wie ungehemmt die neue Führer-Ordnung von Heidegger auf seine Person bezogen wurde, zeigt noch deutlicher sein Auftreten vor der Heidelberger Studentenschaft im Rahmen ihres politischen Erziehungsprogramms. In einer ergänzenden Anmerkung schildert Schneeberger den Auftritt des Philosophen, dessen führerisches Autonomiebewußtsein sich in der Umwälzung der Kleiderordnung niederschlägt:

> "Dem Vernehmen nach war zu diesem Vortragsabend für die Mitglieder des Lehrkörpers der Universität Heidelberg Amtstracht vorgeschrieben, für Assistenten, Studenten usw., sofern sie keine Träger von NS-Uniformen waren, schwarzer Anzug. Heidegger jedoch erschien (nach Art der 'Völkischen' in Bayern und im Schwarzwald) in kurzen Hosen und offenem Hemd (Schillerkragen)!..."[73]

Die Besonderheit von Auserwählten annonciert sich in der Besonderheit ihrer Symbolik. Ist das Kreative und Hermetische seines philosophischen Jargons immer auch ein Signal der Ab- und Ausgrenzung, als Ausdruck sowohl seiner Positionalität außerhalb der traditionellen Denkordnung als auch der Kraft seines denkerischen Aufbruchs und Neuanfangs, so manifestiert bei seinen politisch-werblichen Auftritten das Erscheinungsbild des Völkischen seine führerische Sonderstellung innerhalb der universitären Umgestaltung. Beide Anspruchshaltungen, die denkerische und die machtpolitische, beziehen ihre Dynamik aus den Selbstermächtigungsschüben, die von der teils realen sozialen, teils phantasierten Selbstbild-Autoritätsbild-Kongruenz seines revolutionären Bewußtseins ausgeht. Die Radikalität der institutionellen Umwälzung muß ihre symbolische Entsprechung in einer neuen Kleiderordnung haben, in der sich die exakte Trennung zwischen Führern und Geführten spiegelt. Darüberhinaus demonstriert Heidegger so seine institutionelle Unabhängigkeit als Führer, der außeruniversitär, nämlich durch die völkische Basis der 'Bewegung' soweit legitimiert ist, daß er zu Recht als revolutionäre Zensurinstanz fungiert. Für Heidegger selbst hat die neue Kleidungsform einen führerischen Gebrauchswert, weil er sie sich als Herrschaftsästhetik zunutze macht. Die völkische Kleidung gewinnt ihre Exklusivität aus ihrer ursprünglichen Deplaziertheit, deren umstürzlerische Potenz sich aber durch die von ihr repräsentierten Energieverhältnisse als Eindruckswert präsentiert und sie deshalb zur Führeruniform prädestiniert. Ähnlich deplaziert war ursprünglich im universitären Rahmen die Verkünderrolle eines Hohen Priesters, dessen politische Volksreligion nun, getragen vom politischen Zeitgeist, Ursprung und Ziel seiner ideologisch-institutionellen Auf- und Umbrüche ist.

---

72 Ott 1988, S. 228
73 Schneeberger 1962, S. 75

Seine Form von Amtstracht bedeutet als ästhetische Setzung auch, daß künftig denkerische Legitimation nur in völkischen Bezügen gegeben sein soll. Heidegger selbst geht es weniger um seine Rolle als Denker als um die des Ideenträgers und der Vermittlungsautorität, die für die Idee des Völkischen wirbt und machtpolitisch handelt. Die Strenge und Unerbittlichkeit der politischen Botschaft entspricht der Dissonanz des ersten Augenscheins, die aus der Deplaziertheit und der gleichzeitigen unverhohlenen Anspruchshaltung des völkisch Gekleideten resultiert, der gleichzeitig symbolisiert, daß er keiner geistigen oder institutionellen Zensur mehr unterliegt.

Der gelehrte Diskurs läßt sich, bei all seiner rhetorischen Eigenwilligkeit auch der von *Sein und Zeit*, mit Bourdieu

> "(...) als 'Kompromißbildung' im Sinne Freuds auffassen, das heißt als Produkt einer Transaktion zwischen Ausdrucksinteressen, die selbst durch die im Feld eingenommene Position bestimmt sind, und den strukturellen Zwängen des Feldes, in dem der Diskurs hervorgebracht wird und zirkuliert, und das als Zensur fungiert."[74]

Dagegen ist die Heideggersche Kleidungsform als Ausdruck revolutionärer Eigentlichkeit, und damit auch er selbst, der universitären Zensur enthoben. Er verkörpert die Norm, die keine Kompromißbildungen zuläßt angesichts der völkisch-existentiellen Totalität, für die sie steht und wirbt. Die strukturellen Zwänge des Feldes werden von den ideologischen der neuen Ideenautorität relativiert. Der politische Jargon und die völkische Symbolik, von außen in das universitäre Feld getragen, sollen es erobern. Aus neuen Formen von Zwang entstehen neue Qualitäten von Dissonanzen mit neuen Möglichkeiten ihrer Auflösung, d.h. neue Anpassungsformen.

In diesem Prozeß des institutionellen Umsturzes verspricht sich Heidegger Selbstaufwertungen in Form weiterer Autoritätsgewinne, wenn er die Strukturen des überholten Hierarchiegefälles durch seinen führerischen Habitus in Frage stellt und Gehorsam verlangt gegenüber dem Verkünder eigentlichen Denkens und Seins. Sei es als philosophische Urheberautorität von *Sein und Zeit*, sei es als universitärer Statthalter der völkischen Idee: grundlegender als Zensur und Kompromißbildung ist für die Perspektiven seines Führerehrgeizes der Selbstbild-Autoritätsbild-Zusammenhang, dessen existentielle Schubkraft bei weitem ausreicht, um Zensur und Kompromißbildung in die Strategien von Selbsterhöhung und Selbstermächtigung zu integrieren, die zur selbsttäuschenden Anpassung der sozialen Realität an die Realität von selbstbildzentrierten Wenn-Wirklichkeiten führen.

Eminente Bezugsgröße dieser Selbsttäuschung ist das Autoritätsbild, das den inszenatorischen Mittelpunkt seiner egozentrischen Selbstdarstellungen bildet. So kann er sich tatsächlich an der Spitze der 'Bewegung' stehend sehen, als einziger in

---

74 Bourdieu 1988, S. 91

der Uniform der 'Völkischen' und damit im Fokus einer Symbolik, die für die eigentlichen Energieverhältnisse steht. Die Intensität der Anschaulichkeit bedeutet die Intensität der Selbstbildansprache, von der die (Selbst-) Gewißheit ausgeht, mit der ein Positionsinhaber sich selbst riskieren kann, indem er sich exponiert, außerhalb der Ordnung stellt, um Ordnung zu schaffen. In der reaktiven Selbstbildansprache der am Auftritt Beteiligten mögen Heideggers Posen des politischen Propheten und sein Impetus des Vollstreckers von Schicksalsfügungen zumindest zeitweise den Verdacht von Selbstermächtigungen zurückgedrängt haben. Auch in der bewußten Wahrnehmung seiner selbst wird er sich wohl eher als der unerbittlich in die Pflicht Genommene gesehen haben. Die Logik der Prägungen seiner Herkunft verschafft ihm beides, die Pflicht und das entsprechende Autoritätsbild. Sie stellt ihn unter das Diktat eines Sendungsauftrags, dessen existentielle Totalität ihn von Aufbruch zu Aufbruch treibt, zu immer neuen Zugewinnen von Bewußtseinsmacht, die ihm die Zeitlosigkeit der Selbstbild-Autoritätsbild-Kongruenzen versprechen.

Aus der Not dieses persönlichkeitsstrukturellen Imperativs mußte Heidegger auch und vor allem dann eine Tugend machen, als sich das Scheitern seines Rektorats abzeichnete. Gegenüber den 'eigentlichen' Machtverhältnissen und der Dumpfheit des NS-Apparates war er mit den eigenwilligen Ausformungen seines Führertums und den letztlich *elitären* geistig-ideologischen Ordnungsvorstellungen ein führerischer Außenseiter geblieben, den nur die Flucht nach vorn, ein neuerlicher Aufbruch in die Welt der Eigentlichkeiten vor einer abrupten Desillusionierung über die tatsächliche Reichweite seiner existentiellen Führer-Autorität bewahrte.

So ist sein Radiovortrag »Warum bleiben wir in der Provinz?«[75] sowohl ein Aufbruch ins Eigentliche als auch ein Rückzug in ein politikfreies Reservat, in dem die Idee des Völkischen ihren reinen und unverfälschten Ursprung zu haben scheint. Die Art und Weise, in der Heidegger sich als in dieser Idylle Verankerten» schildert, offenbart den Charakter einer Selbstinszenierung als Inszenierung *seiner* Nähe zur Idee des Völkischen, die er in die Welt hinausträgt, um einen Gegenentwurf zur herrschenden politischen Realität von Masse und Moderne zu verkünden. Damit hat er das Wesentliche inszeniert, seine Verkünderautorität, deren alles umfassende Reichweite den ihr adäquaten Ausdruck schon im Pluralis majestatis der Titelfrage findet.

> "Am Steilhang eines weiten Hochtales des südlichen Schwarzwaldes steht in der Höhe von 1150 Meter eine kleine Skihütte. Im Grundriß mißt sie 6 zu 7 Meter. Das niedere Dach überdeckt drei Räume: die Wohnküche, den Schlafraum und eine Studierzelle. In der engen Talsohle verstreut und am gleich steilen Gegenhang liegen

---

75 Die im folgenden zitierten Ausschnitte sind im Hinblick auf die zentrale latente Sinnstruktur 'Selbstbild als Autoritätsbild' ausgewählt.
Erstmals gedruckt wurde der Vortrag in: Der Alemanne. Kampfblatt der Nationalsozialisten Oberbadens. 7.3.1934, S. 1; Wiederabdruck in Schneeberger 1962, S. 216-218

breit hineingelagert die Bauernhöfe mit dem großen überhängenden Dach. Den Hang hinauf ziehen die Matten und Weidflächen bis zum Wald mit seinen alten, hochragenden, dunklen Tannen. Über allem steht ein klarer Sommerhimmel, in dessen strahlenden Raum sich zwei Habichte in weiten Kreisen hinaufschrauben.
Das ist meine Arbeitswelt - gesehen mit den *betrachtenden* Augen des Gastes und des Sommerfrischlers. Ich selbst betrachte eigentlich die Landschaft gar nie. Ich erfahre ihren stündlichen, täglich-nächtlichen Wandel im großen Auf und Ab der Jahreszeiten. (...)
Wenn in tiefer Winternacht ein wilder Schneesturm mit seinen Stößen um die Hütte rast und alles verhängt und verhüllt, *dann* ist die hohe Zeit der Philosophie. Ihr Fragen muß *dann* einfach und wesentlich werden. Die Durcharbeitung jedes Gedankens kann nicht anders denn hart und scharf sein. Die Mühe der sprachlichen Prägung ist wie der Widerstand der ragenden Tannen gegen den Sturm." (S. 216)

Alles Große entsteht im Sturm. Und nicht in der Beschaulichkeit einer Ferienperspektive, die Heidegger nur übernimmt, um die Unwesentlichkeit dieser Betrachtungsweise zu entlarven. Er selbst verkörpert eigentliches Dasein zwischen der Härte der Natur und der Schwere der Arbeit, denn er gehört zu dieser Welt, von der die Rezipienten seines Vortrags ausgeschlossen bleiben. Er ist der Auserwählte, der die frohe Botschaft völkischen Daseins nicht nur verkünden kann, sondern ihr gemäß auch lebt. Beide Naturbeschreibungen, die Sommeridylle und der winterliche Schneesturm, sind der werbliche Hintergrund für das existentiell Höchste, für das Völkische, in dem der Denker verankert ist, so daß ihn weder das eine noch das andere vom Eigentlichen abhalten kann. Dafür bürgen die Qualitätsmerkmale 'hart', 'scharf', 'wesentlich', die, obwohl eher existentiell als philosophisch, für das eigentliche Denken stehen sollen. Für das Eigentliche auch in der Logik des Selbstbild-Autoritätsbild-Zusammenhangs, denn Heidegger versucht, seinen absehbaren Rückzug aus der nationalsozialistischen (Universitäts-)Politik als eine Konzentrierung auf das Wesentliche darzustellen. Sein Realitätszuschnitt stellt ihn an die Spitze, weil an den Ursprung völkischen Denkens als die Autorität, die deshalb zur exklusiven Verkündung existentieller Wahrheiten prädestiniert und legitimiert sein will.

Hier ist nicht nur *Er* zu Hause, sondern mit ihm auch die Philosophie, die über die Eigentlichkeit dieser Lebenswelt erst ihr Wesen entfalten und sich mit Leben erfüllen kann bis zu ihrer Personifizierung: die Philosophie fragt dann einfach und wesentlich, ihre Strenge hat dann ihre natürliche Ordnung. Bei dieser werbespotähnlichen Stilisierung und Mystifizierung von Naturkräften spielt aber nicht die Philosophie, sondern Heidegger die Heldenrolle. *Er* erträgt die Mühen der philosophischen Arbeit, bei der er im Widerstand gegen den Sturm der Zeit steht und die ihn gegen das Rasen der Masse stark sein läßt. Auch seine 'überragenden' Gedanken und sein führerisches Engagement für die 'Bewegung' stehen im Sturm und können dem Druck von Unverständnis trotzen, weil sie im bodenständigen Völkischen und nicht im oberflächlichen Massenhaften verankert sind. Als Solitär und Prophet läßt ihn diese Verankerung weitersprechen im völkischen Geist.

> "Und die philosophische Arbeit verläuft nicht als abseitige Beschäftigung eines Sonderlings. Sie gehört *mitten hinein in die Arbeit der Bauern*. Wenn der Jungbauer den schweren Hörnerschlitten den Hang hinaufschleppt und ihn alsbald mit Buchscheiten hoch beladen in gefährlicher Abfahrt seinem Hof zulenkt, wenn der Hirt langsam-versonnenen Schrittes sein Vieh den Hang hinauftreibt, wenn der Bauer in seiner Stube die unzähligen Schindeln für sein Dach werkgerecht herrichtet, dann ist *meine Arbeit von derselben Art*. Darin wurzelt die unmittelbare Zugehörigkeit zu den Bauern. (...) Der Städter wird durch einen sogenannten Landaufenthalt höchstens einmal 'angeregt'. Meine Arbeit aber ist von der Welt dieser Berge und ihrer Bauern getragen und geführt. (...) Ich werde einfach in die *Eigenschwingung der Arbeit* versetzt und bin ihres verborgenen Gesetzes im Grunde gar nicht mächtig." (S. 216f)

Heidegger will vom Prestige bäuerlicher Arbeit profitieren, die er zur Idealform völkischer Arbeit stilisiert. Er bringt seine persönliche, vor allem im Sinne von 'auf seine Person bezogene' Version des, gemäß der damalig herrschenden NS-Ideologie, hochangesehenen 'Reichsnährstands' zur Anschauung, die untrennbar mit ihm als exklusiven Vertreter einer Art *geistigen* Reichsnährstands verbunden ist. Die hier inszenierte Synthese soll die perfekte existentielle Eindruckswertigkeit der natürlichen Ordnung innerhalb der bäuerlichen Lebenswelt spiegeln. Jeder in dieser Ordnung Arbeitende ist durch sie existentiell geadelt. Mit der Setzung, die philosophische Arbeit gehöre mitten hinein in die Arbeit der Bauern, adelt der Denker vor allem sich selbst. In der Egozentrik dieser Weltsicht kann nur er ein Besonderer in der Philosophie sein, weil nur seine philosophische Arbeit zur Typologie der völkischen Arbeit gehört. Die Gefährlichkeit, Ehrlichkeit und Solidität bergbäuerlicher Arbeit soll in dieser von ihm hergestellten unmittelbaren Anschaulichkeit Beweiskraft haben für die Wertigkeit des Ganzen, dem er sich zugehörig fühlt, obwohl er eher und eigentlich den Status eines Dauergastes innehat. Die hier dargestellte existentielle Reichweite von Arbeit macht aus ihr einen Eindruckswert, dessen existentieller Gebrauchswert vor allem darin besteht, daß sie jeden so Arbeitenden gegen Tendenzen von Vermassung, Verflachung und Oberflächlichkeit schützt, vor negativen Eindruckswerten also, die den Städter wie eine Krankheit infiziert haben sollen. Nur wenige Auserwählte werden von einer verborgenen Eigengesetzlichkeit erfaßt, die den so Aufgewerteten immunisiert, als stünde er mit geheimen Schicksalskräften im Bunde. Auch wenn Heidegger sich 'nur' als Medium einer Arbeit mit naturhafter Eigengesetzlichkeit darstellt, deren ordnungsstiftende und beseelende Reichweite der einer Gottesidee ähnelt, so stellt er sich dennoch als existentielles Vorbild dar, das das, was es verkündet, auch lebt und deshalb zu Recht Vermittler dieser exklusiven Ordnung sein kann.

> "Man kann draußen im Handumdrehen durch Zeitungen und Zeitschriften eine 'Berühmtheit' werden. Das ist immer noch der sicherste Weg, auf dem das eigenste Wollen der *Mißdeutung* verfällt und gründlich und rasch in Vergessenheit gerät.

> *Dagegen* hat das bäuerliche Gedenken seine einfache, sichere und unnachläßliche Treue. Neulich kam dort oben eine alte Bäuerin zum sterben. (...) Noch im vergangenen Jahr kam diese Bäuerin - als ich wochenlang allein auf der Hütte lebte - öfters mit ihren *83 Jahren* zu mir den Steilhang heraufgestiegen. Sie wollte da, wie sie sagte, jeweils nachsehen, ob ich noch da wäre oder ob mich nicht 'Einer' unversehens gestohlen hätte. Die Nacht ihres Sterbens verbrachte sie im Gespräch mit ihren Angehörigen. Noch anderthalb Stunden vor dem *Ende* hat sie ihnen einen Gruß an den 'Herrn Professor' aufgetragen. - Solches Gedenken gilt unvergleichlich mehr als die geschickteste 'Reportage' eines Weltblattes über meine angebliche Philosophie." (S. 217f)

Heidegger will nicht zum Draußen gehören, weil er sich dem Dauerhaften näher fühlt. In der völkischen Ordnung, die keine Konjunkturschwankungen seiner Resonanz kennt, fühlt er sich aufgehoben, weil angemessen verehrt von den durch die Ehrlichkeit völkischer Arbeit Geprägten. In dieser Welt ist höchste Anerkennung gerecht verteilt ganz im Gegensatz zur universitären Welt mit den für sein Rektorat immer bedrohlicher gewordenen institutionellen Intrigen und Fraktionierungen.

Eigentlich kann auch der Tod, der als Bezugsgröße immer dann bemüht wird, wenn Heidegger wesentlich denkt, die Tiefe und Intensität menschlicher Bindungen im völkischen Geist kaum aufheben. Soll doch die Botschaft der Sterbenden in ihrer wertsprachlichen Autoritätsbildzentriertheit lauten: Die Autorität des "Herrn Professors" bleibt selbst im Sterben, und also darüberhinaus, omnipräsent, wichtig und wertvoll.

Hier hat es "Einer" nötig, seine Bedeutung zu inszenieren. Dabei verhält er sich 'städtischer' als er vorgibt zu sein. Denn mit der Inszenierung seiner Resonanz in der Provinz und mit der Instrumentalisierung einer Sterbeintimität buhlt er um massenhaftes Verständnis für die Größe seiner Person und seines ideologischen Anliegens. Heidegger entlarvt sich und sein erstes Anliegen selbst mit seiner argumentativen Zuspitzung, denn die eigentliche Botschaft soll doch sein, daß die Sterbende, die früher oft nachsah, ob er noch da sei - oder ob sie vom guten Geist verlassen sei -, ihm doch nur die Treue bis zum Schluß gehalten habe, weil seine Besonderheit angemessen gewürdigt wurde und wird. Ungewollt-gewollt inszeniert Heidegger die hierarchische Dimension dieser Art von Zwischenmenschlichkeit. Weil er eben eine 'Berühmtheit' und der "Herr Professor" ist, etikettiert ihn die Bäuerin statusadäquat. Sie respektiert sein Prestige und anerkennt seine übergeordnete soziale Wertigkeit; das Völkische, das Von-Gleich-zu-Gleich dichtet er sich selbst an. Implizit will und kann er so über das Eigentliche niemanden täuschen, denn auch in der völkischen 'Idylle' dominiert latent seine Selbstbild-Autoritätsbild-Kongruenz, die vor dem feindlichen Draußen zu retten ist. In der Provinz bleibt sein Bild exponiert und die besondere Form seines Anerkanntseins gewahrt. Die Treue einer Bäuerin gerade und noch im Sterben dient als höhere, existentielle Gegenrealität zur Uneigentlichkeit, weil Vergänglichkeit, massenhafter Resonanz. Nach 'draußen' soll ihn die Verehrung der Sterbenden als primus inter pares, als Avantgarde des und im Völkischen ausweisen.

"Die städtische Welt kommt in Gefahr, einem verderblichen *Irrglauben* anheimzufallen. Eine *sehr* laute und *sehr* betriebsame und *sehr* geschmäcklerische Aufdringlichkeit scheint sich oft um die Welt des Bauern und sein Dasein zu kümmern. Man verleugnet aber *so* gerade das, was *jetzt allein* nottut: *Abstand* halten von dem bäuerlichen Dasein, es mehr denn je seinem eigenen Gesetz überlassen; (...) *Lassen* wir alle herablassende Anbiederung und unechte Volkstümelei - lernen wir jenes einfache, harte Dasein dort oben *ernst* nehmen. *Dann* erst spricht es wieder zu uns. Neulich bekam ich den *zweiten Ruf an die Universität Berlin*. Bei einer solchen Gelegenheit ziehe ich mich aus der Stadt auf die Hütte zurück. Ich höre, was die Berge und die Wälder und die Bauernhöfe sagen. Ich komme dabei zu meinem alten Freund, einem 75jährigen Bauern. Er hat von dem Berliner Ruf in der Zeitung gelesen. Was wird er sagen? Er schiebt langsam den sicheren Blick seiner klaren Augen in den meinen, hält den Mund straff geschlossen, legt mir seine treu-bedächtige Hand auf die Schulter und - *schüttelt* kaum merklich den Kopf. Das will sagen: *unerbittlich Nein!*" (S. 218)

Ein unerbittliches Nein kam zunächst einmal aus der Stadt: der zweite Ruf an die Universität Berlin erfolgte auf ministerielle Anweisung, gegen den Willen der dortigen Philosophischen Fakultät.[76] Also läßt er Berge, Wälder und Höfe sprechen, die bedingungslos ja zu ihm sagen. Alles ist treu und bedächtig, mit der Wahrheit verschwistert, so daß der Schwarzwälder Ordnung eine autoritative Reichweite zuzukommen scheint, aus der sich die Neinstärke der in ihr Lebenden ableitet, die als Negationsgemeinschaft das Bollwerk gegen Vermassungstendenzen bildet. Als ginge es darum, in der Abgeschiedenheit einer Bergwelt eine (natur-)religiöse Idee zu verwirklichen.

Von seiner Hütte aus, dem Hort der Wahrheit des Seins, demonstriert er räumlich die Hierarchisierung von Lebenswelten, wenn er nach unten und draußen gegen weltliche Verwirrungen predigt. Heidegger leitet aus den Existenzformen einer bäuerlichen Lebenswelt eine existentielle Religion ab, von der Heil ausgeht ("Jenes einfache, harte Dasein dort oben (...) spricht (...) zu uns.") Die Landschaft spricht, und der Prophet vermittelt die Botschaft den Irr- und Ungläubigen, die sich am Paradies versündigen, wenn sie, statt andächtig zu sein, aufdringlich sind.

Für Heidegger kann diese Abstandsregel nicht gelten, denn von ihm als eminente Autorität müssen ausgrenzende Negationen ins Draußen des Nichtvölkischen ausgehen. In der Verkünderrolle der Sprache des Daseins sieht er sich als exklusiven Fürsprecher und Beschützer dieser Daseinsrealität höherer Ordnung, die den Maßstab und die Verteilung wahrer Autorität gewährleistet. In dem gelobten Bergland entsteht und verteilt sich Autorität naturwüchsig und wird wechselseitig zugeordnet, vom Propheten zu den Bauern und umgekehrt. Alle sind untrennbar vereint in der

---

76 vgl. Farias 1989, S. 243

Idee des Völkischen, in deren Reichweite Worte überflüssig sein können. Es genügt ein Handauflegen und ein Kopfschütteln, um die tiefe Wahrheit zu offenbaren. Wenn zwei Schwarzwälder Blicke im völkischen Geist ineinander ruhen, dann ist der Boden heilig, und niemand darf ihn verlassen. Die Argumentation in diesem Geist romantisiert landsmannschaftliche Begegnungen ins politisch Diffuse einer Idee, in deren Bannkreis Gleichgesinnte ein Einheitserlebnis haben, in der gläubigen Negation gegen die Ungläubigen. Durch seine ideologische Selbstentrückung in eine Welt höheren Seins glaubt er, an einen Regelkreislauf angeschlossen zu sein, der ihn autoritativ (nach außen) autark und seine Negationsansprüche gegenüber städtischer (Un-)Ordnung stark macht.

Dabei will Heidegger glauben machen, er habe lediglich sein Schicksal in die Hände der Völkischen gelegt. In Wahrheit inszeniert er diese Welt des Völkischen so, als liefe alles auf seine Autorität zu. *Die eigentliche und wesentliche, latente Bedeutungsdimension der von ihm inszenierten Idylle ist sein Selbst- als Autoritätsbild.* Noch im Sterben der Bäuerin ist er präsent, ohne anwesend zu sein, er beschreibt die Sorge der Bauern, ihn zu verlieren. Der existentielle Führer muß bleiben, wo er hingehört: im Zentrum des Eigentlichen. Dort ist er der von den weltlichen Übeln Erlöste, der die frohe Botschaft existentiellen Heils in die Welt hinaustragen kann und muß. Ein Völkischer legt dem anderen die Hand auf die Schulter: in der völkischen Eigentlichkeit sind die Führer-Autoritäten immer auch die von der Idee geführten Autoritäten. Insofern ist er die Verwirklichung der völkischen Idee und seine Autorität die Größe, die zu eigentlichem Dasein führt. In der verderbten Welt der Masse und Moderne ist der Prophet, für dessen Selbstinszenierung jedes Mittel und Massenmedium recht zu sein scheint, so wichtig wie die Botschaft. Der Radiovortrag gehört zu den unverhohlensten Unternehmungen Heideggers, sich und seinen Wert als existentieller Führer zu inszenieren und nahezubringen. Zwar geschieht dies auch in politisch-werblicher Absicht für die 'Bewegung', doch was ist eine Bewegung ohne Führer, die zum Aufbruch mahnen? Daß Heidegger über den Welten thront, als Philosoph, politisch ambitionierter Rektor und in 1150 Meter Höhe, das kennzeichnet die Eminenz seiner Mission und entspricht der schon von seiner Herkunft bestimmten Ideologie des Hirten und Solitärs, die auf die Masse angewiesen sind, um sich als Führer von ihr abzuheben.

3. Letzte Aufbrüche in die Kommunikationslosigkeit

Trägt schon die eigensinnige und diktatorische Art und Weise seines Vorgehens als Rektor alle Anzeichen von Selbsttäuschung, sowohl was die Verkennung der politischen Reichweite seiner Person angeht als auch die der entscheidenden inner- und außeruniversitären Machtmechanismen, so sind nach dem Scheitern des Rektorats weitere (Selbst-)Täuschungen programmiert, aufgrund der ungebrochenen Dynamik seines Selbstbild-Autoritätsbild-Zusammenhangs. Je mehr Heidegger mit seinem führerischen Überehrgeiz, mit seinem priesterlichen Habitus des unerbittlichen Verkünders letzter grundlegender Wahrheiten auf Ablehnung stößt, desto zielstrebiger entfernt er sich von den Niederungen der (politischen) Realität hin zur Höhe und Größe der deutschen Führer (Hitler, Hölderlin, Heidegger). Denn

> "(...) er verfolgt seine Intention weiter, große 'Politik' zu machen, allerdings mit anderen Mitteln als 1933, nämlich nur noch mit den Mitteln des Denkens - darauf zurückgeworfen."[77]

Ist die Führer-Egozentrik Heideggers in der Inszenierung der Schwarzwaldidylle oberflächlich kaschiert als Plädoyer für die völkische Grundlegung der Bewegung, so führen die Kompensationsbedürfnisse nach dem Scheitern des Rektorats zu ideologischen Akzentverschiebungen, von seiner Privatversion des Völkischen zu der der deutschen Führer, vom vorher völkischen Dasein als existentielle Schlüsselgröße und Grundlegung philosophischen Denkens und Daseins hin zur Manifestation und Begründung auch *seiner* führerischen Größe als Denker, der sich vom Schicksal in die Verantwortung genommen fühlt.

> "Und dabei, für Heidegger war dies ohne jeden Zweifel, war allein ihm die gleichsam mystische Schau des Wesens des Nationalsozialismus, 'der inneren Wahrheit und Größe' der Bewegung zugefallen, von welcher Erkenntnis er nicht abgehen konnte, nie, zeitlebens!"[78]

Er bleibt auch nach 1934 bei seinem Selbstverständnis und seiner Rolle als politisch und existentiell denkender Wegweiser, zu dessen Pflicht eine lange Parteinahme für und Verherrlichung von Hitler ebenso zu gehören scheint wie seine 'Zukehr' zu Hölderlin. Nur indem er andere Führer predigt, kann er das eigene Autoritätsbild eines schicksalhaft zum geistigen Führertum Auserwählten vor und für sich selbst aufrechterhalten und an ein auch ihn betreffendes Führer-Gefolgschafts-Verhältnis glauben. In seiner Hölderlin-Vorlesung des Wintersemesters 34/35 ordnet er die Führer-Welt neu. Alexander Schwan resümiert:

> "In ihrer Einzigartigkeit stehen die großen Dichter, Denker und Staatsschöpfer (kongenial) in innigster Nähe zueinander und sind zugleich (funktional) voneinander getrennt, existieren sie doch in jeweils abgründiger Höhe. Ihre geschichtsmächtige, -gestaltende Zeit überformt die Zeit der Flachen und Platten (mit deren Kurzweil und Langeweile). Aber es gilt für das Volk, an ihrer Zeit teilzunehmen und dadurch angebunden zu sein: Aufschein des Führer-Gefolgschafts-Verhältnisses. In der überhöhenden Bindung und Bestimmung der Individuen an und durch das Schaffen der Schaffenden entsteht aus der bloßen, losen, unverbindlichen 'Gesellschaft' die

---

77 Schwan, Alexander: Politische Philosophie im Denken Heideggers. 2., um einen "Nachtrag 1988" erweiterte Auflage. Opladen 1989, S. 246
78 Ott 1988, S. 133

feste 'Gemeinschaft' des Volkes; sie gründet im Hörenkönnen auf die Schaffenden - d.h. im Klartext: im Gehorsam ihnen gegenüber."[79]

In der werblichen Darstellung der Führer wirbt er für seine Einzigartigkeit als Denker-Führer, wenn er Gefolgschaft für jene fordert, erwartet er auch sich selbst gegenüber Gehorsam. In der von ihm vorgenommenen führerischen Aufgabenteilung fällt ihm die Rolle einer Zensurinstanz für existentielles Denken zu, so daß er mit dieser seiner Setzung vor sich bleiben kann, was er zeitlebens sein mußte: Prophet letzter Wahrheiten und existentieller Wegweiser. Weil sein Handeln sich unabänderlich aus dem grundlegenden Zusammenhang von Selbst- und Autoritätsbild ableitet, mußte er auch nach '34 an sich als Führer-Autorität festhalten, an seinem Negationsmonopol, dessen Anspruchstotalität nur zu verstehen ist, wenn sein Gesamtverhalten aus der Perspektive vor allem seiner führerischen, und nicht nur geistigen, Ganzheitlichkeit betrachtet wird. Seine führerische Grundstruktur treibt ihn von Aufbruch zu Aufbruch, bei denen sie sich in den verschiedensten Ausprägungen durchsetzt: als religiöser Ideologe und Dogmatiker, als philosophischer Erneuerer, als politisch Ambitionierter und machtpragmatischer Rektor und schließlich als 'deutscher' Philosoph. Oft ist er der Renegat (Löwith) und eigentlich immer der Solipsist, der stets verneint: als junger Katholik gegen die Moderne; gegen den Katholizismus als Philosoph; als Philosoph gegen die Philosophen; als Hitlerist gegen die Partei; als Rektor gegen fremde Götter (Husserl, Staudinger) neben sich; als Nationalsozialist gegen die Philosophie; als völkischer Schwarzwälder gegen Vermassung; als gescheiterter Nationalsozialist gegen die Führerlosigkeit; als 'deutscher Philosoph' gegen die Technik und die von ihr berauschten Nationalsozialisten; als Zeitgenosse gegen die Zeit. Sein Geist der Verneinung wendet sich gegen alles, was nicht positiv in seinen autoritätsbildzentrierten Aufbruchperspektiven liegt. Der Intensität seines führerischen Wollens entspricht die Intensität der sein (Sendungs-)Bewußtsein dominierenden Selbstbild-Autoritätsbild-Kongruenz, die die Wirkungsintensität seiner so ge- und verführten Persönlichkeit ausmacht, deren Negationsanspruch überragend und deren Negationstoleranz "nicht einmal winzig genannt werden" kann.

So ist sein Verhalten im Fall "Staudinger"[80] vor allem aus seinem Führerehrgeiz, aus der Kluft zwischen seinen Ansprüchen und seiner Toleranz zu erklären. Obwohl, und vielleicht weil, sich Staudinger absolut konform mit der 'Bewegung' zeigte, versuchte Heidegger, den schon weltberühmten Chemiker über den Dienstweg aus dem Universitätsbetrieb zu vertreiben mit dem Vorwurf einer früheren pazifistischen Einstellung Staudingers und der Verdächtigung, er habe Fabrikationsgeheimnisse ans Ausland verraten. Dazu Ott:

---

79 Schwan 1989, S. 244f
80 vgl. Ott 1988, S. 201ff

> "Wo liegen die eigentlichen, tieferen Motive Heideggers, ein renommiertes Mitglied seiner Universität in dieser unglaublichen Weise zu denunzieren und gegen den Kollegen nach Studium der geheimpolizeilichen Akten auf Entlassung anzutragen? War es die nationale Komponente, von der Heidegger durchdrungen war, daß er aus der Vergangenheit die politische Unzuverlässigkeit für die Gegenwart und für die Zukunft konstruierte? Ich gestehe ein, daß ich mir keine Antwort weiß. Nur eines ist mir aufgegangen: Für die mentale Struktur Heideggers und für seine Grundbefindlichkeit ist dieser Vorgang, der von der Anzeige bis zum Abschluß fast ein halbes Jahr beanspruchte, niederschmetternd."[81]

Es war nicht die nationale, es war die egozentrierte Komponente. Die zu Weltruhm aufgestiegene Autorität Staudinger war für Heideggers Führerehrgeiz, für sein Selbst- als Autoritätsbild schwer und nur durch Gegenmaßnahmen zu verkraften. Wer keine andere Autorität neben, geschweige über sich duldet, dem bleibt die Intrige gegen das feindliche Autoritätsbild. Zudem war Staudinger für ihn auch *der* Repräsentant der modernen (verderbten) Wissenschaften. Wer dauernd im Aufbruch ist, muß notwendigerweise andere hinter sich lassen.[82] Als ideologisch-existentieller Führer gibt es für ihn keine Kompromisse mehr.

> "Verblieben Wissenschaft und Philosophie vorher in einer wesenhaften, unüberbrückbaren Differenz, so soll sich nun die Wissenschaft dem Geheiß der Philosophie so gänzlich unterstellen, daß sie mit ihr nahezu identisch wird. Die Philosophie aber ist Philosophie im Sinne Heideggers (...)"[83]

In seiner führerischen Egozentrik kann er nicht anders, als mit einem quasireligiösen Totalanspruch seines 'richtigen' Weges auftreten. Dieser Absolutheitsanspruch im Kampf gegen Verderbnis und Weltübel resultiert aus den Prägungen seiner Herkunft. Von daher kommt seine seltsame "Sehnsucht nach Schwere und Härte" (Ott): Nur im Kampf gegen weltliche Verderbtheit gelingt die Erlösung (von sich selbst), nur in der einfachen, strengen, wesentlichen Lebens-Führung. In dieser Hinsicht waren Führer-Ideologie und Führer-Staat für ihn vielversprechend, in dieser Grundlegung proklamierte er die Einheit und das Heil von Arbeits-, Wehr- und Wissensdienst. Heidegger nimmt eigentlich immer und alles in die Zucht. Anderen soll es nicht anders gehen als ihm. In bezug auf Heideggers Mentalität fragt Ott,

> "(...) was das Zwiespältige, das Zwielichtige, das bis heute Ungelöste bei Heidegger ist: wie sollen Mensch und Werk zusammengehen; kann der Denker Martin Heidegger von dem politisch handelnden Menschen Heidegger geschieden werden - und auf welche Weise und bis zu welchem Grade? Diese schier unvorstellbare Ambivalenz in der Persönlichkeitsstruktur Heideggers!"[84]

---

81 Ott 1988, S. 208f
82 Ein weiteres Beispiel bedrohlicher Autorität ist Theodor Haecker und sein Buch "Was ist der Mensch?"
83 Schwan 1989, S. 216
84 Ott 1988, S. 131

Eine Trennung zwischen der Struktur einer politisch-machtpragmatisch handelnden Person und dem philosophischen bzw. ideologischen Gehalt ihres Geistes würde den Blick verstellen auf die Dynamik jeweiliger existentieller Wertperspektiven mit ihren Versprechens- und Selbsttäuschungsdimensionen. Bei Heidegger bilden beide Ebenen einen autoritativen Funktionszusammenhang nicht erst seit 1933. Sein Rektorat war lediglich die Zeit der ungebrochensten Manifestation seiner Selbstbild-Autoritätsbild-Einheit, die mit den aus ihr resultierenden Ambivalenzen nur zu erklären sind, wenn das führerische Selbstverständnis Heideggers in seiner Genese und nicht erst auf seinem Höhepunkt gesehen wird. Schon die ideologischen Eindruckswerte seiner Herkunft und erst recht seine späteren eigenideologisch-philosophischen Setzungen sind wertsprachliche Brücken zu seiner Person. Auch mit seinen ersten Arbeiten handelt er als ein zur Sendung Berufener, als ein von den Prägungen seiner Herkunft auf die Verkünderrolle Festgelegter, dem als solcher neue Aufbrüche neue Existentialwertversprechen bedeuten. Seine späteren, auch philosophischen, Setzungen generieren und transportieren Autoritätsbilder, die seinen Selbstwert spiegeln. Deshalb konnte er, als Urheber einer weltlichen Lebens-Religion, in *Sein und Zeit* einen entscheidenden Schritt zu seiner Autonomie sehen. Das Autonomieversprechen wurde magisch bis zur unwiderstehlichen Selbsttäuschung, als seine Autoritätsbilder in die Machtperspektiven der völkischen Bewegung gestellt waren.

Da schien er sich mit einem ausgeprägten Antikatholizismus von der Enge seiner schwäbisch provinziellen Herkunft *inhaltlich* emanzipiert zu haben, indem er ihre Imperative *strukturell* übererfüllte und ins weltliche generalisierte. Die inszenatorische Prägnanz seines Heidelberg-Auftritts und sein Radiovortrag zeigen, wie gewiß er sich mit seiner Verkünderrolle im völkischen Geist am Ziel sah. Mit dem völkischen Beelzebub meinte er den katholischen Teufel ausgetrieben zu haben. In dauernden Aufbrüchen hin zu *seiner* (Selbstbild-Autoritätsbild-)Realität - dabei mit und nach seinem Rektorat immer weiter von der sozialen Realität entfernt - lag die Möglichkeit, Person, Geist und Welt miteinander zu versöhnen, wie es die Ordnung seiner Herkunft vorschrieb und seinem Selbstverständnis führerischer Einzigartigkeit entsprach, von der notwendigerweise Ordnung ausgeht. Wo seine magische Selbstbild-Autoritätsbild-Kongruenz gefährdet schien, wurden 'Ambivalenzen' zu existentiellen Notwendigkeiten. Es ging darum, die Aufrechterhaltung seines Autoritätsmonopols, seine autoritative Selbstversorgung zu gewährleisten. Das führte zu Selbsttäuschungsschüben, die ihn schon vor, aber erst recht nach dem Rektorat über den Punkt hinaustrugen, wo er sich noch von anderen Autoritäten hätte relativieren lassen können.[85] 'Retractiones' hätten ihm das Kostbarste genommen: sein(e) Autoritätsbild(er).

---

[85] So trat Rudolf Bultmann, ein Freund Heideggers, als dieser ihn 1945 um Entschuldigung bitten wollte, ihm zu nahe, weil er das Undenkbare forderte: die öffentliche Selbstdesillusionierung seiner Selbstbild-Autoritätsbild-Kongruenz.

Nur einmal noch, ganz kurz und hauptsächlich aus entlastungsstrategischen Gründen, begibt sich Heidegger in die Situation der Desillusionierung. In höchster existentieller Not bittet er Erzbischof Gröber um ein Gutachten, das ihn vor der Bereinigungskommission entlasten könnte, und nimmt dafür die Demütigung und verbale Bestrafung für seinen Antikatholizismus durch die Autorität in Kauf, die an die Wurzeln seiner Lebensgeschichte rührt:

> "Für mich war es ein großer Trost, als er bei Beginn seines Unglücks zu mir kam und sich wirklich erbaulich benahm. Ich habe ihm die Wahrheit gesagt, und er hat es unter Tränen entgegengenommen. Ich breche die Beziehungen zu ihm nicht ab, denn ich hoffe auf einen geistigen Umschwung in ihm."[86]

Heidegger bekommt noch einmal die beiden Pfähle mit großer Unmittelbarkeit zu spüren. Gröber, die unantastbare Überautorität, legt den Finger in die Wunden, und der Schuldige regrediert in die seine Autorität aufhebenden Hierarchieverhältnisse seiner Herkunft und Kindheit. Er wird mit der Wahrheit konfrontiert. Der Beichtvater spricht und urteilt so, daß Heidegger sich für einen Moment 'unter Tränen' befreien kann von der Schuld seines fundamentalen Irrwegs. Die Nähe zwischen *dem* Autoritätsbild - das dem seiner Mutter fast gleichwertig war - seiner Herkunft und seinem Selbstbild hebt die Schuld, die an sein eigenes Autoritätsbild gekoppelt ist, kurzfristig auf. Um aber Hoffnungen auf einen geistigen Umschwung, auf seine ideologische Kehre erfüllen zu können, ist er zu fundamental an die Selbstbild-Autoritätsbild-Einheit gekettet, zu verliebt in die aus ihr ableitbaren Perspektiven eines Wahrheitsmonopols. Eine einmalige, private Abbitte beim Erzbischof, das war autoritätsbildbezogen gerade noch verkraftbar, nicht aber ein öffentliches Schuldeingeständnis. Geistes-Führer können sich nicht eigentlich, sondern nur über die Zuverlässigkeit anderer geirrt haben, dafür war der Wahrheitsanspruch sowohl seines philosophischen Entwurfs als auch seiner völkischen Führungsautorität zu umfassend.

Wie sehr seine Realitätswahrnehmung auch im späten Rückblick sich um sein Autoritätsbild, um ihn als absoluten existentiellen Eindruckswert konzentriert, zeigt das "Spiegel-Gespräch", in dem er meint, die Führungsfiguren des Nationalsozialismus seien viel zu unbedarft im Denken gewesen.[87] Das soll heißen, *er*, seine Autorität war die einzig verläßliche Orientierungsgröße im Nationalsozialismus gewesen. Er

---

"Wenn irgendein Motiv ihn mit dem Nationalsozialismus verbunden haben sollte, es hatte sich in Enttäuschung aufgelöst. Nichts stand mehr zwischen uns. Und da, beim Abschied, kam ich nochmals auf das zurück, was er mir am Telephon gesagt hatte: 'Nun mußt Du', sagte ich zu ihm, 'wie Augustinus Retractiones schreiben... nicht zuletzt der Wahrheit Deines Denkens zuliebe.' Heideggers Gesicht wurde zu einer steinernen Maske: Er ging, ohne noch etwas zu sagen... Man muß das wohl psychologisch erklären." (Berichtet von Fischer-Barnicol, in: Neske, Günter (Hrsg.): Erinnerungen an Martin Heidegger. Pfullingen 1977, S. 95f; zitiert bei Ott 1988, S. 163f
86 Erzbischöfliches Archiv Freiburg, Nachlaß Gröber/54. Zitiert bei Ott 1988, S. 323
87 vgl. Der Spiegel, Nr. 23/1976

war der eigentliche und unschuldige, weil mißverstandene Führer, die *anderen* haben im geschichtlich entscheidenden Augenblick versagt. Sein Denken und seine Autorität stehen für Wegweisungen, derer ein Volk bedurfte und bedarf. Sein von ihm präsentiertes statisches Autoritätsbild des schicksalhaft Auserwählten soll auch nach seinem Tod noch das bedeuten, was es ihm selbst immer als Höchstes versprach: Negationsresistenz, Autonomie, ewige Gültigkeit als Instanz, die über richtig und falsch entscheidet. Insofern konnte er weder 1945 noch vor- oder nachher einen Umschwung vollziehen. Und wenn, wie 1945, die Gegenwart zunehmend kränkend und bedrohlich für ihn ist, weicht er in Re- und Progressionen aus. In neuen Aufbrüchen muß er seine Selbstbild-Autoritätsbild-Kongruenz retten, die nur dann ein Existentialwertversprechen für ihn bleiben kann, wenn er weiterhin im führerischen Impetus existentielle Eindruckswerte verhandelt und verkündet. Daß er sich dabei immer mehr von der Realität entfernt, ist für ihn unerheblich im Vergleich zu der Tatsache, daß er die Autorität bleiben kann, die in die Zucht nimmt, die eigentlich und letztlich über die Gefahren der Moderne für das völkisch Erhaltenswerte, über *seine* Realität befindet. Eine seiner in dieser Hinsicht entlarvendsten und an Häßlichkeit kaum überbietbaren Setzungen, mit der er 1949 in Bremen um sich schlägt, offenbart noch einmal die tiefe Kommunikationslosigkeit seiner führerischen Egozentrik:

"Ackerbau ist jetzt motorisierte Ernährungsindustrie, im Wesen das Selbe wie die Fabrikation von Leichen in Gaskammern und Vernichtungslagern, das Selbe wie die Blockade und Aushungerung von Ländern, das Selbe wie die Fabrikation von Wasserstoffbomben."[88]

Das Unvergleichliche gleich zu setzen wirkt hier wie der Peitschenhieb eines zutiefst von der Uneigentlichkeit der Welt Gekränkten, dessen Monopolanspruch auf Wahrheit vom Gang der Geschichte unterlaufen ist. Traktorenlärm im Schwarzwald: Der Geistes-Führer bangt um die Welt-Ordnung seiner Idylle, auch seiner ideologischen, in der das Sich-Schinden-Müssen, auch sein eigenes, mit den Erfahrungen von Schwere und Härte ein großes existentielles Heilsversprechen war und bleiben soll. Angesichts der von ihm gehaßten und bekämpften Moderne progrediert er mit der Wucht seiner negationsaggressiven Autorität, die alles in Frage stellen kann und muß. Die Drohung lautet: Alles wird der Vernichtung anheimfallen, wenn das Volk sich nicht gegen die Moderne auf seinen völkischen Ursprung besinnt. Wie in den meisten seiner eigenideologischen Setzungen predigt er auch hier gegen den Untergang: In seiner frühen Abraham-Verehrung gegen die weltliche Verderbtheit für die katholische Selbstkasteiung; dann gegen die herrschenden philosophischen Schulen für die radikale Entsubjektivierung einer ontologischen Geworfenheit; gegen Demokratie und Liberalismus für seine politisch radikale Konzeption einer

---

88 Heidegger zitiert in: Schirrmacher, Wolfgang: Technik und Gelassenheit. Freiburg 1985, S. 25; vgl. auch Farias 1989, S. 376

völkischen Bewegung, gegen die Technikhörigkeit und Verflachung des Nationalsozialismus für eine "Heimkunft" in seine und Hölderlins schwäbische Heimat. Immer wollte und mußte er ideologischer Führer sein, auch wenn wohlmeinende Kritiker und erst recht Heideggerianer, wenn überhaupt, diesen seinen existentiellen Grundzug auf 1933/34 beschränken wollen.

Doch zeigt das Bremen-Zitat, zu welch schrecklichen Aus- und Aufbrüchen der Geistes-Führer fähig ist, zu dessen Selbsterhaltung auch die negativsten historischen Eindruckswerte herhalten müssen. Um buchstäblich alles in der Welt ist sein Selbst- als Autoritätsbild, dieser Autonomie versprechende, magische Blendungszusammenhang, zu retten. Technische Fortschritte bedrohen *ihn* als völkischen Denker des Schwarzwaldes; weil als solcher motorisierter Ackerbau *ihn* kränkt, wird aus einem Nichts ein negatives Alles, das die ganze Menschheit bedroht. Es offenbart sich das obsessive Moment seines Führungswillens - wenn die Zeit ihn so nicht zu wollen scheint, dann schafft er sich die (negative) Wirklichkeit nach seinen Bedürfnissen - und das Paradoxe seines Wollens: er will in eine Zeit führen, die nicht die Seine ist, so muß er bleiben, was er immer schon war, ein existentieller Führer, dem letztlich nur er selbst folgen und treu sein kann, weil nur er die nötige Härte und Schwere denken kann. Dieser Egozentrik des Wahrheits-Führers ist im Blickwinkel der Ganzheitlichkeit seines Denkens nicht beizukommen. Erschöpfend ist eben nicht die "Frage nach dem inneren Zusammenhang des Denkens mit der politischen Praxis"[89], sondern grundlegender ist der Zusammenhang von Persönlichkeitsstruktur und Verhalten. Ob er philosophisch und ideologisch denkt oder politisch-machtpragmatisch handelt, es zeigen sich stets nur die strukturellen Äquivalenzen zu seiner Persönlichkeitsstruktur, beherrscht von Selbst- und Autoritätsbildern in ungewöhnlicher Ausprägung und Intensität. Die Dynamik seiner Botschaften entspricht der Stärke seines Bedürfnisses nach autoritativer Selbstversorgung und führerischer Autonomie. Diesem Bedürfnis verdankt sich die Radikalität seines Denkens und die rhetorische Originalität seiner Sprache. Als Person und Selbstinszenierer hat Heidegger fasziniert, weil er sich 'versteigen' und Besessenheit leben konnte. Er selbst war fasziniert von der Rolle des Ideenträgers, vom Autoritätsbild des Bekenners, der der Welt die einmalige Chance gibt, seiner Konzeption eigentlicher Existenz zu folgen. Diese Chance wurde vertan. Ihn aber (ver-)führte sein sendungsbesessener Wille zur Bewußtseinsmacht von seiner Herkunft hin zur bis zum Schluß herrschenden Kongruenz von Selbst- und Autoritätsbild:

> "Der geistige Entwurf des Verhältnisses von Mensch und 'Sein' hat sich zu Heideggers Lebzeiten - wie konnte es anders sein! - nicht realisiert. Fünf Jahre vor seinem Tod schreibt Heidegger die bitteren Worte an den Zürcher Psychoanalytiker Medard Boss: 'Es gibt auch den Menschheitstod; es ist auch nicht zu begründen, weshalb das, was jetzt den Planeten bevölkert und auf jede nur mögliche Weise zerstört, ins

---

[89] Schwan 1989, S. 208

Endlose weiterexistieren soll.' Doch wir sollten kein Mitleid haben. Da ist noch eine Spur der alten diskriminierenden Kraft darin, die Heidegger immer schon die geistige Einsamkeit finden ließ. Es ist doch in dieser Briefstelle ganz so, als sage der alt gewordene Philosoph zu sich selbst: 'Der abendländische Mensch, wie er leibt und lebt, ist meines geistigen Einsatzes nicht wert gewesen.'"[90]

Da will auch ein Gott nichts mehr retten.

---

[90] Marten, Rainer: Philosophie, so faszinierend wie gefährlich. In: Badische Zeitung vom 26.9.1989

Schlußgedanken und eine Skizze

Der Mensch als das Ordnung suchende und deshalb Ordnung schaffende Wesen: Weil und indem der Mensch Ordnung sucht (zumindest latent), schafft er sich diese, zumindest in latenter Phantasiearbeit.

Von diesem Menschenbild ist die vorliegende Argumentation ausgegangen, in deren Verlauf sich zeigt, daß Ordnungsorientierung nach Maßgabe von existentiellen Sinnangeboten einen autoritativen Rahmen besitzt. Die Rekonstruktion der latenten autoritativen Sinnstrukturen in den ersten drei Beispielen politischen Werbens zentriert sich um die existentielle Kategorie Selbstbild, während bei der vierten Analyse einer führerischen Individualgeschichte der Akzent auf der Kongruenz von Selbst- und Autoritätsbild liegt. Dort stehen die Urheberbedingungen von Sinnangeboten im Vordergrund, die Tatsache, daß strukturelle Äquivalente festzustellen sind zwischen jemandes Lebensführung und seiner ideologischen Ordnung, daß also die Bedürftigkeit *von und nach* Autorität historisch verifizierbar ist.

In diesem Fall lassen sich nicht lediglich potentielle Vereinnahmungen mit den kontextuellen Rezeptionsbedingungen rekonstruieren (vgl. SDI-Werbung und den Kommissionsbericht), vielmehr und darüberhinaus sind eigenideologische Kreationen als Teil individueller Lebensbewältigung (vgl. biographische Schlüsselsituationen bei der RAF und bei Heidegger) rückführbar auf individualgeschichtliche Entstehungsbedingungen (vgl. Heidegger) autoritativer Bedürftigkeit und autoritativen Selbstverständnisses. Aus der Rekonstruktion der Individualgeschichte, als Rekonstruktion der Genese und Strukturierung von Selbstbildern, ergibt sich, mit welcher qualitativen Reichweite jeweilige autoritative Wertsymbole ein Phantasiepotential an Welt- und Lebensentwürfen, ein Potential existentieller latenter Sinnstrukturen im Funktionszusammenhang von Selbst- und Autoritätsbildern aktivieren. Aktivieren heißt nicht in jedem Fall, zu reflexivem Bewußtsein bringen, sondern bezeichnet allgemein die Virulenz von existentiellen Orientierungen und deren autoritative Aufladung. Auch im normativen Kontext existentieller Fragen vollzieht sich der selbstversichernde Bezug auf die Autorität von Personen oder Ideen meist latent intuitiv. Wenn Autorität als personale in Form von Autoritätsbildern oder als ideelle in Form von ideenautoritativen Existentialwertversprechen (wenn also Abstrakta wie Leben, Zukunft, Glück, Macht etc., die im bezug auf das statische Selbstbild virulent sind) in Wenn-Wirklichkeiten 'erlebt' werden, stellt Autorität für den Rezipienten einen subjektiven, imaginativen Gebrauchswert dar bei der Klärung und Abwägung existentieller Fragen.

Analog zum hier entwickelten Selbstbildkonzept steht die Kategorie Autoritätsbild nicht im Sinne der bewußten Vorstellung einer Autoritätsperson im Mittelpunkt, nicht im Sinne der reflexiven Bewußtmachung der Erfahrung ihres Profils. Das Autoritätsbild ist sehr viel mehr eine Kategorie der Latenz, an und mit der nicht nur Existentialwerte, sondern auch Negationsdimensionen plastisch werden. Dann erst kann subjektive Vernunft walten, die *als existentielle* wesentlich als Derivat von Autoritätserfahrungen, d.h. von Autoritätsbildern geleitet ist. Vor diesem Erfahrungs- und Entstehungshintergrund gehen von Autoritätsbildern in selbstbildzentrierten Bezügen Klassifikationen der eigenen Existenz aus.

Dabei sollte klar sein, daß das Bedürfnis nach und die Nutznießung von Autorität kein Akt freien Wollens ist. So veranschaulicht die Herkunftsgeschichte Heideggers exemplarisch, wie unausweichlich im Signalfeld von Autoritätsphänomenen (s)eine individuelle Form von Autoritätsbedürftigkeit geweckt, modelliert und strukturell auf Dauer gestellt wird. Auch die Haftsituation der RAF als Extremsituation von Autoritätsbedürftigkeit zeigt, daß und wie Autorität sich verselbständigen, 'nötig' machen kann bis zur Konstruktion eines hermetischen ideologischen Raumes auf dem Fundament von Ideenautorität, in dem eine Art ideelle Heiligkeit, vermittelt durch Führungsautoritäten, waltet und revolutionäre Existentialwerte verspricht.

Aber eigentlich verspricht keine *Idee* etwas. Eine Idee ist nur dann vielversprechend, wenn das, was die Idee bedeuten kann, der Rezipient sich selbst verspricht. Stets sind Autoritätsbilder als Konkretisierung und Dynamisierung von Existentialwertversprechen bzw. Negationskosten im subjektiven Latenzbereich virulente Vorstellungsbilder. Deren Berückungsintensität ergibt sich aus der frühkindlich erfahrenen existentiellen Notwendigkeit von Autoritätsorientierung, aus der sich die soziale Dimension konkreter, subjektiv ausgestalteter Autoritätsbilder ableitet. Insofern kann auch nur das Autoritätssignal sozial effektiv sein, das einen Bedeutungskern besitzt, der inter- und intrasubjektiv die grundlegende latente Sinnstruktur Selbstbild samt ihrer strukturellen autoritativen Grundlegung aktiviert. Folglich kommt eine Ideologieanalyse nur als Analyse des imaginativen, egozentrisch-autoritativen Funktionszusammenhangs ans Ziel.

> "Die ganze Geschichte ist ja bisher im Grunde ein Friedhof menschlicher Träume. Kurzfristig finden sie oft Erfüllung; langfristig betrachtet enden sie so gut wie immer mit einer Seins- und Sinnentleerung und -zerstörung, eben weil die Ziele und Hoffnungen so stark mit Phantasien durchsetzt sind, daß der tatsächliche Gang der gesellschaftlichen Ereignisse sie mit harten Schlägen, mit einem Realitätsschock nach dem anderen immer von neuem als unreal, als Träume, entlarvt. Die eigentümliche Dürre vieler Ideologieanalysen beruht nicht zuletzt auf der Neigung, Ideologien als im Grunde 'rationale', mit den tatsächlichen Gruppeninteressen übereinstimmende Gedankengebäude zu behandeln und ihre Affekt- und Phantasiegeladenheit, ihre egozentrische oder ethnozentrische Unrealität als Ausdruck einer kalkulierten Verschleierung eines höchst 'rationalen' Kerns, zu vernachlässigen."[1]

---

[1] Elias, Norbert: Was ist Soziologie?, 4. Aufl. München 1981, S. 27

Die Phantasiegeladenheit von Gedankengebäuden, von Wertsprache allgemein, begründet die Notwendigkeit, ideologische Rezeption als Prozeß zu verstehen, um die Dynamik der Egozentriertheit von Vorstellungsbildern erfassen zu können. Genau dies sollte mit der hier vorgelegten theoretischen Erarbeitung und ihrer Anwendung auf vier Beispiele demonstriert werden: daß der Prozeßcharakter und die Dynamik von zentralen existentiellen Kategorien (Eindruckswert, Selbstbild, Autoritätsbild, Existentialwertversprechen etc.) aus einem Funktionszusammenhang resultieren, daß autoritativ grundgelegtes Eindrucksmanagement eine jedem Angebot und jeder Rezeption von Ideologie notwendige inhärente Funktion ist. Symbolanalysen können nur als Funktionsanalysen den Prozeß erfassen, der die Virulenz latenter autoritativer Sinnstrukturen, die Reichweite von Existentialwertversprechen ausmacht, wie, wann und warum sie für den Rezipienten einen Impuls zu Werthierarchisierungen bedeuten, in deren Zentrum Selbstbilder bis zur (Selbst-)Täuschung Ordnung finden.

Zur resümierenden Veranschaulichung dieses Funktionszusammenhangs mag folgende Skizze beitragen, trotz ihrer schematischen Eindimensionalität:

DER FUNKTIONSZUSAMMENHANG SELBSTBILD-AUTORITÄTSBILD

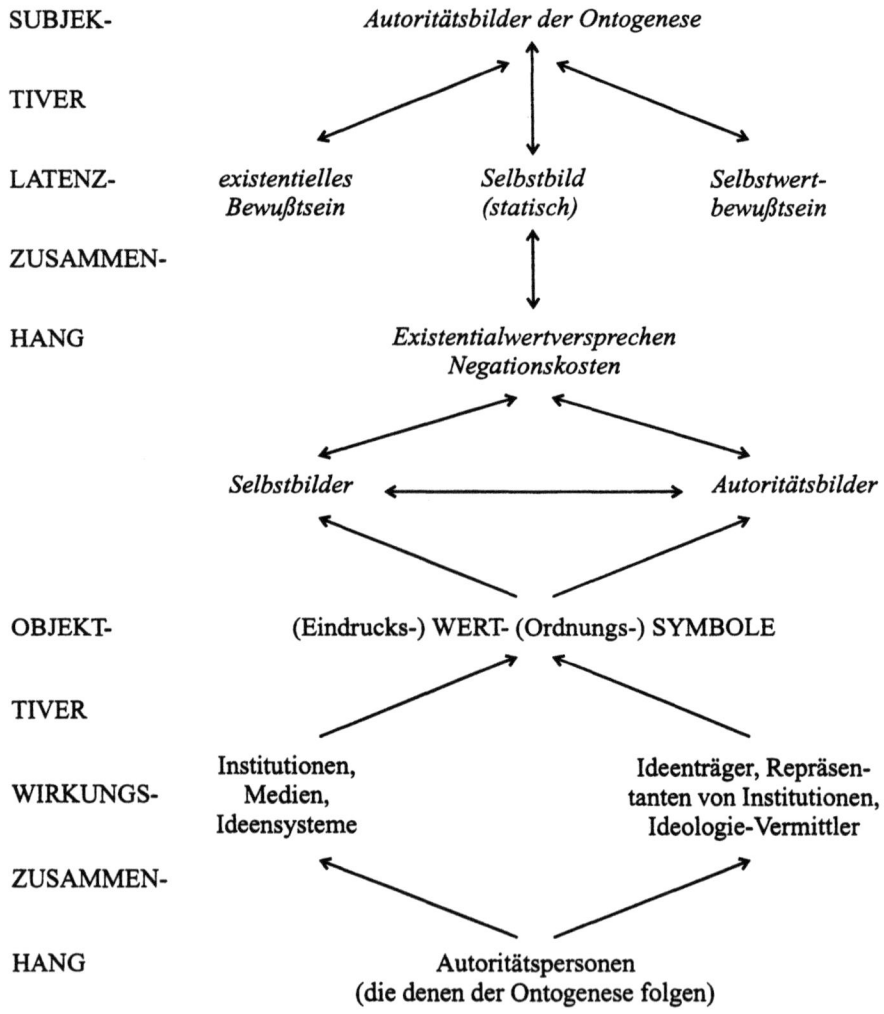

Dadurch daß ideologische Wertsprache Eindruckswerte oder Ordnungsvorhaben bedeutet, kann sie existentiellen Gebrauchswert haben, der im subjektiven Latenzzusammenhang verhandelt wird. Denn ideologische Wertsprache realisiert sich subjektiv in der Aktualisierung der existentiell grundlegenden latenten Sinnstrukturen Selbstbild und Autoritätsbild, über die dem selbstbildzentrierten existentiellen Bewußtsein Negationskosten und/oder Existentialwerte nahegebracht werden. Nahegebracht aber nicht nur im Sinne eines Anbietens auf der Objektebene, sondern auch aus dem Blickwinkel der Rezipientenseite im Sinne von 'gesucht und gefunden'. Im Vergleich zum 'ästhetischen Gebrauchswertversprechen' im Haugschen Verständnis werden Existentialwertversprechen intensiver benötigt in der selbstbildzentrierten Bedürftigkeit des existentiellen Bewußtseins, in dem durch das statische Selbstbild frühkindlich prägende Autoritätserfahrungen den subjektiven Latenzzusammenhang strukturieren.

Die Rede von der Latenz dieses Funktionszuammenhangs trägt der Tatsache Rechnung, daß beim existentiellen Bewußtsein wie beim statischen Selbstbild die latenten Anteile überwiegen. Im existentialpragmatischen Normalfall spielt sich das Entscheidende im Modus unterschwelligen Bilddenkens ab, wobei die Grenzen zwischen latentem und reflektiertem Bewußtsein bei weitem weniger starr und undurchlässig sind als zwischen Unbewußtem und Bewußtsein. Gewußt sind die latenten Sinnstrukturen schon deshalb, weil sie andernfalls nicht 'vernünftiger' interaktiver Bestandteil und von tragender Bedeutung für jeweiliges Eindrucksmanagement (vgl. die Analysen zur RAF und zu Heidegger) sein und entsprechend rezipiert werden könnten (verifizierbar über die Autoritätsanalyse des Binnenraums der RAF).

Der Grundmechanismus der Verarbeitung ideologischer Sinnvorgaben ist folgender: die Anpassung an oder die Zurückweisung von Vereinnahmungsversuchen sind entweder durch das Versprechen von Existentialwerten oder die Androhung von Negationskosten bestimmt, dadurch also, daß der Rezipient das, was ihm auf der Objektebene objektiv versprochen oder angedroht wird, sich im selbstbildzentrierten, meist latent abwägenden Durchspielen subjektiv verspricht oder androht. Im Zentrum der Rezipientenansprache stehen die latenten Sinnstrukturen Selbstbild und Autoritätsbild, die von komplementären latenten Sinnstrukturen der Objektebene aktiviert werden können. Das statische Selbstbild strukturiert nicht nur die subjektive Bedürftigkeit nach sozialer Resonanz, sondern auch die Ausprägung der mobilen Selbstbilder, über die der normative Druck der Wertsymbole als berückend erlebt werden kann. Den Eindruckswerten und Ordnungssymbolen auf der Objektebene entsprechen Existentialwertversprechen und Negationskosten auf der Subjektebene. Die Rezeption existentieller Sinnangebote bedeutet das abwägende Verhandeln von Existentialwerten, die über die Persönlichkeitsstruktur auf eine subjektive Konstellation und Ausprägung von Selbst- und Autoritätsbildern treffen.

Im Bereich dieses Funktionszusammenhangs realisieren sich existentielle Gebrauchswerte, deren sozialer Verkehrswert imaginativ zu subjektiven Gebrauchswertbedürfnissen in Bezug gesetzt wird. Die Merkantilität von Wertsymbolen, ihr Handelscharakter, verlängert sich in den subjektiven Latenzbereich hinein, wobei Selbst- und Autoritätsbilder die Bewertungsstrukturen eines existentiellen Kostenbewußtseins sind. Über Existentialwerte kann sich das existentielle Bewußtsein Zugewinne und Teilhabe an Wesentlichem versprechen. Das macht die Bedeutungsstruktur, die existentielle Gebrauchswertigkeit der auf der Objektebene angebotenen Eindruckswerte aus. Zu dieser Gebrauchswertigkeit gehört nicht nur die Problemlösungskapazität einer Sinn- und Orientierungsvorgabe, sondern auch das selbstbildzentrierte Durchspielen und Ausschmücken ihrer sozialen Valenz, inwieweit ihre soziale Reichweite den Nutznießer selbst aufwertet oder in Frage stellt. Die autoritativ aufgeladenen, von Autoritätsbildern strukturierten Existentialwertversprechen oder Negationsdrohungen sorgen für die Mobilität und die Dynamik der die Phantasiewirklichkeiten strukturierenden Selbstbilder. Gegenwart und Zukunft können dann gänzlich ihre Zufälligkeitsdimension verlieren. (So führt die autoritative Selbstversorgung der RAF zu spezifischen, auf den Binnenraum der Gruppe zugeschnittenen Existentialwertversprechen und Negationsproblemen, die jeden in eine außergewöhnlich intensive Pflicht- und Versprechensperspektive stellen.)

Entsprechend hat die Skizze zu verdeutlichen, daß der Vorgang der Rezeption existentieller Sinnangebote als Funktionszusammenhang eingerahmt ist von autoritativen Erfahrungen und Eckwerten. Das hat zur Folge, daß im Zentrum dieses Zusammenhangs Selbstbilder nur gegen oder durch Autoritätsbilder ihre Dynamik entfalten. Besondere Bedeutung bei Existenzfragen kommt somit der Gelenkstelle Selbstbild-Autoritätsbild zu. Hier entscheidet sich, ob beeinflussende oder manipulative Wirklichkeitsdarstellungen auf der Objektebene sich subjektiv als beeinflußte oder manipulierte Selbstbezüge niederschlagen, ob die auf der Objektebene latent angelegten und subjektiv realisierten Autoritätsbilder im Verein mit entsprechenden Selbstbildern den Vorgaben 'gehorchen'. Bei einer vorschnellen Konsonanz oder gar grundsätzlichen Kongruenz dieser beiden kann es zu selbsttäuschenden Verzerrungen in der Wahrnehmung von existentiellen Kosten-Nutzen-Verhältnissen kommen. Weil Manipulation auf dem Mechanismus der Androhung (Inszenierung) der Möglichkeit von Selbstnegationen basiert, ist die *positive* Nähe von Selbst- und Autoritätsbild(ern) so verführerisch. Negationspotente Autoritätsbilder können das Bewußtsein für Negationskosten täuschen und ausschalten.

In der Haftsituation wurde der Binnenraum der RAF dominiert durch die Kongruenz der Selbst- und Autoritätsbilder bei Ensslin und Baader. Für Heidegger wurde sein Selbst- als Autoritätsbild magisch, als der politische Marktwert seiner Sinnangebote ins Unermeßliche zu steigen schien, über den Binnenmarkt Universität hinausgetragen durch die materiellen und ideologischen Energieverhältnisse. Diese

Beispiele zeigen, daß Täuschungsperspektiven durch ein ausgeprägtes, latent dominierendes Bedürfnis nach Kongruenzen zwischen Selbst- und Autoritätsbildern nahegelegt wird. Vollends die Bodenhaftung verliert die Person, bei der die Kongruenz eine dreifache ist, wo Selbst- als Autoritätsbild(er) zum Existentialwert(versprechen) geworden sind, wenn jemand meint, aus einer autoritativen Eigenversorgung das Monopol zu haben und die Instanz zu sein für Existentialwerte und existentielle Negationen. Dann verspricht das eigene Selbstbild als Autoritätsbild Leben, Zukunft, Glück, Macht etc. Das Selbst- als Autoritätsbild wird dann als Synonym dieser Abstrakta erfahren und gelebt.

So kann und soll diese Arbeit mit der Erkenntnis enden, daß die Erarbeitung einer Typologie zur Manipulation nicht ohne die Begründung einer autoritätsanalytischen Sozialpsychologie zu denken ist.

Literatur

Altwegg, Jürg (Hrsg.): Die Heidegger-Kontroverse. Frankfurt 1988
Anders, Günter: Nihilismus und Existenz. In: Schneeberger 1962, a.a.O.
Assmann, J.; Harth, D. (Hrsg.): Kultur und Konflikt. Frankfurt 1970
Aust, Stefan: Der Baader-Meinhof-Komplex. München 1989
Beck, Ulrich: Risikogesellschaft. Frankfurt 1986
Blumenberg, Hans: Höhlenausgänge. Frankfurt 1989
Böckelmann, Frank: Theorie der Massenkommunikation. Frankfurt 1975
Bourdieu, Pierre: Die politische Ontologie Martin Heideggers. Frankfurt 1988
Broder, Henryk M.: Lob der Lüge. Süddeutsche Zeitung, Magazin 14, 12.10.1990
Dieckmann, Walther: Sprache in der Politik. Einführung in die Pragmatik und Semantik der politischen Sprache. Heidelberg 1975
ders.: Information oder Überredung. Zum Wortgebrauch der politischen Werbung in Deutschland seit der Französischen Revolution. Marburg 1964
Downs, Anthony: Ökonomische Theorie der Demokratie. Tübingen 1968
Ebeling, Hans: Heidegger: Geschichte einer Täuschung. Würzburg 1990
ders.: Martin Heidegger. Philosophie und Ideologie. Hamburg 1991
Edelman, Murray: Politik als Ritual. Frankfurt 1976
Elias, Norbert: Über den Prozeß der Zivilisation. Bd. I und II. Frankfurt 1977
ders.: Was ist Soziologie? München 1981
ders.: Die höfische Gesellschaft. Frankfurt 1992
Erckenbrecht, Urich: Das Geheimnis des Fetischismus. Frankfurt 1976
Etzioni, Amitai: Die aktive Gesellschaft. Eine Theorie gesellschaftlicher Prozesse. Opladen 1975
Farias, Victor: Heidegger und der Nationalsozialismus. Frankfurt 1989
Gadamer, Hans-Georg: "Zurück von Syrakus?". In: Altwegg 1988, a.a.O.
Gerlach, Hans-Martin: Martin Heidegger. Denk- und Irrwege eines spätbürgerlichen Philosophen. Berlin (Ost) 1982
Gruen, Arno: Der Verrat am Selbst. München 1986
ders.: Der Wahnsinn der Normalität. München 1989
Habermas, Jürgen: Heidegger - Werk und Weltanschauung. Vorwort zu Farias 1989, a.a.O.
Haffner, Sebastian: Anmerkungen zu Hitler. München 1978
Haug, Wolfgang Fritz: Warenästhetik und kapitalistische Massenkultur. Berlin 1980

Heidegger, Martin: Vorträge und Aufsätze. Pfullingen 1959

ders.: Abraham a Sancta Clara. Zur Enthüllung seines Denkmals in Kreenheinstetten am 15. August 1910. In: Allgemeine Rundschau. Wochenschrift für Politik und Kultur. Nr. 35, 27. August 1910, S. 605

ders.: Rezension von F. W. Foerster, Autorität und Freiheit. Betrachtungen zum Kulturproblem der Kirche. In: Der Akademiker, Nr. 7/1910

ders.: Die Selbstbehauptung der deutschen Universität. Das Rektorat 1933/34. Tatsachen und Gedanken. Hrsgg. v. Hermann Heidegger, Frankfurt 1983

ders.: "Deutsche Studenten". In: Freiburger Studentenzeitung Nr.1, 3. November 1933

ders.: Interview mit dem Spiegel, Nr. 23/1976

Heller, Eva: Wie Werbung wirkt: Theorien und Tatsachen. Frankfurt 1984

Kaase, Max: Sinn oder Unsinn des Konzepts 'Politische Kultur' für die Vergleichende Politikforschung, oder auch: Der Versuch, einen Pudding an die Wand zu nageln, in: Kaase/Klingemann (Hrsg.): Wahlen und politisches System. Analysen aus Anlaß der Bundestagswahl 1980. Opladen 1983, S. 144-171

Kemper, Peter (Hrsg.): Martin Heidegger - Faszination und Erschrecken. Die politische Dimension einer Philosophie. Frankfurt 1990

Kerr, N.H.; Foulkes, D.; Schmidt, M.: The Structure of Laboratory Dream Reports in Blind and Sighted Subjects, in: The Journal of Nervous and Mental Desease, 1982, 170, S. 286-294

Kirsch, Guy; Mackscheidt, Klaus: Staatsmann, Demagoge, Amtsinhaber. Göttingen 1985

Kodalle, Klaus-M. (Hrsg.): Gott und Politik in USA. Über den Einfluß des Religiösen. Frankfurt 1988

Kommissionsbericht 'Zukunftsperspektiven gesellschaftlicher Entwicklungen'. Erstellt im Auftrag der Landesregierung von Baden-Württemberg. Stuttgart 1983

Kripke, D.F.; Sonnenschein, D.: A Biological Rhythm in Waking Fantasy. in: Pope/Singer (eds.): The Stream of Consciousness. New York 1978, S. 321-332

Lazarsfeld, Paul; Berelson, Bernard; Gaudet, Hazel: The People's Choice - How the Voters makes up his Mind in a Presidential Campaign. New York/London 1944 (dt.: Wahlen und Wähler - Soziologie des Wahlverhaltens. Neuwied/Berlin 1969)

Löwith, Karl: Mein Leben in Deutschland vor und nach 1933. Frankfurt 1988

Lübbe, Hermann: Historismus oder die Erfahrung der Kontingenz religiöser Kultur. in: Wahrheitsansprüche der Religionen heute. Hrgg. v. W. Oelmüller, Paderborn, München, Wien, Zürich, 1986

Marten, Rainer: Heideggers Geist. In: Altwegg 1988, a.a.O.

ders.: Philosophie, so faszinierend wie gefährlich. In: Badische Zeitung vom 26.9.1989

Martin, Bernd (Hrsg.): Martin Heidegger und das 'Dritte Reich'. Darmstadt 1989

ders.: Martin Heidegger und der Nationalsozialismus - der historische Rahmen. In: Martin 1989, a.a.O.

ders./Schramm, Gottfried: Ein Gespräch mit Max Müller. In: Martin 1989, a.a.O.

Nedelmann, Brigitta: Darstellungszwänge und Blockierungseffekte in politischen Auseinandersetzungen - Zur Analyse von Konflikttransformationsprozessen. In: Matthes, Joachim (Hrsg.): Sozialer Wandel in Westeuropa. Verhandlungen des 19. deutschen Soziologentages Berlin 1979. Frankfurt 1979, S. 137-162

Negt, O./Kluge, A.: Maßverhältnisse des Politischen. Frankfurt 1992

Neske, Günter (Hrsg.): Erinnerungen an Martin Heidegger. Pfullingen 1977

Oevermann, U.; Albert, T.; Konau, E. et al.: Die Methodologie einer "Objektiven Hermeneutik" und ihre allgemeine forschungslogische Bedeutung in den Sozialwissenschaften. In: Soeffner, H.-G. (Hrsg.): Interpretative Verfahren in den Sozial- und Textwissenschaften. Stuttgart 1979, S. 352-434

Ott, Hugo: Martin Heidegger: Unterwegs zu seiner Biographie. Frankfurt 1988

ders.: Biographische Gründe für Heideggers "Mentalität der Zerrissenheit". In: Kemper 1990, a.a.O.

Pöggeler, Otto: Der Denkweg Martin Heideggers. Pfullingen 1983

Popitz, Heinrich: Die Erfahrung der ersten sozialen Negation. Zur Ontogenese des Selbstbewußtseins. In: Baethge/Essbach (Hrsg.): Soziologie: Entdeckungen im Alltäglichen. Festschrift zum 65. Geburtstag von Hans Bahrdt. Frankfurt, New York 1983

ders.: Phänomene der Macht. Tübingen 1986

Pross, Harry: Politische Symbolik. Theorie und Praxis der öffentlichen Kommunikation. Stuttgart 1974

Riesebrodt, Martin: Fundamentalismus und Modernisierung. Zur Soziologie protestantisch-fundamentalistischer Bewegungen in den USA im 20. Jahrhundert. In: Kodalle 1988, a.a.O., S. 112-125

Riesman, David: Die einsame Masse. Hamburg 1956

Robling, Franz-Hubert: Personendarstellung im "Spiegel": erläutert an Titel-Stories aus der Zeit der Großen Koalition. Tübingen 1983

Sarcinelli, Ulrich: Symbolische Politik und Wahlkampf. Koblenz 1983

ders.: Symbolische Politik. Opladen 1987

Schirrmacher, Wolfgang: Technik und Gelassenheit. Freiburg 1985

Schneeberger, Guido: Nachlese zu Heidegger. Bern 1962

Schulz, Dieter: Rothäute und Soldaten Gottes: Amerikanische Ideologie und Mythologie von der Kolonialzeit bis Ronald Reagan. In: Assmann/Harth 1970, a.a.O., S. 287-303

Schulz, Winfried: Die Konstruktion von Realität in den Nachrichtenmedien. Freiburg 1976

Schwan, Alexander: Politische Philosophie im Denken Heideggers. 2., um einen "Nachtrag 1988" erweiterte Auflage, Opladen 1989

SDI-Projekt, in: Badische Zeitung v. 13.11.1985 und in: Der Spiegel, Nr. 13/1986 und Nr. 41/1988

Six, B,; Schäfer, B.: Einstellungsänderungen. Stuttgart 1985

Sommer, Volker: Lob der Lüge. München 1992

Starker, S.: Fantastic Thought. Englewood Cliffs 1982

Strunz, Franz: Traumbildung. Genese und Metamorphosen nächtlicher Kognition. In: Sprache & Kognition. Zeitschrift für Sprach- und Kognitionspsychologie und ihre Grenzgebiete. 1986 Bd. 5, Heft 2

Stürmer, Michael: Geschichte in geschichtslosem Land. In: 'Historikerstreit'. Die Dokumentation der Kontroverse um die Einzigartigkeit der nationalsozialistischen Judenvernichtung. München 1987

texte: der raf. Malmö, Verlag Bo Cavefors 1977

Theorien der Sozialpsychologie. Hrsgg. v. Dieter Frey und Martin Irle. Bd. 3: Motivations- und Informationsverarbeitungstheorien. Stuttgart 1985

Wettstein, Hannes: Der Einfluß politischer Images auf das Wahlverhalten. Bern/Stuttgart 1980

• NEUERSCHEINUNG •

Ursula Marianne Ernst, Charlotte Annerl, Werner Ernst (Hg.)

Rationalität, Liebe und Gefühl im Geschlechterverhältnis
Soziologische Studien, Band 15, 252 S.
ISBN 3-8255-0071-3, 29,80 DM, 221 öS, 31 SFr

Denker und Denkerinnen aus Österreich und Deutschland aus den Bereichen Philosophie, Politikwissenschaft, Psychoanalyse, Soziologie, Pädagogik, Ökonomie und Journalistik untersuchen in diesem Sammelband die kulturell, gesellschaftlich und individuell bedingten Probleme und Widersprüchlichkeiten, die in der Beziehung der Geschlechter zum Ausdruck kommen. Dabei wird besonders den Veränderungen nachgegangen, die das Verhältnis von Rationalität und Gefühl im Laufe des Modernisierungsprozesses erfahren hat. Einen weiteren Themenschwerpunkt stellt die Auseinandersetzung mit Reproduktionstechnologien, Genmanipulationen und neuen Medien und ihren
 Erscheinungsformen wie e-mail, Cybersex... und deren Einfluß auf die Sphäre des Privaten dar.

Aus dem Inhalt:
Werner W. Ernst, Liebe, Sexus und System; *Mona Singer,* Der Körper als Baustelle. Über die neuen Technologien und die Geschlechterdifferenz; *Herbert Hrachovec,* Intimität in der Mailbox; *Anna Bergmann und Bettina Recktor,* Ein Gespräch über die sexuelle Revolution und die Pille-essende Frau mit Nebenwirkung; *Wolf Maria,* Frauen sind anders. Geschlechter-Trennung als Raum eines endlosen Versprechens; *Andrea Grisold,* Reflexionen über die Funktionalität des Unerklärlichen. Beziehungen am Ende des zwanzigsten Jahrhunderts; *Gertrude Postl,* »Rationalität« und »Gefühl« im feministischen Diskurs. Zur Bewahrung und Überwindung eines Erklärungsmodells; *Charlotte Annerl,* Der tägliche Kampf. Zur philosophischen Analyse der Unlebbarkeiten im modernen Geschlechterverhältnis; *Bernd Nitzschke,* Von der Allmacht der Mütter, der Ohnmacht der Väter und der Übermacht des »männlichen« Prinzips; *Claudia von Werlhof,* Freud-los?; *Bernhard Tilg,* Der Körper, die Maschine, der Sex und die Liebe; *Ursula Marianne Ernst,* Selbsterkenntnis als Selbstpreisgabe im Namen einer höheren Liebe, *Selinde Böhm,* Der platonische Eros zwischen Logos und Sinnlichkeit. Zum Problem geschlechtsspezifischer Diskurse; *Astrid Meyer-Schubert,* Das weibliche Gewissen. Zum Problem der Ungeschichtlichkeit des Mutterbildes.

MIX
Papier aus verantwortungsvollen Quellen
Paper from responsible sources
FSC® C105338

If you have any concerns about our products,
you can contact us on
ProductSafety@springernature.com

In case Publisher is established outside the EU,
the EU authorized representative is:
**Springer Nature Customer Service Center GmbH
Europaplatz 3, 69115 Heidelberg, Germany**

Printed by Libri Plureos GmbH
in Hamburg, Germany